商务沟通与谈判

—— 主 编 ——
王崇梅 王 燕

—— 副主编 ——
王崇红 王 媛

清华大学出版社
北 京

内 容 简 介

本书旨在培养应用型商务人才,理论结合实际,每章均设有学习目标、案例、本章小结和思考题,便于读者对本门课程知识的了解、掌握和吸收。本书既可作为高等院校市场营销、国际经济与贸易、工商管理专业的本科教材,也可供企业销售部门、企业采购部门的工作人员参考。

图书在版编目(CIP)数据

商务沟通与谈判/王崇梅,王燕主编. —北京:清华大学出版社,2022.10
ISBN 978-7-302-61869-0

Ⅰ.①商…　Ⅱ.①王…　②王…　Ⅲ.①商务谈判　Ⅳ.①F715.4

中国版本图书馆 CIP 数据核字(2022)第 173379 号

责任编辑:张　莹
封面设计:傅瑞学
责任校对:宋玉莲
责任印制:沈　露

出版发行:清华大学出版社
　　　网　　　址:http://www.tup.com.cn,http://www.wqbook.com
　　　地　　　址:北京清华大学学研大厦 A 座　　　邮　　编:100084
　　　社 总 机:010-83470000　　　邮　　购:010-62786544
　　　投稿与读者服务:010-62776969,c-service@tup.tsinghua.edu.cn
　　　质量反馈:010-62772015,zhiliang@tup.tsinghua.edu.cn
印 装 者:北京嘉实印刷有限公司
经　　销:全国新华书店
开　　本:185mm×260mm　　　印　　张:12.75　　　字　　数:261 千字
版　　次:2022 年 10 月第 1 版　　　印　　次:2022 年 10 月第 1 次印刷
定　　价:39.00 元

产品编号:094063-01

前　言

世界谈判大师赫伯寇恩说："人生就是一张大谈判桌,不管喜不喜欢,你已经置身其中了。"中国自古就有"财富来回滚,全凭嘴上功"的说法,在现代商业活动中,谈判是交易的前奏曲,谈判是销售的主旋律。随着市场经济的深入发展,掌握商务沟通与谈判技能对于营销、管理等相关专业的学生来讲十分重要。商务沟通与谈判是一门综合性极强的实战课程,综合了营销学、社会学、心理学、管理学、沟通学、礼仪学等多个学科,体现了科学与艺术的完美融合。运用商务谈判的哲学理论、方法,提升商务谈判的哲学理论认知与实战能力,从而树立现代谈判思想;通过熟练掌握沟通、礼仪及谈判技巧艺术地解决谈判中的僵局。本书从培养应用型商务人才出发,帮助学生树立"双赢"谈判思想,加强商务沟通与谈判基本理论的教学和基本技能的训练。通过本课程的学习,要求学生理解商务谈判、沟通的内涵和特征;了解商务谈判的目标、类型及基本过程;明确商务谈判准备工作的内容;掌握商务谈判开局控制的策略和技巧;熟练掌握讨价还价、让步及处理僵局的策略和技巧;学会把握成交时机并掌握促成交易的技巧。

2017年《关于高校思想政治工作质量提升工程实施纲要》教党〔2017〕62号指出研制课程育人指导意见,充分挖掘和运用各门课程蕴含的思想政治教育元素,作为教材讲义的必要章节、课堂讲授的重要内容和学生考核的关键知识。一方面,根据教高〔2018〕2号文件精神,深入研究工商管理等专业人才培养目标,深度挖掘提炼专业知识体系中所蕴含的思想价值和精神内涵;另一方面,科学合理拓展专业课程的广度、深度,从课程涉及的专业、行业、文化、历史、疆域等角度,增加课程的知识性、思想性、人文性、哲学性、辩证性。

本书在内容上包含商务沟通与谈判理论、商务沟通与谈判方法、商务谈判的思维与心理、商务沟通技巧、现代商务礼仪、商务谈判准备阶段、商务谈判开局策略、商务谈判磋商策略、商务谈判的签约与履约策略。本书旨在指导学生熟练地运用商务沟通技巧,在商务人员的招聘与选拔中成功营销自我;培养学生营销、谈判的综合能力,提高学生的专业素养,树立团队协作精神;提升学生工作、学习的主动性。通过对本书的学习,可使学生理解鬼谷子"纵横学说"的精髓,树立现代沟通理念和谈判思想,掌握沟通之道和谈判技巧,熟悉商务谈判工作的思路和实践步骤。人生无处不谈判,生活事事需沟通。

为了方便任课教师备课及学生对问题的理解,每章均设有学习目标、案例、本章小结和思考题,便于读者对本门课程知识的了解、掌握与吸收。

本书在编写过程中借鉴了国内外营销学领域和谈判学领域的诸多著作和鬼谷子的"纵横学说",并从中汲取了智慧与经验,同时结合了作者多年的市场营销工作经验和对商务谈判的理解。注重对学生儒家商道思想、思维方式的培养;借力互联网＋现代技术,助力卓越工商人才培养,实现知行合一、道术兼修;注重学生应用能力培养的同时,把中国源远流长的纵横捭阖学说思想、理念传播下去。

　　本书由王崇梅主编统稿全书并编写第一章、第二章、第三章、第六章、第八章和第九章,王燕编写第五章,王媛编写第四章和第七章,王崇红整理传统文化资料和编写教辅材料。宁梓霖、王笑妍、刘子仪、陈海倩、杜欣遥等人参与了本书的编校,并收集提供了大量的基础性资料。

目　　录

第一章

商务沟通与谈判理论

学习目标

- 了解商务沟通的原则和类型。
- 掌握谈判的定义、特点、要素和类型。
- 熟悉商务谈判的程序。
- 掌握商务谈判的原则和成败标准。

 **案例1-1**

琼文和苏卡的一天

琼文和苏卡是一对年轻的夫妻,他们家的热水器制热效果不好,昨天刚刚修过,换了两个零件,一共花了413元。但维修之后的制热效果还是不好,于是琼文拿着被换下的旧零件去鉴定,鉴定结果是零件并没有坏。琼文知道上了当。明天维修人员还过来,琼文心里明白,要讨回这413元,可能需要一场艰难的谈判,必要时可能需要采取一些诸如情绪爆发的谈判策略。

琼文是一家制造厂设计组的负责人,到达工厂后在办公室门口遇到了采购部经理艾笛,艾笛提醒琼文必须解决一个问题:琼文主管部门的工程师们没有通过采购部而直接与供应商进行了联系。琼文知道,采购部希望所有与供应商的接触都通过他们进行,但他也知道工程师们进行设计非常需要技术信息,而等着采购部反馈信息,将大大延长设计时间。琼文与艾笛都知道上司不希望部门之间存在分歧,如果这个问题被提交到总经理那里,对双方来说都不好。看来,琼文得和艾笛进行一次内部谈判以解决艾笛提出的问题。

临近中午时,琼文接到一个汽车经销商打来的电话。琼文想买一辆好车,但怕苏卡不同意花太多钱。琼文对经销商的报价很满意,但他认为他能让经销商的价格再优惠一些,因此他把他的顾虑告诉了经销商,从而给经销商施加压力,以压低车价。

琼文下午的大部分时间被一个年度预算会议所占用。在会上,财务部门随意将各部门的预算都削减了30%,接着,所有的部门经理都不得不进行无休止的争论,以努力恢复他们在一些新项目上的预算。琼文已经确定了所能退让的限度(即谈判的底线),而且决定一旦这个限度被打破,他就要进行抗争。

傍晚时,苏卡和琼文去逛商店。他们看到一件新潮大衣,标价590元。苏卡反复看了这件大衣后,对店主说:"能不能便宜点儿?"店主说:"那你给个价吧。"苏卡想了一下说:"480元怎么样?"店主二话没说,取下大衣往苏卡手里一送:"衣服归你了,付钱吧。"苏卡犹豫了,她想走。店主火了:"你给的价格怎么能不要? 你今天一定得要!"苏卡又要面临一场艰难的谈判了。

解析:正如案例中所描述的那样,谈判是无法回避的,它存在于人们生活和工作中的各个层面。现实世界就是一个巨大的谈判桌,无论愿意与否,你都是一场场谈判的参与者。在现代商业活动中,谈判是交易的前奏曲,谈判是销售的主旋律。可以毫不夸张地说,人生在世,你无法逃避谈判。尽管谈判天天都在发生,要使结果尽如人意,却不是一件容易的事。怎样才能做到在谈判中挥洒自如,既实现己方目标,又能与对方携手共赢呢?从本篇开始,我们一起走进谈判的圣殿,领略其博大精深的内涵。

第一节　商务沟通概述

沟通是为了一个设定的目标,把信息在个人或群体间传递,并且达成共同协议的过程。鬼谷子认为捭阖就是嘴巴一张一合,嘴巴是心的门户,而心是精神的主宰;这就是说,你说的每一句话,都能反映你心里的想法。捭阖是天道和人道都要遵守的法则,我们说话必须遵守捭阖之道,该说话的时候当仁不让,不该说话的时候就是被鞭子抽打也一个字都不能说。有的人因一句话说对而飞黄腾达,而有的人则是因为说错了一句话而性命不保。

一、商务沟通的原则

商务沟通过程中应遵循以下原则。

1. 真诚求实,以信待人

俗话说:"精诚所至,金石为开。""谈心要交心,交心要知心,知心要诚心。"真诚决定了可信度,具有较高的可信度才会有说服力。人格就是力量,信誉是无价之宝。必须记住,一个谈判者可以是精明的,但同时必须是一个言而有信的人。

2. 清醒理智,沉着冷静

谈判往往是在不同利益集团或个人之间进行的,谈判者往往要"各为其主",谈判的各方都想为己方争取更大的利益,而要想取得谈判的成功必须是互惠互利。

3. 求同存异,拓展共识

任何谈判都必须分清各方面的利益所在,然后在分歧中寻求共同之处或互补之点。对于一时不能弥合的分歧,不强求一致,允许保留,以后再谈。把谈判的重点放在探求各自的利益上,而不是对立的立场上。

4. 胸有成竹，有备无患

在谈判前做足准备，在谈判时才能胸有成竹，能具有更大的主动性；对对方的了解越多越好。

5. 后发制人，以逸待劳

纵观古今，市场如战场；历览中外，商战如兵战。在市场经济的激烈竞争中，有识时机者"金风未动蝉先觉"而捷足先登；有深谋远虑者"将军盘弓故不发"而后发制人。

6. 多听少讲，用心感悟

谈判的目的是谋求合作、互利互惠，要耐心听取对方的建议。

7. 豁达包容，人事相别

海纳百川，有容乃大。谈判人员都肩负着双重的责任——满足自己的利益需求，与对方处好关系。要做到"对事不对人"，尽量阐述客观情况，避免指责对方，要心平气和、彬彬有礼、不伤感情。要设身处地、将心比心、换位思考；把人际关系和实际问题分开，把双方的关系建立在正确的认识、明朗的态度和恰当的情绪上。

8. 话度适中

话度适中是指对于与说话质量、语言艺术相关的各种因素都要掌握适度的原则，防止"过犹不及"。话度包括听度、力度、深度等。首先是听度，也就是让听者可以接受的程度，要在表述中渗入让听者听着顺心的话。其次是力度，说话力度是指谈判者说话的强度。声强表现为声音强劲有力，但不是高喉咙、大嗓门；声弱表现为声轻而有气度。最后是深度，指语言的深刻全面程度。在论述中灵活变化的深度可以反映不同的论述目的。

> **小思考：沟通对个人的好处有哪些？**
> 互相尊重，善解人意，志同道合；
> 家庭和睦，生活幸福，融洽相处；
> 学习经验，汲取智慧，产生创意；
> 化解冲突，关系和谐，事业成功。

二、商务语言类型

商务语言可以分为以下几类。

1. 礼节性的交际语言

礼节性的交际语言的特征在于语言表达中的礼貌、温和、中性并带有较强的装饰性，其功用是缓和与消除谈判各方的陌生和戒备心理。

2. 专业语言——主体语言

专业语言表达艺术四要素：观点鲜明，措辞准确；思维敏捷，论证严密；有声无声，话度适中；把话说到对方的心坎上。

3. 外交语言

在谈判中常犯的错误是，因谈话的余地留得不够而过早地暴露了底线。例如，有一次某外商向我方购买香料油，出价40美元一公斤。我方要价48美元。对方一听急了，连连摇头说："不,不,您怎么能指望我出 45 美元以上的价格来买呢?"我方立即抓住时机追问："这么说您是愿意以 45 美元的价格成交,是吗?"对方只得说:"可以考虑"。最终的结果是以 45 美元的价格成交。

4. 诙谐幽默的语言——高级语言

使用诙谐幽默的语言是指用一种愉悦的方式让谈判双方获得精神上的快感,从而润滑人际关系。在谈判中,有时本来双方正激烈争论,充满火药味,一句幽默的话语会使双方相视而笑,气氛顿时缓和下来。比如,有一次中外双方就一笔交易进行谈判,针对某一问题讨价还价了两个星期仍没结果。这时中方的主谈人说:"瞧我们双方至今还没谈出结果,如果奥运会设立拔河比赛,我们肯定并列冠军,并载入吉尼斯世界纪录大全,我敢保证,谁也打破不了这一纪录。"此话一出,双方都开怀大笑,随即双方均作出让步,达成了协议。

5. 军事性语言

军事性语言带有命令性特征,其特点是干脆、简洁、坚定、自信、铿锵有力。请看以下例句。

(1)"请回答这个问题,不要绕圈子。"

(2)"请贵方不迟于某某日明确答复,否则我方将终止谈判。"

(3)"这是我方最后的条件,贵方同意就成交;不同意,我马上走人。"

(4)"我已经预订了明天早上的机票,请在这之前给我答复。"

(5)"如果不能达成调解协议,我只能诉诸法律。"

📝 知识拓展

1. 鬼谷子是战国时期的纵横家,也是活跃于外交舞台上的名士张仪、苏秦的老师,俗称"鬼谷先生"。《史记》中的《苏秦列传》和《张仪列传》都说他们"习之于鬼谷先生","俱事鬼谷先生学术"。鬼谷子因隐居于鬼谷,以地得名。在战国时期频繁的外交活动以及"百家争鸣"的局面下,他曾经东行游学于齐、魏等国,在那里授徒讲学,并在齐国留下其宝贵的讲稿。据 1973 年在长沙马王堆汉墓出土的《战国纵横家书》记载,苏秦与燕昭王处于同时代,而张仪则与秦惠文王处于同时代,苏秦的活动年代要比张仪晚二三十年。他们先后在鬼谷先生处学习游说技术,后来都成为著名的外交活动家,在合纵连横的兼并战争中建功立业。

2. 捭阖之道是指游说者自己或捭或阖以达到目的,也就是开合有道、张弛有度。捭阖之道看似简单,其实很难。先说捭之道。说话是一门学问;该张口的时候就张口,不要一讲话就两腿发软,心发慌。的确,演说能力不是每个人都具备的能力。有的人"舞台一站,魂飞魄散;话筒在手,六神无主",这样的水平怎么当领导,如何让下属心服口服?再说阖之道。闭嘴是一种智慧,该闭嘴的时候就闭嘴,不要竹筒倒豆不知危。我们用三年的时间学会说话,却要用一辈子的时间来学会闭嘴,这是保全自我、受人欢迎的纲要心法。

"阖而捭之,以求其利"。如果碰到一个心门紧闭、总是沉默寡言的人怎么办?我们应该采取捭之道,让他尽可能地开口说话,了解其真实的想法,才能对症下药,进行合作。

3.“捭阖之道”的运用。在日常沟通中,我们应该什么时候用捭,什么时候用阖?捭的目的是展示,如果轮到你上台发言,就必须当仁不让采取捭之道,让众人看到你的形象、听到你的声音、领会你的思想,从而与你达成一种情感共鸣。如果你要说服别人投资自己的企业,就必须采取捭之道,勇敢地亮出你自己,全面展示你的实力,说服对方毫不犹豫地投资于你。阖之道应该怎么用?如果有竞争对手请你吃饭,一定要管住自己的嘴巴,千万不要泄露你的重要机密。

第二节　谈判的定义和特点

长期以来,人们有一种误解:谈判是谈判人员的事,是职业外交人员、政治家、商务主管人员才会面对的事。事实上,无论是在政治、文化、教育、家庭、婚姻、社交等活动中,还是在大量的经济活动中;无论是在战争、领土、民族等重大问题的冲突中,还是在人们日常的社会生活中,处处、时时都有谈判发生。

谈判作为一种普遍的现实生活交流活动,并不是人类社会发展至今才有的独特现象。与古代社会相比,人们正在以比过去更高的频率,参与到更广层面的谈判之中。

著名未来学家约翰·奈斯比特(J. Naisbitt)在评价尤里的《逾越障碍:寻求从对抗到合作的谈判之路》一书时认为,“随着世界的变化,谈判正逐步变成主要的决策制订形式”。作为一种决策制订形式,谈判的过程及其结果直接关系到当事者各方的相关利益能否得到满足,以及决策各方的未来关系。一次成功的谈判可以帮助企业化解重大危机,一场失败的谈判则可能使企业所付出的若干努力付诸东流。

一、谈判的定义

简单地说,谈判是当事人为满足各自的需求而进行的协商过程。也可以说,谈判是解决冲突、维持关系或建立合作的方式。

谈判,有狭义和广义之分。狭义的谈判,仅指在正式场合下进行的谈判。而广义的谈判,则包括各种形式的交涉、洽谈、磋商等。

谈判,实际上包括“谈”和“判”两个紧密联系的环节。谈,即说话或讨论,就是当事人明确阐述自己的意愿,充分发表关于各方应当承担和享有的责、权、利等看法;判,即分辨和判定,就是当事各方努力寻求关于各项权利和义务的一致意见,以期通过相应的协议正式给予确认。因此,谈是判的前提和基础,判是谈的结果和目的。

二、谈判的特点

1. 谈判的相互性

谈判是双方通过不断调整各自的需要而最终达成一致意见的过程,单方的让与取都不能看作是谈判。人们在谈判的定义中指出谈判的相互性,即涉及彼此关系这一基本点,如:“为了改变相互关系”“涉及各方”“使两个或多个角色处于面对面的位置上”“双方致力于说服对方”“个人、组织或国家之间”“谈判双方”“协调彼此之间的关系”等。

2. 谈判的协商性

谈判是人们为了各自的目的而相互协商的活动,谈判是合作与冲突的对立与统一。各方的利益获得是互为前提的,这是谈判的合作性一面;而双方积极地讨价还价,这是谈判的冲突性一面。谈判不是命令或通知,不能由一方说了算。所以,在谈判中,一方既要清楚地表达其观点,又必须认真地听取他方的陈述,以增进了解、缩小分歧、达成共识,这就是彼此之间的协商。因此,谈判的定义必须阐明谈判的协商性,例如:"交换观点""进行磋商""说服对方"或者"利用协商手段""观点互换""进行相互协商"等。

3. 谈判的目的性

谈判均有各自的需求,是目的性很强的活动。对谈判的各方来讲,谈判都有一定的利益界限。没有明确的谈判目的,不明白为什么而谈和正在谈什么,至多只能叫作"聊天"或"闲谈"。因此,要强调谈判的目的性,例如,"满足愿望""满足需要""为了自身的目的""对双方都有利""满足己方利益""利益互惠""为了各自的利益动机"等。

讨论题 1-1 下列哪种情况是谈判?(　　　　)

(1)在解决一个难题

(2)双方进行交际

(3)双方为各自的需要进行磋商

(4)一方需要另一方满足其利益

【答案】 (3)

第三节　谈判的要素和类型

一、谈判的要素

谈判的要素,是指构成谈判活动的必要因素,它是从静态结构上对谈判行为的剖析。谈判通常由谈判当事人、谈判议题、谈判背景三个要素构成。

1. 谈判当事人

谈判当事人,是指谈判过程中有关各方的所有参与者。从谈判组织的角度,谈判当事人一般有两类人员:台上的谈判人员和台下的谈判人员。

台上的谈判人员,指参加一线谈判的当事人,亦即上谈判桌的人员。一线的当事人,除单人谈判外,通常包括谈判负责人、主谈人和陪谈人。其中,谈判负责人,即谈判当事一方现场的行政领导,也是上级派往谈判一线的直接责任者。他虽然可能不是谈判桌上的主要发言人,但有发言权,可以对主谈人的阐述进行补充甚至必要的更正,是谈判桌上的组织者、指挥者。主谈人,即谈判桌上的主要发言人,他不仅是主攻手,也是组织者之一,其主要职责是按照既定的谈判目标及策略同谈判负责人默契配合,与对方进行有理有据的论辩和坦率、诚恳的磋商,以说服对方接受自己的方案或与对方寻求双方都能接受的方案。陪谈人,包括谈判中的专业技术人员、记录人员、译员等,其主要职责是在谈判中提供咨询、记录谈判的内容以及做好翻译工作等。

台下的谈判人员,指谈判活动的幕后人员。他们在谈判过程中虽然不出席,但是对谈判发挥着重要的作用。他们包括该项谈判主管单位的领导和谈判工作的辅导人员。主管单位的领导,其主要责任是组班布阵、审定方案、掌握进程;辅导人员,其主要作用是为谈判做好资料准备和进行背景分析等。

2. 谈判议题

谈判议题,是指谈判需要商议的具体问题。谈判议题是谈判的起因、内容和目的,并决定当事各方参与谈判的人员组成及策略。所以,谈判议题是谈判活动的核心。

谈判议题不是凭空拟定或单方面的意愿,它必须是与各方利益相关,从而成为谈判内容。谈判议题的最大特点在于当事各方认识的一致性。如果没有这种一致性,就不可能形成谈判议题,谈判也就无共同语言。

谈判议题几乎不受限制,任何涉及当事各方利益的内容都可以成为谈判议题。谈判议题的类别形式,按其设计内容分,有政治议题、经济议题、文化议题等;按其重要程度分,有重大议题、一般议题等;按其纵向和横向结构分,有主要议题及其项下的子议题(议题中的议题)、以主要议题为中心的多项并列议题、互相包容或互相影响的复合议题等。谈判议题的多样性决定了谈判复杂程度的不同。

3. 谈判背景

谈判背景,是指谈判所处的客观条件。任何谈判都不可能孤立地进行,必然处在一定的客观条件之下并受其制约。因此,谈判背景对谈判的发生、发展、结局均有重要的影响,是谈判不可忽视的条件。

谈判背景主要包括环境背景、组织背景和人员背景三个方面。

环境背景一般包括政治背景、经济背景、文化背景以及地理、自然等客观环境因素。其中,政治背景在国际谈判中是一个很重要的背景因素,它包括所在国家或地区的社会制度、政治信仰、体制政策、政局动态、国家关系等。例如,国家关系友好,谈判一般较为宽松,能彼此坦诚相待,充满互帮互助的情谊,出现问题也能比较容易解决;反之,国家关系处在对抗状态,谈判会受到较多的限制,谈判过程的难度也会较大,甚至会出现制裁、禁运或其他歧视性政策。经济背景,也是很重要的背景因素,尤其对商务谈判有着直接的影响;它包括所在国家或地区的经济水平、发展速度、市场状况、财政政策、股市行情等。例如,经济水平反映了谈判者的经济实力,某方占有垄断地位,其在谈判中就具有绝对的谈判优势;市场供求状况不同,谈判态度及策略就会不同;财政政策与汇率,既反映了谈判方的宏观经济健康状况,又反映了支持谈判结果的坚挺程度;股市行情,则往往是谈判者可供参照和借鉴的"晴雨表"。文化背景,同样不可忽视,它包括所在国家或地区的历史渊源、民族宗教、价值观念、风俗习惯等。在这方面,东西方国家之间、不同种族和不同民族之间,甚至一个国家内的不同区域之间,往往会有很大差异。

组织背景包括组织的历史发展、行为理念、规模实力、经营管理、财务状况、资信状况、市场地位、谈判目标、主要利益、谈判时限等。组织背景直接影响谈判议题的确立,也影响着谈判策略的选择和谈判的结果。

人员背景包括谈判当事人的职级地位、教育程度、个人阅历、工作作风、行为追求、心理素质、谈判风格、人际关系等。人员背景直接影响着谈判的策略运用和谈判的进程。

讨论题 1-2　"购销合同"属于一项谈判中的哪个要素？（　　）

（1）谈判当事人

（2）谈判议题

（3）谈判背景

（4）谈判起因

（5）谈判结果

【答案】　（2）

二、谈判的类型

谈判客观上存在着不同的类型，认识谈判的不同类型，目的在于根据其不同特征和要求采取有效的谈判策略。对谈判类型的正确把握，是谈判成功的起点。

1. 按谈判参与方的数量分为：双方谈判、多方谈判

双方谈判，是指谈判只有两个当事方参与的谈判。如，一个卖方和一个买方参与的交易谈判或者只有两个当事方参与的合资谈判均为双方谈判。

多方谈判，是指有三个及三个以上的当事方参与的谈判。如，甲、乙、丙三方合资兴办企业的谈判。在国家或地区之间进行的多方谈判，也叫多边谈判。

双方谈判和多方谈判，由于参与方数量的差别而有不同的特点。双方谈判，一般来说涉及的责、权、利划分较为简单明确，因而谈判也比较易于把握。多方谈判，则由于参与方越多其谈判条件越错综复杂，需要顾及的方面就越多，难免在多方的利益关系中加以协调，从而增加谈判的难度。

2. 按谈判议题的规模及各方参加谈判人员的数量分为：大型谈判、中型谈判、小型谈判

谈判规模，取决于谈判议题及相应的谈判人员的数量。谈判议题的结构越复杂，涉及的项目内容越多，各方参加谈判的人员数量也会越多。因此，谈判有大型、中型、小型之分。这种划分只是相对而言，并没有严格的界限。通常划分谈判规模，以各方台上的人员数量为依据，各方在 12 人以上的为大型谈判、4～12 人为中型谈判、4 人以下为小型谈判。

一般情况下，大中型谈判，由于谈判项目内容以及涉及的谈判背景等较为复杂，谈判持续的时间较长，因此需要充分地做好各方面的准备工作。例如，组织好谈判班子（其成员要考虑有各类职能专家）、了解分析相关的谈判背景和各方的实力、制订全面的谈判计划和选择有效的谈判策略、做好谈判的物质准备等。小型谈判，虽然谈判内容、涉及背景、策略运用等相对简单，但也应做好准备、认真对待。

3. 按谈判场所分为：主场谈判、客场谈判、中立地谈判（第三地谈判）

主场谈判，也称主座谈判，是指在自己一方所在地、由自己一方做主人组织的谈判。主场谈判，占有"地利"，会给主方带来诸多便利。例如，熟悉工作和生活环境、利于谈判的各项准备、便于问题的请示和磋商。因此，主场谈判在谈判人员的自信心、应变能力及应变手段上，均占有天然的优势。如果主方善于利用主场谈判的优势，往往会给谈判带来有利影响。当然，作为东道主，谈判的主方应该礼貌待人，做好谈判的各项准备。

客场谈判，也称客座谈判，是指在谈判对手所在地进行的谈判。客场谈判，客居他乡的谈判人员会受到各种谈判条件的限制,也需要克服种种困难。客场谈判人员,面对谈判对手必须审时度势,认真分析谈判背景、主方的优势与不足等,以便正确运用自己的谈判策略,发挥自己的优势,争取满意的谈判结果。

为了平衡主、客场谈判的利弊,如果谈判需要进行多轮,通常安排主、客场轮换。在这种情况下,谈判人员应善于抓住主场机会,使其对整个谈判过程产生有利的影响。

中立地谈判,也称第三地谈判,是指在谈判双方(或各方)以外的地点安排的谈判。中立地谈判,可以避免主、客场对谈判的影响,为谈判提供良好的环境与平等的氛围。但是,中立地谈判可能引起第三方的介入而使谈判各方的关系发生微妙变化。

4. 按谈判内容的性质分为:经济谈判、非经济谈判

经济谈判,是指以某种经济利益关系为谈判议题的谈判。经济谈判是现代社会最为普遍的谈判类型,它涉及了现代社会各种不同利益主体之间的经济利益关系。例如,货物买卖、服务贸易、工程承包、知识产权转让、投资、融资、租赁、代理、拍卖、索赔等。经济谈判中的主要形式是商务谈判。

非经济谈判,是指以非直接的经济利益关系为谈判议题的谈判。例如,政治关系、外交事务、军事问题、边界划分、人质释放、文化交流、科技合作、家庭纠纷等。

经济谈判和非经济谈判有时相互交织,但由于谈判内容的性质不同,因此,遵循的原则、运用的策略以及对谈判人员的要求等均不同。

5. 按商务交易的地位分为:买方谈判、卖方谈判、代理谈判

买方谈判,是指以求购者(购买商品、服务、技术、证券、不动产等)的身份参加的谈判。显然,这种买方地位不以谈判地点而论。买方谈判的特征主要表现为以下三点。

(1)搜集有关信息,"货比三家"。这种搜集信息的工作应该贯穿在谈判的各个阶段,并且其目的和作用应有所不同。

(2)极力压价,"掏钱难"。买方是掏钱者,一般不会以"一口价"随便成交。即使是重购,买方也总会以各种理由追求更优惠的价格。

(3)度势压人,"买主是上帝"。买方地位的谈判方往往会有"有求于我"的优越感,甚至盛气凌人。同时,"褒贬是买主",买方常常以挑剔者的身份参与谈判,"评头论足""吹毛求疵"均在情理之中。只有在某种商品短缺或处于垄断地位时,买方才可能俯首称臣。

卖方谈判,是指以供应者(提供商品、服务、技术、证券、不动产等)的身份参加的谈判。同样卖方地位也不以谈判地点为转移。卖方谈判的特征主要表现为以下三点。

(1)主动出击。卖方即供应商,为了自身的生存和发展,其谈判态度自然积极,谈判中的各种表现也均体现出主动精神。

(2)虚实相映。谈判中卖方的表现往往是态度诚恳、交易心切与软中带硬、待价而沽同在,亦假亦真、若明若暗兼有。当己方为卖方时,应注意运用此特征争取好的卖价。而当他方是卖方时,也应注意识别哪是实、哪是虚。

(3)"打""停"结合。卖方谈判常常表现出时而紧锣密鼓,似急于求成;时而鸣锣收兵,需观察动静。如此打打停停,停停打打,对于克服买方的压力和提升卖方地位,通盘考虑谈判方案及细节,以争取谈判的成功也是必要的。

代理谈判,是指受当事方委托参与的谈判。代理,可以分为全权代理和只有谈判权而无签约权代理两种。代理谈判的主要特征表现为以下三点。

(1) 谈判人权限观念强,一般都准确和谨慎地在授权范围之内行事。

(2) 由于不是交易的所有者,谈判地位超脱、客观。

(3) 由于受人之托,为表现其能力和取得佣金,谈判人的态度积极、主动。

6. 按谈判所属部门分为:官方谈判、民间谈判、半官半民谈判

官方谈判,是指国际组织之间、国家之间各级政府及其职能部门之间进行的谈判。官方谈判的主要特征是:谈判人员职级高、实力强,谈判节奏快,信息处理及时,注意保密,注重礼貌。

民间谈判,是指民间组织之间直接进行的谈判。民间谈判的主要特征是:相互平等,机动灵活,重视私交,计较得失。

半官半民谈判是指谈判议题涉及官方和民间两方面的利益,或者指官方人员和民间人士共同参加的谈判、受官方委托以民间名义组织的谈判。半官半民谈判兼有官方谈判和民间谈判的特点,一般表现为:谈判需兼顾官方和民间的双重利益,制约因素多;解决谈判中的各类问题时,回旋余地大。

7. 按谈判的沟通方式分为:口头谈判、书面谈判

口头谈判是指谈判人员面对面直接用口头语言交流信息,或者在异地通过电话进行商谈。口头谈判是谈判活动的主要方式,主要优点是:当面陈述,直接、灵活,也为谈判人员展示个人魅力提供了舞台;便于谈判人员在知识、能力、经验等方面相互补充,协同配合,提高整体谈判能力;反馈及时,利于有针对性地调整谈判策略;也能够利用情感因素促进谈判的成功。口头谈判,也存在某种缺陷,如:利于对方察言观色,推测对方的谈判意图;易于受到对方的反击,从而动摇谈判人员的主观意志。

书面谈判,是指谈判人员利用文字和图表等书面语言进行协商。书面谈判一般通过信函、电报、电传等具体方式。书面谈判通常作为口头谈判的辅助方式,主要优点是:思考从容,利于审慎决策;表达准确,利于遵循;避免偏离谈判主题和徒增不必要的矛盾;费用较低,利于提高谈判的经济效益。书面谈判,切忌文不达意和马虎粗心,因此对谈判人员的书面表达能力和工作作风有较高的要求。

8. 按谈判参与方的国域界限分为:国内谈判、国际谈判

国内谈判是指谈判参与方均在同一个国家;国际谈判是指谈判参与方分属两个及两个以上的国家和地区。

国内谈判和国际谈判的明显区别在于谈判背景存在较大的差异。对于国际谈判,谈判人员首先必须认真研究对方国家和地区相关的政治、法律、经济、文化等社会环境背景。同时,也要认真研究对方谈判者的个人阅历、谈判作风等人员背景。此外,对谈判人员在外语水平、外事或外贸知识与纪律等方面也有相应的要求。

9. 按谈判内容与目标的关系分为:实质性谈判、非实质性谈判

实质性谈判,是指谈判内容与谈判目标直接相关的谈判。非实质性谈判,是指为实质性谈判而事前进行的关于议程、范围、时间、地点、形式、人员等的磋商,事中进行有关各方面具体事项的联络和协调,事后进行的对协议拟作技术处理和其他善后工作等的事务性谈判。

事实表明,谈判越是重要、复杂、大型、国际化,非实质性谈判与实质性谈判的关系越密切,所以不能认为非实质性谈判是无关紧要的谈判。善于利用自身的主动性,对谈判的议程、范围、时间、地点进行周密安排,往往能在实质性谈判还没有开始时就已经取得了主导和优势。这种主导和优势,有可能直接导致在实质性谈判中产生有利于己方的谈判结果。因此,20 世纪 60 年代以来,国际上越来越重视非实质性谈判对实质性谈判的影响。

第四节　商务谈判的含义、程序与标准

一、商务谈判的含义及特点

所谓商务谈判就是人们为了实现交易目标而相互协商的活动。商务谈判具有以下特点。

（1）以获得经济利益为目的。不同的谈判者参加谈判的目的是不同的,外交谈判涉及的是国家利益;政治谈判涉及的是政党、团体的根本利益;军事谈判主要是关系敌对双方的安全利益。虽然这些谈判都不可避免地涉及经济利益,但是常常围绕着某一种基本利益进行,其重点不一定是经济利益。而商务谈判则十分明确,谈判者以获取经济利益为基本目的,在满足经济利益的前提下才涉及其他非经济利益。在商务谈判中,谈判者都比较注意谈判所涉及的技术的成本、效率和效益。

（2）以价值谈判为核心。商务谈判涉及的因素很多,谈判者的需求表现在诸多方面,但价值几乎是所有商务谈判的核心内容。这是因为在商务谈判中价值的表现形式——价格,最直接地反映了谈判双方的利益。谈判双方在其他利益上的得与失,在很多情况下或多或少都可以折算为一定的价格。在商务谈判中,一方面要以价格为中心,坚持自己的利益;另一方面又不能局限于价格,应该拓宽思路,设法从其他利益因素上争取应得的利益。

（3）注重合同的严密性与准确性。商务谈判的结果是由双方协商一致的合同来体现的,合同条款实质上反映了各方的权利和义务,合同条款的严密性与准确性是保障谈判获得各种利益的重要前提。有些谈判者在商务谈判中花了很大气力,好不容易获得了较有利的结果,对方为了得到合同,也迫不得已作了许多让步,如果在拟订合同条款时掉以轻心,不注意合同条款是否严密、准确,有可能被谈判对手用条款措辞或表述技巧引入陷阱。

二、商务谈判的程序

一般来说,商务谈判的过程可以划分为准备阶段、开局阶段、磋商阶段、成交阶段和协议后阶段等几个基本阶段。

1. 准备阶段

谈判准备阶段是指谈判正式开始以前的阶段,其主要任务是进行环境调查、搜集相关情报、选择谈判对象、制订谈判方案与计划、组织谈判人员、与对方建立关系等。准备阶段是商务谈判最重要的阶段之一,良好的谈判准备有助于增强谈判的实力,建立良好的关系,影响对方的期望,为谈判的进行和成功创造良好的条件。

2. 开局阶段

开局阶段是指谈判开始以后到实质性谈判开始之前的阶段。虽然这个阶段不长,但它在整个谈判过程中起着非常关键的作用,它为谈判奠定了氛围和格局,影响着谈判的进行。因为这是谈判双方的首次正式亮相和谈判实力的首次较量,直接关系到谈判的主动权。开局阶段的主要任务是建立良好的第一印象、创造合适的谈判氛围、谋求有利的谈判地位。

3. 磋商阶段

磋商阶段是指一方报价以后至成交之前的阶段,是整个谈判的核心阶段,也是谈判中最艰难的阶段,是谈判策略与技巧运用的集中体现,直接决定着谈判的结果。它包括了报价、讨价、还价、要求、抗争、异议处理、压力与反压力、僵局处理、让步等诸多活动和任务。

4. 成交阶段

成交阶段是指双方在主要交易条件基本达成一致以后,到协议签订完毕的阶段。成交阶段的开始,并不代表谈判双方的所有问题都已解决,而是指提出成交的时机已经到了。实际上,这个阶段双方往往需要对价格及主要交易条件进行最后的谈判和确认,但是此时双方的利益分歧已经不大了,可以提出成交了。成交阶段的主要任务是对前期谈判进行总结回顾,进行最后的报价和让步,拟定合同条款及对合同进行审核与签订等。

5. 协议后阶段

合同的签订代表着谈判告一段落,但并不意味着谈判的完结,谈判的真正目的不是签订合同,而是履行合同。因此,协议签订后的阶段也是谈判过程的重要组成部分。该阶段的主要任务是对谈判进行总结和资料管理,确保合同的履行与维护双方的关系。

三、商务谈判的原则

(一)互利原则

互利原则讲的是如何正确处理双方经济利益的矛盾。具体地说,它又分为两条原则。

1. 平等协商

谈判的双方在互相磋商中处于同等的社会地位,享有相同的权利,谈判的时候应该公平往来。在涉外经贸中,这是我国对外经济关系中一项基本原则。谈判是一种相互间寻求合作的交往行为,其前提是谈判各方必须平等,如果一方不能用平等的态度看待对方,合作就不可能成立,谈判也就无法进行。我国与各国进行经济交流时,反对以任何借口,附带任何特权来谋求政治上和经济上的特权。同时,我国也绝不接受对方附加任何不平等的条件与不合理的要求。现在,中国在与各国的经济合作中,并不要求各国无条件让出专利权,只要价格合理,我们一分钱也不少给。

2. 互利互惠

有人以为,成功的谈判是自己得到了最大的利益,而对方几乎一无所得,这是最偏颇的谈判观念。这样的谈判是不存在的。谈判取得成功的唯一标志是达成对双方都有利的协议。谈判的双方各自有不同的打算,谈判实现的利益互惠,其表现形式也是多种多样的:有物质上的互利,如贸易谈判,一方出售产品,一方获得利润;有精神上的互利,如文化谈判,国与国、地区与地区之间的文化交流、科技合作等;还有物质—精神互利,通过谈判一方获得技术指导,另一方获得金钱报酬。无论以何种方式获取利益,都不可以损害对方利益为前提。如果我方的得利要以损害对方的根本利益为条件,对方是不可能接受的,这样的话,我方的利益也不可能获得。成功的谈判,应是找到双方利益的平衡点,最后达成协议。

(二)合法原则

国际商务活动既是一种经济行为,又是一种法律行为。国际经济合同的洽商、订立和履行,都必须符合有关的法律规范,才能得到法律的承认和保护。这里所说的法律规范,既包含有关国家的法律,也包含有关的国际条约和公约,还包含有关的国际贸易惯例。这里补充介绍几个问题。

1. 合同的法律效益

合同一经依法订立,就具有与法律相等的效力。但各国法律一般不具体规定经济合同应包含哪些内容,许多国家主张按照"契约自由"的原则,由当事人自由商定。但违反法律的强制性规定或限制,则合同无效。反过来说,只要不违反法律的强制性规定或限制,如果合同内容与法律的一般规定有所不同,则以合同的内容为准。如果合同中对某些重要内容漏掉了,则履行合同时应按有关的法律来办理。所以,在实际业务中,签订商务合同时,一定要认真仔细,合同内容力求完善。

2. 法律规定差异与国际条约

在国际商务活动中,所涉及的至少是两个不同国家的当事人,而各国的有关法律规定往往互有差异,亦即对同一事件的规定往往各不相同,由于这种差异,对同一诉讼案件往往会得出不同的法律裁决,这就产生了应适用哪一个国家的法律作为解决纠纷标准的问题。这个问题一般称为法律适用问题或法律冲突问题。为了解决法律适用问题上的障碍,国际上展开了统一国际经济贸易法律的工作,各国之间缔结了不少国际条约和公约。目前各国对于解决国际商务活动中的法律适用问题,所采用的原则不尽相同。主要有属人法、标的物所在地法、订约地法、履约地法和法院地法等。我国和许多国家一样,采用由当事人在合同中自行选定适用哪一个国家法律的做法。这已成为解决法律冲突的一项较为普通的原则。但在某些具体问题上,我国的《涉外经济合同法》还有一些补充的制约。

3. 国际贸易惯例的效力

在国际商务活动中还常常需要引用国际贸易惯例的规定。国际贸易惯例是在国际经济贸易业务的长期实践中,逐渐形成的一些通用的习惯做法或先例,其特点如下。

(1)它是通过长期反复实践而形成的,开始时只是适用于一定的地区或行业,以后随着国际经贸业务的不断发展,惯例的影响也不断扩大,有的甚至在世界范围通行。

(2)它具有确定的内容,并被许多国家和地区认可。在国际贸易惯例中,有的是不成文的,有的则已由某些国际组织或工商团体形成制度,制订成"规则"之类的文件。

(三)自愿、平等、公平原则

双赢局面的出现有赖于公平原则的贯彻。公平这个概念本身包括主观的公平和客观的公平。人们所认为的客观上的公平往往存在着公平中的不公平,即形式上的公平而实际上的不公平。目前谈判中最大的公平在于机会的公平。

1. 对于公平概念的理解

公平没有绝对的,对于公平的追逐,只能追求一种相对的平等。有些事情即使最后的结果显得很公平,但是由于认识不同,仍然不会让双方都感到满意。

2. 公平意味着机会的平等

商务谈判中,有时候过程的平等参与比结果本身更为重要。一个由你提出的你觉得极为合理公平的合同不一定被对方所接受,就是因为合同的拟订缺少了对方的平等参与,使得对方觉得合同不能体现其意愿。谈判中,双方都十分看重参与过程的平等性。

3. 公平的计量

从定量的角度对公平进行分析,其中既包括心理感受的因素,也包括实际的获得,还包括博弈的结果。主要有朴素法和拍卖法两种计量方法。

4. 追求公平中的囚徒两难的应用

在商务谈判中,采取何种谈判策略有时类似于囚徒两难模型中囚徒的选择。谈判双方都有欺骗和合作两种策略,一方欺骗一方不欺骗时能够给欺骗方带来额外利益。

(四) 诚信原则

诚信原则讲的是谈判人员的态度问题。前面说过,在商务谈判中,双方的关系既有竞争的一面,又有合作的一面。市场经济既是规则经济,同时又是信用经济。在谈判过程中,双方都应抱有合作的诚意,高度重视信用问题,以诚相待,在双方之间建立互相信任的关系,以便为签约后的长期合作打下基础。

(五) 求同原则

求同原则讲的是如何灵活准确地运用谈判策略和技巧的问题。议题的"弹性"在商务谈判中,一般表现为双方经济利益有一定的伸缩程度。正因为如此,双方在兼顾对方利益,保证谈判协作的前提下,都会千方百计地为己方多争取利益。但光有这一点"伸"是不够的,还得有"缩"。

商务谈判的策略是多种多样的,在选用策略之际,应记住下列几点:应有利于促进协议的达成,要有利于妥善解决双方之间的分歧,有利于加强双方之间的合作。这些都是求同原则的具体要求。如果谈判策略运用不当,不仅会恶化本次谈判的气氛,甚至导致谈判的失败,还可能会对今后关系的发展产生严重的影响。

(六) 效益原则

谈判追求的是效率,最好能速战速决。时间越长,谈判的成功率越低,双方耗费的人力、物力和财力越多。没有人愿意为一件没有结果、遥遥无期的事情耗费人力、物力和财力。

衡量谈判的第一个标准是明智,也就是说,谈判的结果应该是明智的。因为谈判是谈判双方为了达成某种共识而进行的一种行为,如签订一份合同,进行商贸谈判等,都是为了追求一种结果。谈判中有输有赢,而最好的结果是能够达到双赢,即达到双方都比较满意的程度。衡量谈判的第二个标准是增进或至少不损害双方的利益。谈判不是你死我活,不是在损害对方利益的前提下满足自己的私利,而是要增进双方的利益,通过谈判使双方达到双赢。

四、商务谈判的成败标准

美国谈判学会会长,著名律师杰勒德·尼尔伦伯格认为,谈判不是一场棋赛,不要求决出胜负;也不是一场战争,要将对方消灭或置于死地。恰恰相反,谈判是一项互利的合作事业。谈判中的合作是互利互惠的前提,只有合作才能谈及互利。因此,从谈判是一项互惠的合作事业和在谈判中要实行合作的利己主义观点出发,我们将评价一场商务谈判是否成功的价值标准归纳为如下几点。

(一)看商务谈判目标的实现程度

商务人员在参加谈判时总是事先规划一定的谈判目标,即将自己的利益需求目标化。当谈判结束时,他们要看自己规划的谈判目标有没有实现,在多大程度上实现了预期谈判目标,这是人们评价业务洽谈成功与否的首要标准。不要简单地把谈判目标理解为利益目标,这里所指的谈判目标是具有普遍意义的综合目标。不同类型的商务谈判,不同的参谈者,其谈判目标有所不同。例如,举办合资企业的谈判,对于中方来讲,其谈判目标有可能是尽快的并且以最合理的控股权在某地合资生产某种产品;租赁业务洽谈,其谈判目标有可能是以最低租金租到功能较齐全的某种设备。因此,谈判目标只有在具体的谈判项目中才能具体化。

(二)看谈判的效率如何

任何商务谈判都是要付出一定成本的。有人认为谈判成本是无法计算的,而且也是没有必要计算的。这种看法是极为错误的。经济领域里的任何经济行为,都是要讲效率的,即将付出与收益进行对比。商务谈判本身是经济活动的一部分,怎么可能不讲成本呢?谈判成本可以从以下三个部分加以衡量。

第一部分成本是为了达成协议所作出的所有让步之和,其数值等于该次谈判预期谈判收益与实际谈判收益的差值。

第二部分成本是指为洽谈而耗费的各种资源之和,其数值等于为该次谈判所付出的人力、物力、财力和时间的经济折算值之和。

第三部分是机会成本。由于企业将部分资源投入该次谈判,即该次谈判占用和消耗人力、物力、财力和时间,于是这部分资源就失去了其他的获利机会,因而就损失了可望获得的价值。这部分成本的计算,可用企业在正常生产经营情况下,这部分资源所创的价值的大小来衡量;也可用事实上由于这些资源的被占用和耗费,某些获利机会的错过所造成损失的大小来计算。

以上三部分成本之和构成了该次谈判的总成本。通常情况下,人们认识到的成本只是第一部分,即对谈判桌上的得失较为敏感,对第二部分成本比较轻视,对第三部分成本考虑更少。要想准确考核谈判的效率,对谈判成本的准确计算就显得格外重要。所谓谈判效率是指谈判所获收益与所耗费谈判成本之间的对比关系。如果谈判所费成本很低,而收益却较大,则本次谈判是成功的、高效率的;反之,如果谈判所费成本较高,收益很少,则本次谈判是低效率的,甚至在某种程度上讲是失败的。

（三）看谈判后人际关系如何

商务谈判是两个组织或企业之间经济往来活动的重要组成部分，它不仅从形式上表现为商务人员之间的关系，而且更深层地代表着两个企业或经济组织之间的关系。因此，在评价一场谈判成功与否时，不仅要看谈判各方市场份额的划分、出价的高低、资本及风险的分摊、利润的分配等经济指标，而且还要看谈判后双方人际关系如何，即通过本次谈判，双方的关系是得以维持，还是得以促进和加强，抑或受到破坏。商务谈判实践告诉我们，一个能够使本企业业务不断扩大的精明谈判人员，他往往将眼光放得很远，而从不计较某场谈判的得失，因为他知道，良好的信誉、融洽的关系是企业得以发展的重要因素，也是商务谈判成功的重要标志。任何只盯着眼前利益，并为自己某场谈判的所得大肆喝彩者，这种喝彩也许是最后一次，至少有可能是与本次谈判对手的最后一次，结果是"捡了眼前的芝麻，丢了长远的西瓜"。

综合以上三个评价指标，我们认为一场成功的谈判应该是通过谈判，双方的需求都得到了满足，而且这种较为满意的结果是高效完成的。同时，双方的友好合作关系得以建立或加强。

本 章 小 结

了解沟通的定义与原则，可以从谈判实践和现在诸多的定义中抽象出其中的三个基本点：谈判的目的性、相互性、协商性。谈判是人们为了各自的目的而相互协商的活动。

谈判的一般动因，应当从谈判的内涵中思考，即：谈判的目的性——追求利益，谈判的相互性——谋求合作，谈判的协商性——寻求共识。

商务谈判的程序，包括准备阶段、谈判阶段、履约阶段，每一阶段又包括若干工作内容或环节。商务谈判的原则是自愿原则、平等原则、互利原则、求同原则、效益原则、合法原则。评价商务谈判的成败标准，主要是谈判的经济利益、谈判成本、社会效益。

谈判是人们为了协调彼此的关系，满足各自的需要，通过协商而争取达到意见一致的行为和过程。谈判是人类行为的一个组成部分。商务谈判是谈判的一种，是指不同利益群体之间，以经济利益为目的，明确相互的权利义务关系而进行协商，就双方的商务往来关系而进行的谈判。商务谈判是一项集政策性、技术性、艺术性于一体的社会经济活动。

在商业活动中面对的谈判对象多种多样，我们不能以同样的态度对待所有谈判。我们需要根据谈判对象与谈判结果的重要程度来决定谈判时所要采取的态度。如果谈判对象对企业很重要（如长期合作的大客户，而此次谈判的结果对公司并非很重要），就可以以让步的心态进行谈判，即在企业没有太大损失的情况下满足对方，这样对于以后的合作会更加有利。如果谈判对象对企业很重要，而谈判的结果对企业同样重要，那么就抱持一种友好合作的心态，尽可能达到双赢，将双方的矛盾转向第三方。例如，市场区域的划分出现矛盾，那么可以建议双方一起去开发新的市场，将谈判的对立竞争转化为携手合作。如果谈判对象对企业不重要，谈判结果对企业也是无足轻重的，那么就可以轻松上阵，不要把太多精力消耗在这样的谈判上。如果谈判对象对企业不重要，但谈判结果对企业非常重要，那么就以积极竞争的态度参与谈判，不用考虑谈判对手，完全以最佳谈判结果为导向。

本章思考题

1. 什么是谈判？什么是商务谈判？
2. 谈判活动有什么特征？
3. 什么样的谈判才算得上真正成功的谈判？
4. 商务谈判中着眼于利益与着眼于立场有何联系与区别？
5. 谈判中如何坚持客观标准的原则？
6. 为什么说谈判既是一门科学，又是一门艺术？
7. 针对某一购销项目，学生分组进行模拟谈判的练习。

第二章

商务沟通与谈判方法

学习目标

- 了解商务沟通的过程及要素。
- 熟悉商务沟通的基本方法。
- 掌握商务谈判的方法：硬式谈判法、软式谈判法、原则式谈判法。

在现代商业活动中，沟通与谈判是交易的前奏曲。谈判是社会需要和社会交流的产物，有矛盾冲突、利益协调，就有沟通、谈判存在。

第一节　商务沟通的过程及要素

一、商务沟通的过程

沟通过程是发送者通过一定的渠道将特定内容的信息传递给接收者的双向互动过程。这一过程首先需要有被传递的信息，然后在信息源（发送者）与接收者之间传送。信息首先被转化为信号形式（编码），然后通过媒介物（通道）传送至接收者，接收者再将收到的信号转译回来（解码），并对此作出反馈。由此可见，沟通过程一般包括发送者、编码、媒介物、解码、接收者、反馈六个部分。这种复杂过程参见图 2-1。

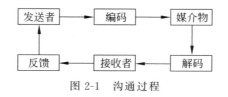

图 2-1　沟通过程

在这个过程中,至少存在着一个发送者和一个接收者,即信息发出方和信息接收方。其中沟通的载体成为沟通渠道,编码和解码分别是沟通双方对信息进行的信号加工形式。信息在两者之间的传递是通过以下 7 个环节进行的。

(1) 发送者需要向接收者传递信息或者需要接收者提供信息。这里所说的信息是个广义的概念,它包括观点、想法、资料等内容。

(2) 发送者将所要发送的信息译成接收者能够理解的一系列符号。为了有效地进行沟通,这些符号必须适应媒介的需要。例如,如果媒介是书面报告,符号的形式应选择文字、图表或照片;如果媒介是讲座,就应选择 PPT、投影胶片和板书等。

(3) 发送的符号传递给接收者。由于选择的符号种类不同,传递的形式也不同。传递的形式可以是书面的,如信、备忘录等;也可以是口头的,如交谈、演讲、电话等;甚至还可以通过身体动作来表述,如手势、面部表情等。

(4) 接收者接收符号。接收者根据发送来的符号传递方式,选择相应的接收方式。例如,如果发送来的符号是口头传递的,接收者就必须仔细地听,否则符号就会丢失。

(5) 接收者将接收到的符号译成具有特定含义的信息。由于发送者翻译和传递能力的差异,以及接收者接收和翻译水平的不同,信息的内容和含义经常被曲解。

(6) 接收者理解被翻译的信息内容。

(7) 发送者通过反馈来了解他想传递的信息是否被对方准确地接收。一般来说,由于沟通过程中存在着许多干扰和扭曲信息传递的因素(通常把这些因素称为噪声),使得沟通的效率大为降低。因此,发送者了解信息被理解的程度是十分必要的。沟通过程中的反馈,构成了信息的双向沟通。

二、商务沟通的要素

一个完整的沟通过程一般由 7 个基本要素组成,即信息源、信息、通道、信息接收者、反馈、噪声和背景。

(1) 信息源:指拥有信息并试图进行沟通的人,即信息发送者。在有效的沟通前,信息发送者应明确需要沟通的信息,并将它们转化为信息接收者可以接受的形式,如文字、语言、表情等。

(2) 信息:发送者试图传达给他人的观点和情感。信息发送者在传递信息时往往附加自己的观念、态度和情感,这种附加的情感主要通过声调、语气、语速、附加词、语句结构以及表情、神态、动作等方式加以传递。

(3) 通道:指沟通过程的信息载体,指信息得以传递的手段和媒介。人的五官如视觉、听觉、味觉、嗅觉、触觉都可以接收信息,在日常生活中运用最为广泛的信息传递的手段是视觉和听觉。沟通的方式有很多,如面对面、广播、电视、报刊、网络、电话等,影响力最大的还是面对面的沟通方式;随着信息技术的高速发展,电子信息通道正被广泛使用。

(4) 信息接收者:接收信息的人。信息接收者的信息接收是一个复杂的过程,包括一系列注意、知觉、转译和储存等心理活动。信息接收者有可能是多人,如正在听课的学生、听取演讲的听众、群体性事件中被说服的人群等;也可能仅仅是自己,如自我沟通。

(5) 反馈:是指信息接收者对信息的反应。反馈可以反映出信息接收者对信息的理解和接受状态。反馈不一定来自对方,沟通者也可以在信息发送过程中自行获得反馈信息,比如沟通者发觉自己所说的话不够准确,也会自行作出调整,心理学家称之为自我反馈。

（6）噪声:指导致收到的信息与发出的信息不一致的因素,简单来说就是妨碍沟通的一切因素。噪声可存在于沟通过程的各个环节,造成信息失真。典型的噪声包括难以辨认的字迹、电话中的静电干扰、接收者的疏忽大意,以及生产现场中设备的背景噪音。

（7）背景:沟通发生的环境。所有的沟通都发生在一定的背景下,并被当时的背景所影响。在沟通过程中,背景可以提供许多信息,也可以改变或强化词语、非词语本身的意思。所以,在不同的沟通背景下,即使是完全相同的沟通信息,也有可能获得截然不同的沟通效果。

三、商务沟通的类型

依据不同的划分标准,可以把沟通分为不同的类型。

（一）按方向分类

按照方向,沟通可以分为上行沟通、下行沟通、平行沟通和斜行沟通。

（1）上行沟通,指在组织中信息从较低的层次流向较高的层次的一种沟通。主要是下属依照规定向上级所提出的正式书面或口头报告。除此之外,许多机构还采取某些措施以鼓励向上沟通,例如态度调查、征求意见座谈会、意见箱等。它有两种表达形式:一是层层传递,即依据一定的组织原则和组织程序逐级向上反映;二是越级反映,指的是减少中间层次,让决策者和团体成员直接对话。上行沟通的优点:员工可以直接把自己的意见向领导反映,获得一定程度的心理满足;管理者也可以利用这种方式了解企业的经营状况,与下属形成良好的关系,提高管理水平。其缺点:在沟通过程中,下属因级别不同,形成一些心理障碍,害怕被"穿小鞋",不愿意反映意见;通常效率不佳。上行沟通是领导了解实际情况的重要途径,它往往带有民主性、主动性。

（2）下行沟通,指组织中信息从较高的层次流向较低层次的一种沟通。其中信息一般包括:有关工作的指示、关于工作内容的描述、员工遵循的政策和规章、有关员工绩效的反馈和希望员工自愿参加的各种活动等。下行沟通的优点:它可以使团体成员及时了解组织的目标和领导意图,增加员工对所在团体的归属感;它也可以协调组织内部各个层次的活动,加强组织原则和纪律性,使组织机器正常地运转。下行沟通的缺点:如果这种方式使用过多,会在下属中造成高高在上、独裁专横的印象,使下属产生抵触情绪,影响团体的士气;此外,由于来自最高决策层的信息需要经过层层传递,容易被耽误,有可能出现信息失真的情况。下行沟通是组织执行任务的基础,它往往带有权威性、指令性。

（3）平行沟通,指在组织中同一层次不同部门之间的信息沟通。例如,上层管理者之间、中层管理者之间、生产工人与设备修理工之间,以及任务小组和专案小组内发生的沟通,均属此类。平行沟通具有很多优点:第一,它可以使办事程序化,手续简化、节省时间、提高工作效率。第二,它可以使企业各个部门之间相互了解,有助于培养整体观念和合作精神,克服本位主义倾向。第三,它可以增加员工之间的互谅互让,培养员工之间的友谊,满足员工的社会需要,使员工提高工作兴趣。其缺点表现在:头绪过多,信息量大,易于造成混乱;此外,平行沟通尤其是个体之间的沟通也可能成为职工发牢骚、传播小道消息的途径,造成涣散团体士气的消极影响。平行沟通是分工协作的前提,它往往带有协商性和双向性。

（4）斜行沟通,指发生在组织中不属于同一层次和部门之间的信息沟通,例如销售员与财务经理之间的沟通。斜行沟通常常发生在具有某种业务方面的联系,但又分属不同职能部门、不同层级的人员之间。它可以缩短沟通线路,减少沟通的时间,从而加快信息的传递,所以它主要用于相互之间的情况通报、协商和支持,带有明显的协商性和主动性。

（二）按组织的结构特征分类

按照组织的结构特征,沟通可分为正式沟通和非正式沟通。

1. 正式沟通

正式沟通指在组织系统内,依据一定的组织原则所进行的信息传递与交流。例如组织与组织之间的公函来往,组织内部的文件传达、召开会议,上下级之间的定期情报交换等。另外,团体所组织的参观访问、技术交流、市场调查等也在此列。组织和群体中正式的沟通网络存在 4 种基本形式,它们分别是链式沟通、轮式沟通、Y 式沟通、环式沟通,如图 2-2 所示。

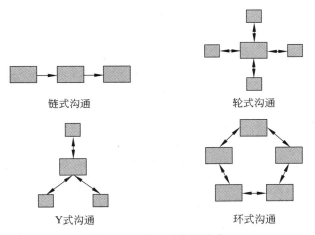

图 2-2　4 种正式沟通形式

链式、轮式、Y 式三种网络的信息传递需经过某个中心人物,并在此处形成信息的集中,因此也称之为核心沟通网络。其中,链式网络的信息是单线、顺序传递的,沟通保密性较好,如非法贩毒组织就经常采用这种链式沟通网络。在轮式和 Y 式网络中,信息的传递都是经由中心人物而同时向周围多线联系,所不同的只是前者沟通的中心环节是领导者本人,而后者则是所增添的帮助筛选信息的秘书或助理等。环式沟通过程中不存在任何中心人物,每个成员都有均等的机会参与沟通,彼此分享信息,因而可以获得较高的满足感,是非核心网络。在环式网络中,信息是按圆圈方向依次传递的,因而沟通速度较慢,准确性也较低。链式、Y 式和轮式沟通准确性比较好,在处理简单的问题时速度快且失误少。轮式沟通有利于管理者控制各项活动,能较好地满足成员的社交需求。

正式沟通的优点是沟通效果好、比较严肃、约束力强、易于保密,可以使信息沟通保持权威性。重要的信息和文件的传达、组织的决策等一般采取这种方式。其缺点是由于组织系统内部层层传递,因此较刻板,沟通速度慢。

2. 非正式沟通

非正式沟通指以企业非正式组织系统或个人为渠道的信息传递。例如团体成员私下交换看法、朋友聚会、传播小道消息等都属于非正式沟通。非正式沟通是正式沟通的有效补充,在许多组织中,决策时利用的情报大部分是由非正式信息系统传递的。同正式沟通相比,非正式沟通往往能更灵活、迅速地适应事态的变化,省略许多烦琐的程序;并且常常能提供大量的通过正式沟通渠道难以获得的信息,真实地反映员工的思想、态度和动机。非正式的沟通网络有 4 种不同的传递形式,分别是单线式、偶然式、流言式和集束式,如图 2-3 所示。

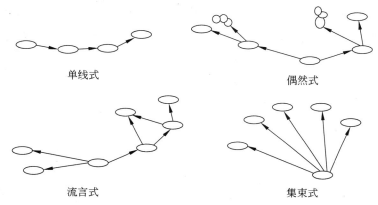

图 2-3　4 种非正式沟通形式

(1)单线式:一个人传递给另一个人,通过一长串的人际关系来传递信息,而这一长串的人与人之间并不一定存在着正规的组织关系。

(2)偶然式:每一个人都是随机地传递给其他人,信息通过一种随机的方式传播,道听途说就是其中的一种形式。

(3)流言式:是指信息发送者主动寻找机会,通过闲聊等方式向其他人散布信息。

(4)集束式:是指信息发送者有选择地寻找一批对象传播信息,这些对象大多是与其亲近的人,而这些对象在获得信息后又传递给自己的亲近者。

非正式沟通的优点:沟通形式不拘、直接明了、速度很快,容易及时了解到正式沟通难以提供的"内幕新闻";非正式沟通能够发挥作用的基础是团体中良好的人际关系。其缺点表现在于非正式沟通难以控制,传递的信息不确切,易于失真、曲解;而且,它可能导致小集团、小圈子,影响人心稳定和团体的凝聚力。

(三)按是否进行反馈分类

按照是否进行反馈,沟通可分为单向沟通和双向沟通。

单向沟通指没有反馈的信息传递,一方只发送信息,另一方只接收信息。单向沟通具有沟通有序、速度较快、信息发送者压力小的优点。但是接收者没有反馈意见的机会,不能产生平等和参与感,不利于增加接收者的自信心和责任心,不利于建立双方的感情,会减弱沟通效果。

双向沟通指有反馈的信息传递,是发送者和接收者相互之间进行信息交流的沟通。双向沟通的优点:沟通信息准确性高,发送者可以及时知道接收者对所传递信息的态度及理解程度,有助于双向交流,增强沟通效果。但双向沟通一般费时较多、速度慢,且易受干扰。

第二节　商务谈判的基本方法

一、硬式谈判法

(一) 硬式谈判法的概念

硬式谈判法也称立场型谈判,是指双方都站在自己的立场,为自己争辩,最后作出一定的妥协,找到双方都能接受的折中办法。最具有代表性的例子是一位顾客与老板之间的讨价还价(见表 2-1),其实就是占领和放弃一系列阵地的连续过程,最终也许会达成共识,但也许会毫无结果。

表 2-1　顾客与老板讨价还价

顾　　客	老　　板
这个铜盘子什么价钱?	你眼光不错,75 元。
别逗了,这有块压伤……	你出个价。
我出 15 元。	15 元简直是开玩笑。
我出 20 元,75 元我绝对不买。	夫人,你真够厉害,60 元马上拿走。
25 元。	我进价也比 25 元高啊。
37 块 5,再高我就走。	你看看上面的图案,到明年这样的古董价格能提高一倍。

(二) 硬式谈判法的特点

通常来讲,任何谈判方法的优劣都可以通过三个标准来加以衡量:谈判产生的结果应该是明智的,谈判应该有效率,谈判应该增进、至少不损害双方的利益。硬式谈判却很难做到这三方面。

1. 硬式谈判的结果不够理想

当谈判者占据阵地开始谈判时,他们总是希望死守阵地不放。你越是声明你的原则,保护你的阵地,你对之也就投入得越多。由于过多的精力被投入到阵地上,而使双方真正关心的问题被忽略掉了,达成协议的可能性也变小了。最后得到的谈判结果也许是机械地削减双方与最后阵地间的差距,而不是真正恰当地考虑双方的利益,因而也很难令双方满意。

2. 硬式谈判法没有效率

硬式谈判法会刺激谈判者,使谈判寸步难行,为了使最终结果有利于自己,双方的起步都很极端,而且死守不放;你要说服对方以你的观点看问题,直到迫不得已才作出一点小让步,因此谈判所需的时间较长。

3. 硬式谈判给友谊带来危机

硬式谈判完全是一种意志的较量,每个谈判者都站在自己的一方,希望对方退却。当一方看到自己的利益由于对方的强力压迫而得不到重视时,愤怒和憎恨往往由之而生。因此,硬式谈判会给友谊带来危机。

二、软式谈判法

(一)软式谈判法的概念

软式谈判法是指希望通过一种柔和的谈判风格避免冲突,把谈判对方看作是朋友而不是对手,强调达成双方共识的重要性,而不是以本方胜利为目标,避免意志的较量,作出必要的妥协等。这种软式谈判由于双方力求做到更加宽容对方,因此最终达成协议是没有问题的。但是,这又导致了另外一个问题——谈判的结果不一定是明智的。

(二)硬式谈判与软式谈判的比较

费希尔等人认为,硬式谈判和软式谈判都是理想的谈判方法,他们给出了调整两者之间关系的方法,如表 2-2 所示。

表 2-2　软硬式谈判法对比及解决方法

两种谈判方法在谈判中的思想与行为表象		解 决 方 法
软式谈判	硬式谈判	谈判原则:理性谈判
对方是朋友	对方是对手	对方是解决问题者
目标在于共识	目标在于胜利	目标在于有效、愉快地得到结果
为友谊作出让步	不在乎友谊	把人与问题分开
对人和事采取温和态度	对人和事采取强硬态度	对人软,对事硬
信任对方	不信任对方	谈判与信任无关
容易改变阵地	固守不前	集中精力于利益,而不是阵地
给予对方恩惠	给予对方威胁	双赢
改变最低界限	对最低界限含糊其词	探讨相互利益,避免最低界限
为达成协议愿意承受单方损失	把单方优惠作为协议条件	为共同利益寻求方案,即寻求有利于双方的方案,以后再做决定
寻找对方可接受的单方面解决方案	寻找自己可接受的单方面解决方案	坚持使用客观标准,努力获得不倾向于单方意愿的客观结果
坚持达成共识	坚守阵地	相互妥协让步
避免意志的较量	坚持在意志的较量中取胜	坚持理性原则
迫于压力而妥协	施加给对方压力	向道理低头,而不向压力低头

三、原则式谈判法

（一）原则式谈判法的提出

费希尔、尤里等人在比较分析软式和硬式谈判法的基础上提出了理性谈判方法——原则式谈判法。它有四个基本点：①人，把人与问题分开；②利益，集中于利益，而不是阵地；③方案，在决定以前分析所有的可能性；④标准，坚持使用客观标准。

（二）原则式谈判法的观点

1. 关于人

谈判者清楚双方都是活生生的现实中的人，应处理好两种利益的关系：实质利益和关系利益。否则会出现问题。例如，有位先生在生意上用一次次的价格折让和利益上的让步，甚至于自己甘愿亏本，而迁就于与对方保持关系和生意往来，最后终于有一天承受不了而破产，而对方却反过来埋怨这位朋友做生意不够意思，断了他的财路。

2. 关于利益

积极向对方陈述你的利益所在，引起对方的注意并使对方满足你的利益；承认对方的利益所在，考虑对方的合理利益，甚至在保证自己利益的前提下努力帮助对方解决利益冲突问题；在谈判中既要坚持原则（如具体利益），又要有一定的灵活性；对利益做硬处理，对人做软处理；强调你为满足对方利益所作出的努力，必要时对对方的努力表示钦佩和赞赏。

3. 关于方案

构思对彼此有利的方案。有一个经典故事，分橙子时，一位妈妈把一个橙子给了邻居的两个孩子，两个孩子发生争执。于是这位妈妈提供了这样一个解决僵局的方案：让一个孩子切橙子，另一个孩子选橙子。回到家后，一个孩子扔掉果皮把果肉放到果汁机上榨果汁喝，另一个孩子扔掉果肉把橙子皮磨碎了烤蛋糕吃。

从形式上看，两个孩子拿到了看似公平的一半；然而，他们各自得到的东西却没能物尽其用。也就是说，两个孩子没有说明各自的利益所在，从而导致双方盲目追求形式上和立场上的公平。结果，双方各自的利益并未在谈判中达到最大化。

如果两个孩子不是一个需要果皮，一个需要果肉，还可能出现什么情况呢？解决的方案如何？是否可以将其他问题拿来一起谈？两个孩子解决问题的过程就是不断沟通、创造价值的过程，在沟通的基础上寻求获取自己的最大利益，同时又能满足对方利益需求的方案。

4. 关于标准

客观标准：独立于各方主观意志之外的合法并切合实际的标准。客观标准一般有：法定、先例、惯例、案例、标准、模式。注意：建立公平的标准，建立公平分割利益的步骤；将谈判利益的分割问题局限于寻找客观依据；善于阐述自己的理由，也接受对方合理正当的客观依据；不要屈从于对方的压力。

（三）原则式谈判法四大观点的运用

1. 分析阶段

分析阶段是指，谈判人员对谈判双方的谈判情况进行分析，做到知己知彼。

分析阶段要点：利用可以取得的途径尽量获取信息，对信息进行组织、思考并对整体谈判形式作出判断。

关于人：谈判各方都持有什么样的观点？双方对同一个问题有没有认识上的差异？有没有敌对情绪？存在什么样的交流障碍？

关于利益：是否存在共同利益和兼容利益？

关于方案：审核既定的谈判方案，是否存在可供选择的解决方案？

关于标准：是否认可作为协议基础的标准？是否存在可以划分利益的公平标准？

2. 策划阶段

策划阶段是指，谈判人员在分析谈判形势的基础上，进行进一步周密策划。

策划阶段要点：利用创造性思维策划如何实施谈判？

关于人：如果出现双方认识上的差异情绪冲突，应如何解决？

关于利益：哪些利益对你最重要？哪些利益对对方最重要？用什么样的方法可以满足双方利益？

关于方案：找出双方都能接受的方案。

关于标准：找出供最终决策的标准。

3. 讨论阶段

讨论阶段是指，谈判双方讨论交流。

讨论阶段要点：充分交流，努力达成协议。

关于人：探讨观念差异，克服交流的障碍。

关于利益：使用各种询问方式进一步证实对方的利益所在。

关于方案：双方积极配合对方在互利基础上寻求谈判解决方案。

关于标准：努力以客观标准划分利益，并达成协议。

讨论题 2-1 谈判是为了（　　　）。

A. 达成公平对等的交易

B. 达成妥协

C. 与对方联合作出决定，尽可能照顾双方利益

【答案】　C

知识拓展一

和谐沟通是管理艺术的精髓

人生无处不交流，生活事事要沟通。沟通是人类信息交流、观点互换、情感互动、利益互惠的人际交往活动。当今世界就是一个巨大的沟通平台，不管你喜欢不喜欢、愿意不愿

意、接受不接受,你都扮演一个沟通者的角色。不论人与人之间建立什么样的关系,只要生活在这个社会中,总会产生这样或那样的矛盾,小到家庭纠纷,大到国际争端,都需要沟通来解决实际问题。你事业的如愿、理想的实现、生意的成功、意图的表达、情感的交流、家庭与社会关系的和谐、生活的美满与幸福都与有效的沟通密切相关。英国作家萧伯纳指出:"假如你有一个苹果,我有一个苹果,彼此交换以后,我们每个人都只有一个苹果。但是,如果你有一种思想,我有一种思想,彼此交换后,我们双方都有了两种或两种以上的思想。""快乐与别人分享,快乐的效能就能增加一倍;痛苦与别人分担,别人的痛苦感受将减轻一半。"话是开心的钥匙,事理通达才能心气平和,沟通是协调人际关系的润滑剂、消炎剂、兴奋剂、凝聚剂。沟通虽然不是万能的,但没有沟通是万万不能的!

资料来源:张国良.和谐沟通是管理艺术之精髓[J].人力资源杂志,2018(11).

知识拓展二

捭阖之道小锦囊

捭阖之道是人生的大智慧,每个人都在自觉或不自觉地运用捭阖之道处理事情,鬼谷子将这套方法总结了出来,从而可以更好地指导我们的工作和生活。在捭阖之道的具体运用中,有哪些注意事项? 鬼谷子认为主要有以下三点。

其一,先从其志。当不知该用捭还是该用阖时,鬼谷子的建议是先顺从对方的意愿。

其二,周。用捭之道时最重要的是要谋划周全、考虑周到,不要有漏洞。

其三,密。用阖之道时最重要的是要保守机密、隐秘不泄、滴水不漏。

下面围绕这三个要点逐一来谈。捭阖之前先顺从对方的心意。很多时候,情况很复杂,就像站在十字路口不知道下一步应该怎样走,是应该采取捭之道主动进攻,还是应该采取阖之道歉退防守? 在这个时候,很难在仓促之间作出正确的决定,我们应该怎么办? 可与不可,审明其计谋,以原其同异。离合有守,先从其志。下一步是可行还是不可行,是用捭还是用阖,一定要先审察明白对方的计谋,考察双方的意见共同和不同的根源。意见乖离或相和,有一个根本点要守住,即首先抓住对方的真实意图,先顺从他的意愿,再适时而动。

为什么要先顺从对方的意愿? 因为在没有摸清对方虚实的时候只有先观望,千万不要轻举妄动。不管他说什么,你都顺着他,让他知无不言,言无不尽,这样你就能获取丰富真实的信息,才能作出正确的决策。就像我们开车上路,前面有大雾,首先要做的就是把速度降下来,摸清前方路段的虚实,然后才决定下一步怎么走。如果对方是暗藏杀机的敌人,你盲目地采用捭之道而推心置腹,那会暴露自己的致命弱点;如果对方是怀着诚意来合作的朋友,你却采用阖之道,就会让商机白白丢失。

资料来源:兰彦岭.鬼谷子旷世经略[M].北京:线装书局,2018.

本 章 小 结

　　沟通的过程一般包括发送者、编码、媒介物、解码、接收者、反馈六个部分。掌握沟通的类型：①按照方向,沟通可以分为上行沟通、下行沟通、平行沟通和斜行沟通;②按照组织的结构特征,沟通可分为正式沟通和非正式沟通;③按照是否进行反馈,沟通可分为单向沟通和双向沟通。熟练运用谈判的方法,主要包含原则式谈判法、软式谈判法与硬式谈判法;其中,原则式谈判法是我们在商务谈判中普遍运用的方法。

本 章 思 考 题

1. 沟通的过程包含哪些?
2. 沟通的类型分别是什么?
3. 为什么在商务谈判中要把人与问题分开? 怎样才能做到把人与问题真正分开?
4. 谈判中如何实现双赢原则?
5. 对于软式、硬式和原则式三种谈判方法,你更倾向于哪一种? 为什么?

第三章

商务谈判思维与心理

学习目标

- 了解认知谈判心理的意义。
- 掌握谈判需要的概念,熟练运用需要层次理论。
- 掌握谈判者应有的商务谈判思维和心理。

商务谈判既是一门专业性学科,又是一门知识面涵盖宽泛的综合学科,还是一门实践性很强的应用学科,同时也是一门艺术。想要较好地掌握这门学科不仅需要相应的知识和技能,还要对谈判者的心理状况有较强的把握,如此才能更好地完成一场谈判。

第一节　认知商务谈判心理的意义

人的心理影响人的行为,商务谈判心理对商务谈判行为有着重要的影响。认识掌握商务谈判心理在商务谈判中的作用,对于培养良好的商务谈判心理意识、正确地运用商务谈判的心理技巧有着十分重要的意义。谈判是人们彼此交换思想的一种活动,而思想则是人们心理活动的反映和结果。人们在谈判桌上所发表的意见,无一不是人们心理活动的结果。谈判者的心理,既是谈判者个人心理素质的表露,又是谈判者在谈判过程中对于各种现象、条件的主观能动的反映。因此,要使谈判获得成功,就必须研究谈判者的谈判心理。研究和掌握谈判者的心理,一方面有助于我们在谈判中把握住对方的心理活动,从而占得主动和优势;另一方面也有助于我们适时地调整和控制本方谈判人员的心理活动和心理状态,使之保持最佳的水平。

一、商务谈判心理的内涵

准确地把握商务谈判心理的内涵,是认识商务谈判心理的基础。在谈判过程中,需要是动力,协商是手段,协议是结果,履行是目的。

人是具有心理活动的。一般地说,当一个正常的人,面对壮丽的河山、秀美的景色、善良热情的人们,会产生喜爱、愉悦的情感,进而会形成美好的记忆;看到被污染的环境、恶劣的天气、战争的血腥暴行,会出现厌恶、逃避的心情,并会留下不好的印象。这些就是人的心理活动、心理现象,也即人的心理。心理是人脑对客观现实的主观能动的反映。人的心理活动一般有感觉、知觉、记忆、想象、思维、情绪、情感、意志、个性等。人的心理是复杂多样的,人们在不同的活动中,会产生各种与不同活动相联系的心理。

商务谈判心理是指在商务谈判活动中谈判者的各种心理活动,它是商务谈判者在谈判活动中对各种情况、条件等客观现实的主观能动的反映。譬如,当谈判人员在商务谈判中第一次与谈判对手会晤时,对手彬彬有礼,态度诚恳,就会对对方留下好的印象,并对谈判取得成功抱有希望。反之,如果谈判对手态度狂妄,盛气凌人,谈判人员就会对其产生坏的印象,从而对谈判的顺利开展存有忧虑。

二、掌握商务谈判心理的作用

商务谈判,既是对商务问题的谈判,又是心理的较量。它不仅被商务实际条件所左右,也受到商务谈判心理的影响。在商务谈判中,运用谈判心理知识对谈判行为进行研究,分析"对手的言谈举止反映了什么""有何期望""如何恰当地诱导谈判对手"等,对成功地促进谈判很有必要。掌握商务谈判心理现象的特点,认识商务谈判心理发生、发展、变化的规律,对于商务谈判人员在商务谈判活动中养成优良的心理素质,保持良好的心态,正确判断谈判对手的心理状态、行为动机,预测和引导谈判对手的谈判行为,有着十分重要的意义。

此外,商务谈判中虚虚实实、真真假假的心理策略对谈判的结果影响很大。对商务谈判心理的熟悉,有助于提高谈判人员谈判的艺术性,从而灵活有效地处理好各种复杂的谈判问题。研究和掌握商务谈判心理,对于商务谈判有以下几方面的作用。

(一)有助于培养谈判人员自身良好的心理素质

谈判人员良好的心理素质是谈判取得成功的重要基础条件。谈判人员相信谈判成功的坚定信心、对谈判的诚意、在谈判中的耐心等都是保证谈判成功不可或缺的心理素质。良好的心理素质,是谈判者抗御谈判心理挫折的条件和铺设谈判成功之路的基石。谈判人员加强自身心理素质的培养,可以提高谈判的心理适应能力。

谈判人员对商务谈判心理有正确的认识,就可以有意识地培养提高自身优良的心理素质,摒弃不良的心理行为习惯,从而把自己造就成从事商务谈判方面的人才。商务谈判人员应具备以下基本心理素质。

1. 自信心

所谓自信心,就是相信自己的实力和能力。它是谈判者充分施展自身潜能的前提条件,缺乏自信往往是商务谈判遭受失败的原因。没有自信心,就难以勇敢地面对压力和挫折,只有具备必胜的信心才能促使谈判者在艰难的条件下通过坚持不懈的努力走向胜利的彼岸。

自信不是盲目的唯我独尊。自信是在充分准备、充分占有信息和对谈判双方实力科学分析的基础上对自己有信心,相信自己要求的合理性、所持立场的正确性及说服对手的可能性。

2. 耐心

商务谈判的状况各种各样,有时是非常艰难曲折的,商务谈判人员必须有抵御挫折和打持久战的心理准备;因而,耐心及容忍力是必不可少的心理素质。在一场旷日持久的谈判较量中,谁缺乏耐心和耐力,谁就将失去在商务谈判中取胜的主动权。有了耐心可以调控自身的情绪所左右,不被对手的情绪,使自己始终理智地把握正确的谈判方向;有了耐心可以使自己倾听对方的诉说,观察了解对方的举止行为,获取更多的信息;有了耐心有利于提高自身参加艰辛谈判的韧性和毅力;耐心也是对付意气用事谈判对手的武器,它能取得以柔克刚的良好效果。此外,在僵局面前,也一定要有充分的耐心,以等待转机;谁有耐心,沉得住气,就可能在打破僵局后获取更多的利益。

3. 诚信

一般来讲,商务谈判是一种建设性的谈判,这种谈判需要双方都具有诚信。具有诚信,不但是商务谈判应有的出发点,也是谈判人员应具备的心理素质。诚信,是一种负责的精神、合作的意向、诚恳的态度,是谈判双方合作的基础,也是影响、打动对方心理的策略武器。有了诚信,双方的谈判才有坚实的基础;才能真心实意地理解和谅解对方,并取得对方的信赖;才能求大同存小异取得和解、让步,促成双方的合作。要做到有诚信,在具体的活动中,对于对方提出的问题,要及时答复;如果觉得对方的想法有问题,要适时恰当地指出;如果自己的做法不妥,要勇于承认和纠正;不轻易许诺,承诺后要认真践诺。诚信能使谈判双方达到良好的心理沟通,保证谈判气氛的融洽稳定,能排除一些细枝末节小事的干扰,能使双方谈判人员的心理活动保持在最佳状态,建立良好的互信关系、提高谈判效率,促使谈判向顺利的方向发展。

(二) 有助于揣摩谈判对手的心理,实施心理诱导

谈判人员对商务谈判心理有所认识,经过实践锻炼,可以通过观察分析谈判对手的言谈举止,弄清谈判对手的心理活动状态,如其个性、心理追求、心理动机、情绪状态等。谈判人员在谈判过程中,要仔细倾听对方的发言,观察其神态表情,留心其举止包括细微的动作,以了解谈判对手的心理,了解其深藏于背后的意图,识别其计谋,防止掉入对手设置的谈判陷阱并正确作出自己的谈判决策。人的心理与行为是相联系的,心理引导行为;而心理是可诱导的,通过对人的心理诱导,可引导人的行为。

了解谈判对手的心理,可以针对对手不同的心理状况采用不同的策略。了解对手人员的谈判思维特点、对谈判问题的态度等,可以开展有针对性的谈判准备和采取相应的对策,把握谈判的主动权,使谈判向有利于我方的方向转化。比如,需要是人的兴趣产生和发展的基础,谈判人员可以观察对方在谈判中的兴趣表现来分析了解其需要所在;相反,也可以根据对手的需要进行心理的诱导,激发其对某一事物的兴趣,促成商务谈判。

(三) 有助于恰当地表达和掩饰我方心理

商务谈判必须进行沟通,了解商务谈判心理,有助于表达我方心理,可以有效地促进沟通。如果对方不清楚我方的心理要求或态度,必要时我方可以通过各种合适的方式向对方表达,以促使对方了解并重视我方的心理要求或态度。

作为谈判另一方,谈判对手也会分析研究我方的心理状态。我方的心理状态,往往蕴含着商务活动的重要信息,有的是不能轻易暴露给对方的。掩饰我方心理,就是掩饰有必要掩饰的情绪、需要、动机、期望目标、行为倾向等。在很多时候,这些是我方在商务谈判中的核心机密,失去了这些机密也就失去了主动权。为了不让谈判对手了解我方某些真实的心理状态、意图和想法,谈判人员可以根据自己对谈判心理的认识,在言谈举止、信息传播、谈判策略等方面施以调控,对自己的心理动机、情绪、状态等做适当的掩饰。如在谈判过程中被迫作出让步,不得不在某个已经决定的问题上撤回,为了掩饰在这个问题上让步的真实原因,可以用类似"既然你在交货期限方面有所宽限,我们可以在价格方面作出适当的调整"等言词加以掩饰;如我方面临着时间压力,为了掩饰我方重视交货时间这一心理状态,可借助多个成员提出的不同要求扰乱对方的视线,或在议程安排上有意加以掩饰。

(四) 有助于营造谈判氛围

商务谈判心理知识的应用有助于谈判人员处理与对方的谈判,形成一种良好的谈判氛围。为了使商务谈判能够顺利地达到预期的目的,需要营造适当的谈判氛围。适当的谈判氛围可以有效地影响谈判人员的情绪、态度,使谈判顺利推进。一个商务谈判的高手,也是营造谈判氛围的高手,会对不利的谈判气氛加以控制。对谈判氛围的调控往往根据双方谈判态度和采取的策略、方法而变。一般地,谈判者都应尽可能地营造友好和谐的谈判气氛以促成双方合作。但适当的谈判氛围,并不一味都是温馨和谐的气氛。出于谈判利益和谈判情境的需要,必要时也会有意地制造紧张甚至不和谐的气氛,以对抗对方的胁迫,给对方施加压力,迫使对方作出让步。

第二节   商务谈判的需要

商务谈判的需要引发动机,动机驱动行为;商务谈判的需要是商务谈判行为的心理基础。商务谈判人员,必须抓住需要——动机——行为这一关系去对商务谈判活动进行分析,从而准确地把握商务谈判活动的脉搏。

一、商务谈判的需要概述

需要是人们对客观事物的某种欲望,是活动的内在驱动力。商务谈判人员在商务谈判中存在着一定的谈判需要,商务谈判的需要是一种较为特殊的需要,它对商务谈判具有决定性的影响,因此,必须加以重视。

(一) 什么是商务谈判的需要?

需要是人缺乏某种东西时产生的一种主观状态,是人对一定客观事物需求的反映,也是人的自然和社会的客观需求在人脑中的反映。所谓客观需求,可以是人体的生理需求,如一个人长时间在酷热的阳光下活动,出汗过多,体内水分失调,口干舌燥,这会通过神经传达到大脑,使人产生喝水的需要。客观需求也可以是外部的社会需求,如一个从事某个方面专业活动的人,如果缺乏必备的专业知识,其活动就难以顺利开展;只有补充了必备的专业知识,他才能顺利地开展活动,这就是一种社会需求;这种社会需求一旦被这个人所接受,就会转化为对专业知识学习的需要。

需要有周而复始的周期性,需要随着社会历史的进步,一般由低级到高级、简单到复杂、物质到精神、单一到多样而不断地发展。

有了以上的认识,我们就可以对商务谈判的需要的含义进行概括——所谓商务谈判的需要,就是商务谈判人员的谈判客观需求在其头脑中的反映。

(二)商务谈判的需要的类型

人的需要是多种多样的,一般有自然性需要、社会性需要、物质性需要和精神性需要等。根据美国人文主义心理学家马斯洛需要层次论的观点,人有五大层次的需要。

1. 生理需要

人类都有以饮食满足饥渴、以穿戴抵御寒冷、以休息减除疲劳的最本能的生理需要,这是人类为维持和发展生命所必需的最原始、最根本的需要。

2. 安全需要

安全需要就是人类希望保护自身的肉体和精神不受威胁、保证安全的欲望,是人降低生活不确定性、对安全稳定和秩序的心理欲求。它表现为希望生命不受伤害、职业得到保障、健康得到维护、财产不受损失和免除不公正待遇等方面的需要。

3. 社交需要

社交需要是追求社会交往中人际关系的需要。它表现为两方面的内容:一个内容是爱的需要,也就是希望得到和给予友谊、关怀、忠诚和爱护,希望得到爱并给予别人爱;另一个内容是归属的需要,也就是人有一种要求归属于团体的愿望,希望成为其中的一员,得到关怀和照顾,增强力量感和信心。社交需要是一种较为细腻而微妙的需要,其具体的需要如何与人的个性、心理特性、经历、文化教养、生活习惯、宗教信仰等都有关系。

4. 尊重的需要

尊重的需要包括受人尊重和自尊两方面。受人尊重指人希望有地位、有威望,得到别人的好评、尊敬和信赖;自尊指人希望在各种不同的情境中,有胜任自身角色的能力,有自信心。

5. 自我实现的需要

自我实现的需要是指人充分发挥其潜能,实现个人的理想抱负的需要。

马斯洛认为,以上五种需要是有高低之分的,并按从低到高的次序逐级发展,每级都有一种需要占主导地位。

谈判人员一般都有很强的尊重需要,谈判人员得不到应有的尊重往往是导致谈判破裂的原因。有着强烈尊重需要的人,当自尊心受到伤害而感觉到没面子时,在心理防卫机制的作用下,很可能会出现攻击性的敌意行为,或者是不愿意继续合作,这会给谈判带来很大的障碍。

此外,商务谈判人员也有社交、自我实现等方面的需要。值得注意的是,商务谈判的需要不仅表现为谈判人员个人的需要,也表现为谈判主体群体或组织的需要,这是商务谈判的需要表现得较为特殊的地方。例如一个参加谈判的企业,也有其自身的高低层次的需要:为了企业的生存,企业必须维持起码的原材料、劳动力的需要,这是最低层次的需要;企业也有安全保障,在交易活动中树立良好信誉和形象,努力实现企业的理想宏图并赢得认可、赞誉、尊重等的需要。

(三)需要层次理论在商务谈判中的作用

需要层次理论在商务谈判中的作用主要体现在以下两个方面。

其一,较好地掌握和运用需要层次理论,可以为满足谈判者高层次的需要提供条件。

(1)必须较好地满足谈判者的生理需要。

(2)尽可能地为商务谈判营造一个安全的氛围。

(3)要与对手建立起一种信任、融洽的谈判气氛。

(4)在谈判时使用谦和的语言和态度,注意到谈判对手尊重和自尊的需要。

其二,较好地运用需要层次理论,可以通过满足其他层次需要,来弥补谈判中无法满足的需要。

讨论题 3-1   有一艘船在海上航行,上面坐满了商人,有英国人、法国人、美国人、苏联人、意大利人。船要沉了,船长让大副告诉大家跳海求生吧。不一会儿大副回来了,说他们都不跳。船长说,你看着舵,我去。只见不一会儿,船长走过的地方人都跳海了。

问题:船长是怎么做到的呢?

二、满足对方需要的多维性

在商务谈判过程中,谈判者要尽可能在既定利益基础上寻找相关利益。价格是谈判的核心,但还要注意与价格有关的其他因素。

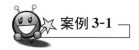案例 3-1

夫 妻 买 钟

一天晚上,一对夫妻在浏览一本杂志时注意到一篇广告中当作背景的老式时钟,夫妻俩都感觉不错,但广告上没有标价,于是他们决定在古董店里寻找那座钟,并且商量好若找到那座钟只能出 500 元以下的价格。经过三个月的寻找,他们终于在一家古董店的橱窗里发现了它。他们高兴地去看,且叮咛绝不能超出 500 元的预算。可他们走近一看,标价为 750 元。妻子犹豫了,可丈夫说,还是试试吧,我们找了这么久了。那位丈夫鼓起勇气,对售货员说:"我注意到你们有座钟要卖,价格就贴在钟表上,蒙了不少灰尘,看来这钟很老。告诉你我的打算吧,我给你出个价。只要一出价,保你吓一跳。你准备好了吗?"他停了一下以增强效果。"你听着,250 元。"那售货员连眼都没眨一下,说:"这钟是你的了,卖了。"这位丈夫的第一反应是什么?

他是否想:"我真棒透了,省下了一大笔钱,得到了我想要的东西。"不,绝不。他最初的反应很可能是,"我真蠢,为什么不出 150 元?"他的第二反应是,"这钟一定有毛病!",他们抱着钟往回走,没有愉悦感,总觉得这钟这么轻,是不是缺零件? 当钟挂起来,当然很美,也没有毛病,但他就是心里不舒服。为什么? 交易完结得太快了,他没有获得讨价还价的快乐,没有体现他的能力。当他们退休后,每天晚上都要起来看看钟,因为他们觉得没听到声音。日夜不安,结果,他们身体累垮了,得了精神衰弱。

夫妻买钟看来唯一的利益是钱,但至少还有信任的需要。售货员的错误在于他没有注意到对方需要的多维性,他不知道简单的成交虽然为对方省了钱,但由此给对方带来了更大的精神痛苦。

三、需要层次理论在谈判中的运用

(一)谈判者的需要与谈判行为

(1)需要和对需要的满足是谈判进行的基础。存在尚未满足的需要是谈判进行的前提。没有需要,就没有谈判。如果个人或企业的所有需求都已得到充分满足,则该个人或企业就不会去寻找他人进行磋商。正因为存在尚未满足的需要,才需要去寻找能够满足这种需要的个人或企业,通过谈判满足需要。一个没有任何推销任务和欲望的人不可能成为推销谈判中的卖方,而一个推销任务没有完成的推销员则可能选择百货商店或顾客作为推销对象,通过谈判完成其推销任务。在日常生活中人们总是存在着各种各样尚未得到很好满足的需要。资源的稀缺性使得许多需要的满足具有一定的难度,从而要通过谈判解决问题。正是从这一意义上说,人类生活中充满了谈判。在企业日常活动中,也总是会不断出现各种尚未满足的需要,如资金紧缺、货源紧张、商品滞销、人事关系紧张等,也正因为如此,企业经营离不开谈判。

(2)谈判者的需要满足状况及其对不同层次、不同类型需要的认识,决定了谈判行为。所有谈判者都具有特定的尚未满足的需要,但不同谈判者的谈判行为往往有很大差异,即便是同一谈判者,在不同的谈判甚至是同一谈判的不同回合中,其谈判行为往往也不尽一致,有时甚至会给人判若两人的感觉。之所以如此,除了其他各种因素的影响外,一个很重要的决定因素就是谈判者的需要满足状况及其对不同层次、不同类型需要的认识不同。

(二)识别谈判者的需要的方法

发现并满足对方的需要是谈判者取得成功的基础,那么,怎样才能发现谈判的需要呢? 由于谈判是人与人打交道,是人与人之间的信息交流,因此,要发现对方的谈判需要,就要运用各种策略、技巧,从对方的言谈举止中寻找。这就决定了发现对方需要的主要方式有以下几种。

1. 提问

提问是获得信息的最基本的手段,通过对方的回答,可以了解对方在想什么。例如,在适当的场合向对方提出这样一些问题,"您希望通过这次谈判得到什么?""你想达到什么样的目的?"在对方的回答中便可知道对方在追求什么。为了保证所获得信息的质和量,在提问时必须讲究策略和技巧,要从自己的需要和对方回答问题的可能出发,决定提问什么,如何表达所要提出的问题及在什么场合下提出这一问题。

2. 陈述

恰当的陈述也是获得谈判对方需要的一个重要途径。例如,在谈判出现僵局的情况下,直截了当地说一句:"在目前情况下,我们最多只能做到这一步了。"这时,你可以从对方的反应中获得有关信息。如果说上一句:"我认为,如果我们能够解决这个问题,那么这个问题也不会有多大的麻烦。"这一陈述明确表示愿就第二个问题作出让步。这种陈述心照不宣地传递了信息,既维护了自己的立场,又暗示了适当变通的可能,谈判者在陈述前应深思熟虑,千万不能信口开河。

3. 倾听

对方在陈述其观点时,会把自己的需要暴露出来。细心倾听对方吐露的每一个字,注意他的措辞、表达方式、语气、声调,所有这些都能为你提供线索,从而发现对方一言一语背后所隐含的需要。高水平的谈判者,不可能把自己的需要简单而又直接地告诉你,而是用婉转含蓄的说法把自己的需要表达出来。因而,在听的时候一定要从四个层次理解其含义:第一层次是对方讲话所包含的直接含义;第二层次是讲话的延伸含义;第三层次是根据其表达问题的措施来推断其隐蔽含义;第四层次是根据其探讨问题的方式来探明其中真正含义。

4. 观察

注意观察对方的举止也是发现其需要的重要手段。一个人的举止有着种种心理上的暗示和含义,它传达着许多微妙的意思。因此,通过仔细观察对方在谈判活动中的手势、身体动作、面部表情(如眨眼、过分专注、沉默、烦躁、微笑、发怒等),就可以发现他们所表达的无言的信息。在观察对方举止时,要弄清各国风俗习惯和语言文化的差异。例如,日本人在听别人讲话时,常说"嗨!"有些人把这种表示等同于英语国家的人说话中的"Yes",即表示同意自己的观点,这就大错特错了。因为日本人的这种表示仅仅是出于礼貌,表示他在认真听你讲话,并没有任何肯定与否定的含义。

(三)需要层次理论在谈判中的应用

尼尔伦伯格把谈判者的需要理论应用于谈判实践,归纳成谈判的策略和方法。按照对谈判成功的控制力量的大小排列,可以分为 6 种基本类型。

1. 谈判者顺从对方的需要

谈判者在谈判中站在对方的立场上,设身处地地为对方着想,从而最终达成一致协议,这种方法最容易促使谈判成功。

2. 谈判者使对方服从自身的需要

这种类型的谈判,双方都能得到利益,每一方都是胜者。例如,商店营业员普遍对顾客使用这种策略,满足顾客需要,从而更好地推销商品。

3. 谈判者同时服从对方和自己的需要

这是指谈判双方从彼此共同利益出发,为满足双方每一方面的共同需要进行谈判,进而采取符合双方需要的谈判策略。如甲乙双方的贸易谈判,甲方要求将交货日期、品质、数量、规格、价格写入合同,而乙方则要求合同签订后交付 20% 预订金等。尽管双方曾进行过多次贸易,但双方这样做都是出于安全和保障的需要。

4. 谈判者违背自己的需要

这是谈判者为了争取长远利益的需要,抛弃某些眼前或无关紧要的利益而采取的一种谈判策略。谈判者为了达到某种目的而不惜损害自己的需要,这并不是一种非理性行为,而是实现自己预期目标的有效谈判手段。如某些商业企业有意识违背自身短期收入增长的需要,采取薄利多销的经营手段来吸引顾客,扩大影响,从而为获取更大的利益做准备。

5. 谈判者不顾对方的需要

这类方法是谈判者只顾自己的利益,不顾他人的需要和利益动机,是一种你死我活的谈判策略。采用这一策略的一方往往处于强者的地位,但更多的情况是导致谈判破裂。

6. 谈判者不顾对方和自己的需要

这是谈判者为了达到某种特定的预期目的,完全不顾双方的需要与利益,即双方"自杀式"的谈判方法。例如,在商品贸易洽谈中,谈判双方展开价格战。买卖双方都甘愿冒亏本破产的危险,竞相压低价格,以挤垮竞争对手,此类场合采取的就是这种谈判策略。

上述 6 种不同类型的谈判策略,都显示了谈判者如何满足自己的需要。从第一种到第六种,谈判的控制力量逐渐减弱,谈判桌上的危机逐渐加重。

第三节　商务谈判的思维和心理

一、商务谈判的思维

(一)谈判思维方式

商务谈判中的思维主要有观念思维、谋略思维和辩证思维。观念思维主要是从谈判的泛化角度来理解的,人人都是谈判者。谋略思维主要是指在谈判前应做好充分的准备,知己知彼,百战不殆。商务谈判的思维中最重要的是辩证思维,精通各种谈判因素之间的正确关系,才能驾驭谈判中的复杂情况。下面是在谈判中比较常见的几种辩证思维的具体表现。

(1)一口价。只要双方同意了谈判,就等于否定了一口价;只要坐在谈判桌边,也等于否定了标准价,无论拿出印刷的标准价格表,还是某年某月与某人签订的合同都不能称为标准价,这些只能当作谈判的工具。

(2)丑话。在谈判中不敢讲丑话是在谈判中的一大忌,尤其在熟人、朋友或具有特殊的关系的对手之间,不敢设想未来的危机、可能发生的纠纷,怕说出来伤害感情。其实讲丑话是谈判的重要内容,隐患未除,那就真的要丑了。

(3)舌头和耳朵。美国人称美元、信息和舌头是现代社会的三大原子弹。多数人认为谈判过程是口舌之争,其实在谈判过程中,耳朵的功能是更加重要的。因为说的前提是思考,而思考的基础是信息,特别是来自对方的陈述信息。所以在商务谈判中认真听取对方的陈述是头等重要的大事,学会倾听是学习谈判艺术的第一课。

(4)啰唆与重复。啰唆不可取,重复强调却很必要。谈判本身就具有很强的重复性,可以说是最难进行语言沟通的交往活动,必须学习重复艺术。

（5）谎言。在谈判过程中免不了会说谎，双方相互试探，将谎言这一策略运用得淋漓尽致。人们无法将实话、真话和盘托出，谈判的过程就是从虚话走向实话、从假话走向真话的漫长而曲折的过程。

（二）谈判思维的概念

谈判思维是谈判者在谈判过程中理性地认识客观事实的行为与过程，是谈判者对谈判活动中的目的、谈判环境、谈判对手及其行为间接的、概括的反应。谈判思维是谈判者一种有意识的行为。

谈判的过程，其实质就是谈判人员的思维活动过程。人的思维过程，从思维形式上说，就是运用概念进行判断、推理、论证的过程。概念是思维的基本细胞、出发点。概念组成判断，由判断组成推理，由推理组成论证。判断是概念的展开，推理、论证则是概念、判断的联系和转换方式。概念、判断、推理、论证各逻辑环节构成商务谈判的过程。

（三）谈判思维要素

1. 概念

逻辑学认为概念是反映事物及其特有属性的思维形态，它是思维的细胞。任何概念都有两种逻辑特征，即内涵和外延，它们是概念在质和量两方面表现出来的逻辑特征。

运用概念必须遵守一条基本的逻辑规则，即概念要明确。所谓"概念明确"包含两层含义：一是明白，二是明确。在商务谈判中，明确概念尤为重要。概念是抓住谈判问题本质及其内部联系的基础，是进一步作出判断、推理、论证的逻辑起点。对于谈判中所使用的每一个概念，都要仔细斟酌，务必做到清晰、明确，切忌含混不清。因概念上的差异而带来重大纠纷或造成重大经济损失，不论是在国内还是国外，都不乏其例。

2. 判断

谈判是对事物的情况有所断定的思维方式。"有所断定"是指有所肯定，或者有所否定。判断有四个逻辑特征。第一，两极性，即任何判断都有主词和宾词。第二，断定性，即对事物的情况有所断定，既不肯定又不否定就是判断。第三，异同性，即任何判断都是对象与属性的同一与差异的反应。第四，真假性，一个判断对事物的断定，如果符合客观实际情况，就是真判断；不符合，就是假判断。

在商务谈判中要做到判断恰当，必须对判断形式及其规律有所认识。充分认识和把握判断形式及其判断规律，是作出恰当判断的必要条件。

3. 推理

推理是根据已知的判断推出未知的新判断的思维方式。任何一个完整的推理都是由前提和结论两部分组成的。前提是已知的判断，是推理的根据和理由，它是推理过程的出发点；结论是根据前提引出的新判断，是推理的目的和结果。

根据推理方向的不同，推理可分为演绎推理、归纳推理、类比推理三种形式。如果在谈判过程中能够综合地运用这些推理形式去揭示某一论点，论据的实质和效果更强。

在商务谈判中要正确运用推理，必须遵循推理的逻辑要求。一个正确的推理要符合两个条件：一是前提真实；二是推理形式正确。在商务谈判中进行较为复杂的推理，如果不是遵循一定的推理逻辑规则而是仅凭个人主观臆断和一时的感觉，往往会造成逻辑推理错误。

4. 论证

商务谈判中的逻辑论证,是指各种逻辑形式、逻辑规则、逻辑规律在商务谈判中的综合运用,它是根据已知为真的判断来确定某个判断的真实性或虚假性的思维过程。论证具有两个证明的特点:证明的根据是已知为真的判断,证明的方法是通过逻辑推理。

逻辑论证一般由论题、论据、论证三部分组成。论题是指论证的对象,即真实性需要加以确定的判断;论据是论证的依据,即用来证明论题真实性的依据;论证是运用论据证明论题的方式。一场谈判总是提出讨论的议题——论题,或开谈之前由对方或由双方议定,或在讨论过程中,对方选择自己论证过程中的某一论据、某一论断为新的议题;自己也可以选择对方论证中的论断或论据为新的论题。谈判中要以各种论据判断分析问题,然后经过综合得出解决问题的方式。

二、商务谈判的心理

(一)商务谈判心理特点

与其他的心理活动一样,商务谈判心理有其心理活动的特点以及规律性。一般来说,商务谈判心理具有内隐性、相对稳定性、个体差异性等特点。

1. 内隐性

商务谈判心理的内隐性指商务谈判心理是藏之于脑、存之于心,别人是无法直接观察到的。尽管如此,由于人的心理会影响人的行为,行为与心理有密切的联系,因此,人的心理可以反过来从其外显行为加以推测。例如,在商务谈判中,对方作为购买方对所购买的商品在价格、质量、售后服务等方面的谈判协议条件都感到满意,那么在双方接触中,谈判对方会表现出温和、友好的态度;如果不满意,则会表现出冷漠、不友好的态度。

2. 相对稳定性

商务谈判心理的相对稳定性是指人的某种商务谈判心理现象,产生后往往具有一定的稳定性。例如,商务谈判人员的谈判能力会随着谈判经历的增多而有所提高,但在一段时间内却是相对稳定的。正是由于商务谈判心理具有相对稳定性,我们可以通过观察分析去认识它,而且可以运用一定的心理方法和手段去改变它,使其利于商务谈判的开展。

3. 个体差异性

商务谈判心理的个体差异是指因谈判者个体的主客观情况的不同,谈判者个体之间的心理状态存在着一定的差异。商务谈判心理的个体差异性,要求人们在研究商务谈判心理时,既要注重探索商务谈判心理的共同特点和规律,又要注意把握不同个体心理的独特之处,以有效地为商务谈判服务。

案例3-2

据记载,一个美国代表被派往日本谈判,日方在接待的时候得知对方需在两个星期之后返回。日本人没有急着开始谈判,而是花了一个多星期的时间陪这位美国代表在国内旅游,每天晚上还安排宴会。谈判终于在第12天开始,但每天都早早结束,为的是让客人能够去打高尔夫球。终于在第 14 天谈到重点,但这时候美国人已经该回去了,已经没有时间和日方周旋,只好答应日方的条件,签了协议。

思考:

1. 阅读此案例后谈谈你对商务谈判心里的感受。

2. 一个成功的商务谈判者应注重收集哪些信息?

讨论题 3-2　登机前 60 分钟,重要客户在机场催你签合约。你的选择是(　　)。

A. 很高兴,赶快签正式合约

B. 先签承诺书,重要的价格问题等回国再签

C. 拒绝签任何合约,一切等回国再商讨

【答案】　C

(二) 谈判者的心理类型

人的心理,是人脑对客观现实的主观能动的反映。谈判心理是谈判者在谈判过程中对于各种客观存在的条件、现象的主观能动的反映。谈判者正在谈判中的心理活动内容通过各自的知觉、能力、性格、兴趣、情绪和态度表现出来。

谈判者的心理活动内容是极其丰富的,可表现为多种心理类型。这些心理类型有些是积极的,它们能对谈判的顺利进行起到促进作用;有些是消极的,对谈判的进展起阻碍作用;有些心理活动对自己有利,有些心理活动对对方有利。一般可总结出以下 12 种心理类型。

1. 虚荣心理

虚荣心理是指谈判者只追求表面的光彩而不顾实际的收益。具有虚荣心的谈判者喜欢表现自己,爱出风头,只要满足了自己的心理要求,就会主动放弃自己的利益。

2. 喜悦心理

喜悦心理是指作为谈判者,预计要取得满意的结果或已经取得一定成果而表现出来的满意心态。

3. 愤怒心理

愤怒心理是指谈判者在谈判中所表现出的对某事或某人强烈不满的心态。

4. 惊异心理

惊异心理是指谈判者遇到一些意想不到的事情时表现出的惊奇、诧异的感觉。

5. 忧虑心理

忧虑心理是指谈判者在谈判期间产生的忧愁和顾虑的心理。如担心完不成任务,顾虑决策失误等。具有忧虑心理的谈判者因为对未来的前途缺乏信心而始终处于紧张状态。

6. 悲伤心理

悲伤心理是指谈判者在谈判中由于种种不利情况而产生的痛苦与伤心的感觉。造成这种心理的主要原因可能是自己的失误,也可能是别人的误解。

7. 冲动心理

冲动心理是指谈判者在谈判过程中因情感特别强烈而缺乏理性控制时的感觉。具有这种心理的谈判者容易感情用事而缺乏理性思考。这种心理主要出现在谈判者的形象、

自尊心和荣誉感受到伤害时。

8. 烦躁心理

烦躁心理是指谈判者遇到不顺心的事情而表现出来的烦闷急躁的心理。具有这种心理的谈判者大多急于求成。

9. 恐惧心理

恐惧心理是指谈判者在谈判过程中产生的畏惧、害怕情绪。产生恐惧心理的根本原因是信息掌握不完整,担心在谈判中吃亏,害怕重大决策失误等。

10. 恻隐心理

恻隐心理是指谈判者因同情对方而产生的心理。产生恻隐心理的原因可能是因为谈判者心地太善良。具有这种心理的谈判者在讨价还价时,特别容易作出让步。

11. 怀疑心理

怀疑心理是指谈判者在谈判中产生的不信任情绪。谈判者的怀疑对象主要是对方,但也可能是自己的同僚或上级。

12. 麻痹心理

麻痹心理是指谈判者在谈判中由于麻痹大意而失去警惕性的心理。具有这种心理的谈判者极易上当。

(三) 谈判中的个体心理

谈判主体是由谈判者个体组成的,谈判是通过谈判者个体之间的接触交流来进行的。因此,想要了解和掌握对方的谈判思想,就必须了解个体心理过程和个性心理特点。

1. 知觉

知觉是把各种感觉进行整理、综合的过程,是指人脑对直接作用感觉器官的外界事物的整体反映,是谈判者个体心理表现的主要因素之一。知觉的来源是第一印象,即谈判双方第一次会面时给对方留下的印象。根据心理学理论,知觉具有三个特点。

(1) 选择性。谈判者对于对方提供的各种信息会根据各自的经验、身份、地位等需要进行取舍。选择性又包括选择性注意、选择性理解和选择性记忆三个层次。

(2) 适应性。谈判者对初次接触的人与商品都有一个从不适应到适应的过程。

(3) 错觉性。谈判者对对方提供的信息会产生错误的感觉。

知觉的这些特点告诫谈判者,一方面,要端正自己的思想,以产生正确的知觉,从而为取得有利的谈判成果创造条件;另一方面,要正确认识对方的知觉,以便制订出正确的对策。

2. 能力

能力是指谈判者能够顺利地完成谈判活动,并直接影响谈判效率的心理特征。谈判需要多方面的能力,如观察能力、判断能力、交际能力、应变能力、表达能力等。谈判者所具有的能力存在较大的个性差异,从而决定了谈判者的不同心理。

3. 性格

性格是人们在生活过程中形成的对事物的比较稳定的态度和习惯性的行为。性格对谈判者的心理影响较大,不同的性格使谈判者在谈判中有不同的心理表现。

4. 兴趣

兴趣是人们在长期的社会生活中形成的积极探究某种事物的认知倾向,是人们对客观事物及其喜好情绪的反应。兴趣在谈判者心理上的表现是:具有相同兴趣的谈判者会使双方很容易找到相同点而形成良好的谈判气氛,从而使谈判顺利进行下去。

5. 情绪

情绪是人们对客观事物的喜、怒、哀、乐、恶、惧等态度的反应。它具有肯定和否定两重性。当人们对事物感到满意时,在情绪上会有肯定的表示;当人们对事物感到不满时,在情绪上会有否定的表示。由于情绪影响人的活动能力,因而不同的情绪对谈判者的心理影响表现在积极和消极两方面。当谈判者具有积极的情绪时会精神饱满,充满信心;当谈判者具有消极的情绪时会精神不振,效率低下。

6. 态度

态度是人们在认识客观事物的基础上表现出来的行为方式。人们对事物的态度,决定着以后的行为,这对经济谈判产生着直接影响。当双方都持协商友好的态度时,谈判会进行得比较顺利;当谈判双方的态度都不友好时,谈判很难取得成功。

(四)谈判中的禁忌

1. 一般谈判心理禁忌

(1)戒急:不要急于表达自我的购买意愿与利益底线。

(2)戒轻:不要轻视对方,也不要看轻自己。

(3)戒狭:不要思想与思维狭隘。

(4)戒俗:不要势利。

(5)戒弱:不要轻视自己。

(6)戒贪:不要只看到自己的利益,要照顾到对方的利益底线。

2. 专业谈判心理禁忌

(1)戒盲目谈判:谈判前要做好充分准备,不打无准备之战。

(2)戒自我低估:谈判过程中不要看低自己。

(3)戒不能突破:遇到僵局时要勇于突破。

(4)戒感情用事:要沉着、冷静。

(5)戒只顾自己:谈判是合作,要照顾到双方的利益。

(6)戒假设自缚:谈判过程不要给自己设定框架和局限。

(7)戒掉以轻心:谈判过程要注意细节,认真对待。

(8)戒失去耐心:谈判过程要沉稳、冷静、不急不躁。

三、谈判动机

以什么样的目的来指导谈判就是谈判者的动机。需要说明的是,这里的谈判目的不是指委托人的谈判目的,而是指谈判者反映出来的个人动机。谈判者的动机有以下几个方面:第一,为了完成任务而谈判;第二,把谈判作为自己的事业而谈判;第三,为了提高社会名誉而谈判;第四,为了晋升而谈判;第五,为了出风头而谈判;第六,为了个人的物质利益而谈判。这些动机可能给谈判带来积极影响,也可能带来消极影响。认识谈判者的动机,其目的在于在谈判中充分利用这些动机,同时有利于对自己的不良动机加以防范。

 **知识拓展**

你是哪类人?

请对下列问题作出"是"或"否"的选择。

1. 碰到熟人时我会主动打招呼。

2. 我常主动写信给友人表达思念。

3. 旅行时我常与不相识的人闲谈。

4. 有朋友来访我从内心里感到高兴。

5. 没有引见时我很少主动与陌生人谈话。

6. 我喜欢在群体中发表自己的见解。

7. 我同情弱者。

8. 我喜欢给别人出主意。

9. 我做事总喜欢有人陪。

10. 我很容易被朋友说服。

11. 我总是很注意自己的仪表。

12. 如果约会迟到我会长时间感到不安。

13. 我很少与异性交往。

14. 我到朋友家做客从未感到不自在。

15. 与朋友一起乘公共汽车时我不在乎谁买票。

16. 我给朋友写信时常诉说自己最近的烦恼。

17. 我常能交上新的知心朋友。

18. 我喜欢与有独特之处的人交往。

19. 我觉得随便暴露自己的内心世界是件很危险的事。

20. 我对发表意见很慎重。

计 分 标 准

第1、2、3、4、6、7、8、9、10、11、12、13、16、17、18题答"是"记1分,答"否"不记分,第5、14、15、19、20题答"否"记1分,答"是"不记分。

评 价 结 果

第1~5题分数说明交往的主动性水平,得分高说明交往偏于主动型,得分低则偏于被动型。

第6~10题分数表示交往的支配性水平,得分高表明交往偏于领袖型,得分低则偏于依从型。

第11~15题分数表示交往的规范性程度,得分高意味着交往讲究严谨,得分低则交往较为随便。

第16~20题分数说明交往的开放性程度,得分高表明交往偏于开放型;得分低则意味着倾向于封闭型;如果得分处于中等水平,则表明交往倾向不明显,属于中间综合型的交往者。

相 关 建 议

由于人的气质、个性等特点不同,表现在人际关系中也有不同的类型。正如不同气质类型的人适合做不同的工作一样,不同人际关系类型的人所适合的工作也不同。

主动型的人在人际交往中总是采取积极主动的方式,适合于需要顺利处理人与人之间复杂关系的职业,如教师、推销员等。被动型的人在社交中则总采取消极、被动的退缩方式,适合与人打交道较少的职业,如电工等。

领袖型的人有强烈的支配和命令别人的欲望,在职业上倾向于管理人员、工程师等。依从型的人则比较谦卑、温顺,惯于服从,不喜欢支配和控制别人,他们意愿从事那些需要按照既定要求工作的、较简单而又比较刻板的职业,如办公室文员等。

严谨型的人有很强的责任心,做事细心周到,适合的职业有警察、业务主管、社团领袖等。随便型的人适合社会工作者、社会科学家、记者等。

开放型的人易于与他人相处,容易适应环境,适合的职业有销售人员、秘书、行政人员等。封闭型的人适合的职业有编辑、科学研究工作者等。

本 章 小 结

1. 谈判中需要的理论主要是马斯洛需要层次理论。了解对方心理,在完成谈判目的情况下满足对方需要是谈判的最高境界。

2. 商务谈判的辩证思维包括"一口价""舌头和耳朵""讲丑话"等。掌握对方的思维方式能让谈判者在谈判中占据主导地位。

3. 商务谈判的心理包括虚荣心理、喜悦心理、愤怒心理、惊异心理、忧虑心理、悲伤心理、冲动心理、烦躁心理、恐惧心理、恻隐心理、怀疑心理、麻痹心理等。了解这些心理会更好地达成谈判目的。

本 章 思 考 题

一、选择题

1. 为得到更多的让步,或是为了掌握更多的信息,对方提出一些假设性的需求或问题,目的在于摸清底牌。此时你应该( )。

A. 按照对方假设性的需求和问题诚实回答

B. 对于各种假设性的需求和问题不予理会

C. 指出对方的需求和问题的不真实

D. 了解对方的真实需求和问题,有针对性地给予同样假设性的答复

E. 窥视对方真正的需求和兴趣,不要给予清晰的答案,并将计就计促成交易

2. 在谈判过程中,对方总是改变自己的方案、观点、条件,使谈判无休止地拖下去。你应该(　　)。

A. 以其人之道还治其人之身,用同样的方法与对方周旋

B. 设法弄清楚对方的期限要求,提出己方的最后期限

C. 节省自己的时间和精力,不与这种对象合作

D. 采用休会策略,等对方真正有需求时再和对方谈判

E. 采用"价格陷阱"策略,说明如果现在不成交,以后将会涨价

二、简答题

1. 什么是人类需求的七个层次? 它是如何体现在商务谈判中的?

2. 什么是商务谈判的心理特点?

三、思考题

1. 试分析谈判心理对商务谈判成功的影响。

2. 如何利用谈判人员的心理特点来把握谈判的节奏?

(1) 觉得自己不错

(2) 不想被逼到角落里

(3) 想避免日后的麻烦和风险

(4) 想让上司及他人对自己有好评

(5) 想学点东西

(6) 想保住饭碗,想升迁

(7) 想工作轻松点儿

(8) 想满足一下私欲却又不触犯规章

3. 如果你是谈判者,你的追求是什么?

(1) 想把所做的事说成很重要

(2) 想避免意外变动带来的不安

(3) 想获得帮助

(4) 想有人倾听

(5) 想被体贴地照顾,想得到意外惊喜,吃好的、玩好的,甚至出去旅游

(6) 想有个好理由

(7) 想赶快结束谈判,好做其他的事

(8) 想知道真相

(9) 想树立自己诚实、公正、仁慈、负责的良好形象

第四章

商务沟通技巧

学习目标

- 掌握语言沟通技巧——听、问、答、叙、辩,提高沟通的质量与效率。
- 识别眼神、表情、坐姿等不同肢体语言,提高个人察言观色的能力,洞察客户的心理。
- 掌握商务谈判相互交流的技巧。

谈判不仅是语言的交流,同时也是行为的交流。内有所思,外有所表。体势等作为一种语言形式,也在传递着各种各样的信息。商务谈判有时需要谈判者伶牙俐齿:或如小溪流水,潺潺东流;或如春风化雨,随风潜入夜,润物细无声;或如暴风骤雨,倾盆而下;或如冲锋陷阵,枪炮连响。有时则需要谈判人员一言不发,沉默是金。从语言概念来讲,沉默也是一种语言,或点头摇头,或耸肩摆手,或装聋作哑,或以坐姿表现轻蔑,或以伏案记录表示重视。眨眼摸耳皆含深意,一颦一笑皆成曲调。恰到好处的沉默不仅是一种语言艺术,而且有时能起到"此时无声胜有声"的作用,达到语言艺术的最高境界。这一切都需要遵循话度适中的原则。话度适中指的是对说话质量、语言艺术相关的各种因素都要掌握适度的原则,防止"过犹不及"。

首先,注意听度,也就是让听者可以接受的程度。会说的不如会听的,表述中注意渗入听者顺心的话以及某些靠近其意向的条件,听者自然爱听。要激发对方的兴趣,语出惊人,造成悬念,引人入胜;否则,听者跟不上谈判者思路,就摸不到谈判者的脉搏,更谈不上达成协议了。

其次,注意力度。说话力度是指谈判者论述中说话语气的强弱。声强表现为声音强劲有力,但不是高喉咙大嗓门;声弱,表现为声轻而有气度,不仅声调抑扬顿挫,又使论述内容富有感情色彩。

最后是深度,指语言及其内容的深刻程度。在论述中灵活变化的深度可以反映不同的论述目的。只有长度没有深度,泛泛而谈,不得要领,不如画龙点睛,一语中的。军事上有句术语"伤其十指不如断其一指"。要使深度适当,还要注意结合问话的技巧,什么时候问话、怎样问话,都是很有讲究的。对手直率,提问要简洁;对手内向,提问要含蓄;对手严肃,提问要认真;对手暴躁,提问要委婉;对手开朗,提问要直接。

沟通是一种无所不在的活动。通过沟通人们可以交流信息,人们在工作、娱乐中都要通过交流达成协议,从而达到目的。

孔子错怪颜回

有一次,孔子带着弟子们周游列国。由于受到小人的陷害,孔子被困在去陈国和蔡国的半路上。这地方荒芜偏僻,没有人烟,有银子也买不到食物。孔子师徒一行连野菜汤也喝不上,7天未进一粒米,饿得实在没办法,只好在一间没人住的破屋子里睡大觉。

孔子的大弟子颜回出门,走了好远,才讨了一点米回来煮饭给孔子吃。当锅里的饭将熟之际,饭香飘出,这时饿了多日的孔子虽贵为圣人,也受不了饭香的诱惑,缓步走向厨房,想先弄碗饭来充饥。不料孔子走到厨房门口时,只见颜回掀起锅盖,看了一会儿,便伸手抓起一团饭来,匆匆塞入口中。孔子见到此景,又惊又怒,一向最疼爱的弟子竟做出这等行径。读圣贤书,所学何事?学到的是偷吃饭?孔子懊恼地回到大堂,沉着脸生闷气。没多久,颜回双手捧着一碗香喷喷的米饭来孝敬恩师。

孔子气犹未消,正色道:"天地容你我存活其间,这饭不应先敬我,而要先拜谢天地才是。"颜回说:"不,这些饭无法敬天地,我已经吃过了。"这下孔子可逮到了机会,板着脸道:"你为何未敬天地及恩师,便自行偷吃饭?"

颜回笑了笑:"是这样的,我刚才掀开锅盖,想看饭煮熟了没有。正巧房梁上有老鼠窜过,落下一片不知是尘土还是老鼠屎的东西,正掉在锅里。我怕坏了整锅饭,赶忙一把抓起,又舍不得那团饭粒,就顺手塞进嘴里。"

至此孔子方大悟,原来不只心想之事未必正确,有时竟连亲眼所见之事都有可能造成误解。于是他欣然接过颜回的大碗,开始吃饭。

资料来源:张国良.商务谈判与沟通[M].北京:机械工业出版社,2015.

思考:

1. 这个故事对你有什么启示?
2. 有效的沟通应该如何进行?

沟通中的善听与善辩

乔·吉拉德是美国首屈一指的汽车推销员,他曾在一年内推销出 1425 辆汽车。然而,这么一位出色的推销员,却有一次难忘的失败经历。一次,一位顾客来找乔商讨购车事宜。乔向他推荐了一种新型车,一切进展顺利,眼看就要成交了,但对方突然决定不要了。夜已深,乔辗转反侧,百思不得其解,这位顾客明明很中意这款新车,为何又突然变卦了呢? 他忍不住给对方拨了电话——"您好! 今天我向您推销那辆新车,眼看您就要签字了,为什么却突然走了呢?""喂,你知道现在几点钟了吗?""真抱歉,我知道是晚上11点钟了,但我检讨了一整天,实在想不出自己到底错在哪里,因此,冒昧打来电话请教您。"

"真的?"

"肺腑之言。"

"今天下午你并没有用心听我说话。就在签字之前,我提到我的儿子即将进入密歇根大学就读,我还跟你说到他的运动成绩和将来的抱负,我以他为荣,可你根本没有听我说这些话!"

听得出,对方似乎余怒未消。但乔对这件事却毫无印象,因为当时他确实没有注意听。对方继续说:"你宁愿听另一名推销员说笑话,根本不在乎我说什么。我不愿意从一个不尊重我的人手里买东西!"

从这件事中,乔得到两条教训。第一,倾听顾客的话实在太重要了。因为自己没注意听对方的话,没有对那位顾客有一位值得骄傲的儿子表示赞许,显得对顾客不尊重,所以触怒了顾客,失去了一笔生意。第二,顾客虽然喜欢你的商品,但是如果他不喜欢你,他也很可能不买你的商品。

思考:

1. 沟通中的善听与善辩哪个更重要? 为什么?

2. 在推销商品之前,首先要把自己推销出去。这句话对吗? 为什么?

第一节　语言沟通技巧

一、倾听

在面对面谈判的场合,"倾听"是谈判者所必须具备的一种修养。所谓"倾听",不仅是指运用耳朵去听,而且是指运用自己的心去为对手的话语设身处地地构想,并用自己的大脑去研究判断对手话语背后的动机。因此,谈判场合的"听"是"倾听",即"耳到、眼到、心到、脑到"四种综合效应的"听"。

(一) 倾听的作用

倾听具有以下作用。

(1) 可以满足说话人的"自尊"需要,引发"互尊"效应。

(2) 可以探析对方是否正确理解你说话的含义,起到评测反馈效应。

(3) 可以充分获得必要的信息行情,帮助你后续发话的决策效应。

(4) 富有赏识力的倾听,可以促进人际关系更和谐地发展。

倾听是个人留下良好印象、改善双方关系的有效方式之一,它可以使我们不花费任何力气,获得意外的效果。

（二）倾听的技巧

倾听是人们交往活动中的一项重要内容。据专家调查，人在醒着的时候，至少有 1/3 的时间是花在听上；而在特定条件下，倾听所占据的时间会更多。谈判就是需要更多倾听的交际活动之一，"多听少说"是一个谈判者应具备的素质和修养。谈判者通过"听"可以发掘信息，了解对方的动机并预测对方的行动意向。从某种意义上讲，"听"比"说"更重要。

所谓"听"，不只是指"听"的动作本身，更重要的是指"听"的效果。听到、听清楚、听明白这三者的含义是不同的。听到是指外界的声音准确无误地被传到听者的耳朵里；听清楚是指听到的声音没有含糊不清的感觉；听明白是指对听到的内容能予以正确的理解。谈判中的有效倾听就是指要能够完整地、正确地、及时地理解对方讲话的内容和含义。

当然，要很好地倾听对方谈话，并非人们想象得那样简单。专家的实验证明，倾听对方的讲话，大约有 1/3 的内容是按原意理解，1/3 被曲解了，1/3 则丝毫没被听进去。

英国谈判家比尔·斯科特指出，倾听取决于积极的态度、谈判者的相互影响、集中精力和恰当的提问。可见，倾听就是积极倾听而不是消极倾听，即不仅要尽可能完整地接收说者的话，还要理解他的情感；不仅认真地听，也包含适时地问，及时作出反馈性的表示。如欠身、点头、摇头、微笑或反复强调一些较为重要的句子，或提出几个能够启发对方思路的问题，从而使对方产生被重视感，有利于营造融洽的谈判气氛；注意察言观色，对方的一言一行、举手投足都不放过，并通过目光、脸色、手势、仪表、体态等来了解对方的本意。

"听"是我们了解和把握对方观点和立场的主要手段与途径。"听"主要包括以下内容。

（1）避免"开小差"，专心致志、集中精力地倾听。

（2）通过记笔记来达到集中精力。

（3）在专心倾听的基础上有鉴别地倾听对方发言。

（4）克服先听为主的倾听做法。

（5）创造良好的谈判环境。

（6）注意不要因轻视对方、抢话、急于反驳而放弃听。

（7）不可为了急于判断而耽误听。

（8）听到自己难以应付的问题时，也不要充耳不闻。

总之，倾听是商务谈判沟通的重要组成部分，要掌握谈判的技巧，就必须学会倾听、善于倾听，这是对一个优秀谈判者的基本要求，只有听好，才能问好、答好、辩好，从而圆满地完成谈判任务。

（三）倾听的障碍

影响有效倾听的最主要障碍是思绪发生偏离。因为大多数人听话的接收速度是讲话速度的四倍。正如常出现的一种现象那样，一个人一句话还未说完，听者已经知道他要讲话的内容是什么。所以，这样就容易导致听者在潜在顾客讲话时思绪产生偏离。为了避免出现上述情况，更有效地获取对方要表达的主旨信息，需要注意以下两点。第一是专注于潜在顾客的非言语表达行为，以求增强对其所讲内容的了解，力求领会潜在顾客的所有预想传达的信息。第二是要克制自己,避免精神涣散。比如,待在一间很热或很冷的房间里,或坐在一把令人感觉不舒服的椅子上,这些因素都不应成为使你分散倾听注意力的原因;即使潜在顾客讲话的腔调、举止的癖性和习惯有可能转移你的注意力,你也应该努力抵制这些因素的干扰,集中精力去倾听,尽力不去关注他是用什么腔调讲的,或是举止上有何癖好,而应专注其讲话的内容,做到这一点甚至比使分散的思绪重新集中起来更困难。从这个意义上讲,听人讲话是一项并不简单的工作,它需要很强的自我约束能力。如果你过于情绪化也会导致你思绪涣散,例如,在潜在顾客表达疑问或受挫的时候,你最好认真地听下去,因为也许会有转机出现。

思考:当谈判对手在陈述与你不同的观点时,你如何看待?

答:更要认真听,听全。因为喜欢听不同的意见,善于处理不同意见,才会获得成功。

(四)有效的倾听

1. 80/20(马特莱)法则的运用

80/20(马特莱)法则是 19 世纪末 20 世纪初的意大利经济学家和社会学家维尔弗雷多·帕累托提出的。经过长期对群体的研究,他发现:在任何特定群体中,重要的因子通常只占少数,而不重要的因子则占多数,只要能控制具有重要性的少数因子即能控制全局。经过多年的演化,这个原理已变成当今管理学界所熟知的"80/20"定律——即 80% 的价值是来自 20% 的因子,其余 20% 的价值则来自 80% 的因子。

2. 听出弦外之音

与客户沟通过程中,我们不能只关注客户表达的,因为在很多情况下客户表达的并不是他的真实意思,这时候,就需要销售人员洞察客户的真实意思表达,通过眼神的观察、内心的体会去感知客户的弦外之音。

3. 不打断对方

与客户沟通过程中,应尽可能地让客户去表达他的观点、需求和他关注的利益,在他叙说的过程中不要打断,即便他的观点存在争议,与销售人员有分歧,也请记住他是您的客户,尊重他并且不要打断对方的讲话。

4. 对对方的话题感兴趣

与客户沟通过程中,如何能激发客户沟通的欲望,比较好的方式就是对客户的话题感兴趣,并给出正面的积极回应,这非常有利于销售人员与客户之间情感的沟通。

> **小故事:考温的有效**
>
> 考温号称美国谈判界的"最佳谈判手",他非常重视倾听的技巧,并从他丰富的谈判实践中,总结出倾听是谈判中获取情报的重要手段的结论。他举过一个生动的例子。
>
> 有一年夏天,当时他还是一名推销员,他到一家工厂去谈判。他习惯于早到谈判地点,四处走走,跟人聊天。这次他和这家工厂的一位领班聊上了。善于倾听的考温,总有办法让别人讲话,他也是真的喜欢听别人讲话,所以不爱讲话的人遇到了考温,也会滔滔不绝起来。而这位领班也是如此,在侃侃而谈之中,他告诉考温:"我用过各公司的产品,只有你们的产品能通过我们的试验,符合我们的规格和标准。"

　　后来边走边聊时,他又说:"考温先生,你说这次谈判什么时候才能有结论呢? 我们厂里的存货快用完了。"

　　考温专心致志地倾听领班讲话,满心欢喜地从这位领班的两句话里获取了极有价值的情报。当他与这家工厂的采购经理面对面地进行谈判时,从工厂领班漫不经心的讲话里获取的情报帮了他的大忙,最终,他自然而然地取得了谈判的成功。

　　美国有句谚语:"用十秒时间讲,用十分钟时间听。"在谈判中,通过倾听来获取情报是一种行之有效的方法。标准的倾听,是不允许同时构想自己的答辩的,而应该注意对方话语所蕴含的观念、需求、用意和顾虑,主动地给对方以反馈,即以面部表情或动作向对方示意你对他的话语的了解程度,或请对方明白阐释,或请复述。同时,要随时留心对方的"弦外之音"。

二、成功地运用发问

　　要想了解对方的想法,掌握更多的信息,倾听和发问都是必要的,这二者相辅相成。倾听是为了发问,而发问则是为了更好地倾听。商务谈判中经常运用提问作为摸清对方真实意图、掌握对方心理变化以及明确表达自己观点的重要手段。通过提问,可以引起对方的注意,对双方的思考提供既定的方向;可以获得自己不知道的信息;可以传达自己的感受,引起对方的思考;鼓励对方继续讲话;转移话题;作出结论;可以控制谈判的方向等。

　　(一)提问的注意事项

　　谈判中的提问是摸清对方的真实需求、掌握对方的心理状态、表达自己的观点,进而通过谈判解决问题的重要手段。提问在商务谈判中扮演着十分重要的角色。提问有助于信息的搜集、引导谈判走势、诱导对方思考。在提问时,要注意以下几点。

　　1. 使用间接的提问方式

　　间接提问使表达更客气,更礼貌。在商务谈判中,提问几乎贯穿谈判的全过程,大多数的提问都是说话人力求获得信息、有益于说话人的。这样,根据礼貌等级,提问越间接,表达越礼貌。

　　2. 使用选择性的提问方式

　　某商场休息室里经营咖啡和茶,刚开始服务员总是问顾客:"先生,喝咖啡吗?"或者:"先生,喝茶吗?"其销售额平平。后来,老板要求服务员换一种问法,"先生,喝咖啡还是茶?"结果其销售额大增。原因在于,第一种问法容易得到否定回答,而后一种是选择式,大多数情况下,顾客会选其中一种饮料。

　　3. 把握好提问的难易度

　　刚开始发问时,最好选择对方容易回答的问题,比如:"这次假日玩得愉快吗?"这类与主题无关的问话,能够松弛对方紧张的情绪。如果一开始就单刀直入提出令人左右为难的问题,很可能使场面僵化,因此可以采用先易后难的提问方式。

　　4. 使用恭维的表达方式

　　在商务谈判的初期很难把握对方的真实意图,很难提出有效的问题,谈判很难有实质性的进展,当务之急就是了解对方的真实意图等相关信息。从用语策略上讲,赞美可以缩短谈判双方的心理距离,融洽谈判气氛,有利于达成协议。运用赞美恭维的谈判战略时,需要注意以下几点。第一,从态度上要真诚,尺度上要做到恰如其分,如果过分吹捧,就会变成嘲讽。第二,从方式上要尊重谈判对方人员的个性,考虑对方个人的自我意识。第三,从效果上要重视被赞美者的反应。如果对方有良好的反应,可再次赞美,锦上添花;如果对方显得冷淡或不耐烦,则应适可而止。

(二) 如何发问

1. 问什么话

问话时一般不要刺激对方,并且不要表现自己的特殊情况。

2. 如何问

从提问的效果来看,可以分为有效提问和无效提问两类。有效提问是确切而富于艺术性的一种发问;无效提问是强迫对方接受的一种发问,或迫使它消极地去适应预先制订的模式的一种发问。

3. 何时问

发问要掌握四个时间段:在对方发言完毕之后,在对方发言停顿、间歇时,在自己发言前后,在议程规定的辩论时间内。

发问的目的在于谈判时启开话匣,获取信息,以利于沟通。一次发问能否得到完美的答复,很大程度上取决于三个问题:问什么话、如何问、何时问。比如说,有一次你的谈判对手晚到了半小时,于是你开口就问:“现在几点了?”这一问,使得本来就不安的对方更觉尴尬。如果你转换一种姿态,说:“辛苦,辛苦,路上堵车吧!没关系,没关系。”这样,不仅能消除对方的不安,还能营造一种和谐的气氛。

(三) 问话的技巧

例如:有一个祈祷者问牧师:“我可以在祈祷时抽烟吗?”牧师说:“不可以。”另一位问:“我可以在吸烟时祈祷吗?”牧师说:“可以。”由此收到不同的效果,这就是发问的技巧。重视和灵活运用发问的技巧,不仅可以引起双方的讨论、获取信息,而且可以控制谈判的方向。到底哪些问题可以问,哪些问题不可以问,为了达到某一个目的应该怎样问,以及问的时机、场合、环境等,有许多基本常识和技巧需要了解和掌握。

有人主持会议经常愿意这样说:“不知各位对此有何高见?”从表面上看,这种问话很好听,但效果很不好,与会者不作声。高见?众目睽睽,谁敢肯定自己的见解就高人一等呢?倒不如说:“各位有什么想法呢?”由此看来,问话的技巧是很重要的。提高提问技巧的方法有以下几点。

1. 把握提问的时机

提问时机把握得好有助于引起对方的注意。一般情况下,发问的时机有三个:一是在对方发言完毕之后提问;二是在对方发言停顿、间歇时提问;三是在自己发言前后提问。前两个是为了不打断对方发言,而第三个则是为了进一步明确自己发言的内容,此目的是探测对方的反应。什么时候问话,怎样问话,都是很有讲究的。

(1) 在对方发言结束后提问。别人发言时不要随意打断,打断别人的发言是很不礼貌的,还极易引起对方的反感,影响谈判情绪。对方发言时要积极地、认真地倾听,做好记录,待对方发言结束时再提问。这样既体现了尊重对方,也反映出自己的修养,还能全面地、完整地了解对方的观点和意图。

（2）在对方发言的间隙中提问。如果对方发言冗长,纠缠细节影响谈判进程,可利用对方点烟、喝水的瞬间提问,见缝插针。

（3）自己发言后,试探对方的反应,使谈判沿着自己的思路发展。例如:"我们的基本观点和立场就是这些,不知您有什么看法?"

2. 要看提问的对象

谈判对手的性格不同,提问的方法就应有所不同。对手直率,提问要简洁;对手内向,提问要含蓄;对手严肃,提问要认真;对手暴躁,提问要委婉;对手开朗,提问要直接。不可千篇一律。

3. 要注意提问的逻辑性

商务谈判中常以"问"作为摸清对方需要、掌握对方心理、表达自己感情的手段。如何"问"是很有讲究的。谈判时提出的问题一定要讲究逻辑性,跳跃性不宜太大,按照事物的规律,先从最表面、最易回答的问题问起,或者是从对方熟悉的问题问起,口子开得小些,然后逐渐由小到大、由表及里、由易到难。"问"一般包含三个因素:问什么、何时问、怎样问。

（四）提问的禁忌

商务谈判过程中并不是任何方面的问题都可以随意提问的,一般不应涉及下列问题。

1. 带有敌意的问题

不应抱着敌意的心理进行谈判,所以在谈判时应尽量避免那些可能会刺激对方,使其产生敌意的问题。因为一旦问题含有敌意,就会损害双方的关系,最终会影响交易的成功。

2. 涉及个人隐私的问题

多数国家和地区的人对于自己的收入、家庭情况、女士或太太的年龄等问题都不愿回答。我国在商务谈判时问候一下对方的个人生活以及家庭情况等,往往容易拉近关系,从而博得对方的信任感和亲切感,但要注意把握分寸,不能什么都问。

3. 指责对方品质和信誉方面的问题

不要当面指责对方的不诚实或不讲信誉,以免使对方不高兴,从而影响谈判的成功。

4. 故意提问

为了表现自己而故意提问,特别是不能提出与谈判内容相关的问题,以显示自己的"好问"。要知道,故作卖弄的结果往往是弄巧成拙,被人蔑视。

（五）发问的类型

1. 澄清式发问

澄清式发问是针对对方的答复,重新提出问题以使对方进一步澄清或补充原先答复的一种问句。例如,"您刚才说对目前进行的这一宗买卖可以取舍,这是不是说您拥有全权跟我们谈判?"澄清式问句的作用在于:它可以确保谈判各方能在叙述"同一语言"的基础上进行沟通,而且还是针对对方的话语进行信息反馈的有效方式。

2. 强调式发问

强调式发问旨在强调自己的观点和立场。例如:"这份协议不是要经过公证之后才生效吗?""我们怎能忘记上次双方愉快的合作呢?"

3. 封闭式发问

封闭式发问会在特定领域中引导出特定答复(如是/否/我不知道)。"贵公司第一次发现食品变质是在什么时候?""您是否认为售后服务没有改进的可能?"封闭式问句可帮助发问者获得特定的资料,而回答这种问句的人并不需要太多的思索即能给予答复。但是,这种问句有时会有相当程度的威胁性。

4. 开放式发问

开放式发问是将回答的主动权让给对方的一种问句,也称 5W1H 问句,主要涉及以下问题:who、what、where、which、when、how。

★ **案例 4-3**

推销新型打包机

某推销员向一家商品包装企业的厂长推销新型打包机,他的目的是让这个企业全换上这种机器。下面是他与厂长的对话。

推销员:王厂长,您好,我带来了一种新型打包机,您一定会感兴趣的。

厂长:我们不缺打包机。

推销员:王厂长,我知道您在打包机这方面是行家。是这样,这种机器刚刚研制出来,性能相当好,可用户往往不愿用,我来是想请您帮着分析一下问题出在哪里,占用不了您几分钟的时间。您看,这是样品。

厂长:样子倒挺新的。

推销员:用法也很简单,咱们可以试一试。

接通电源,演示操作。

厂长:这机器还真不错。

推销员:您真有眼力,不愧是行家。您看,它确实很好。这样,我把这台给您留下,您先试用一下,明天我来听您的意见。

厂长:好吧。

推销员:您这么大的厂子,留一台太少了,要是一个车间试一台,效果就更明显了。您看,我一共带来五台样机,先都留这儿吧。如果您用了不满意,明天我一块儿来取。

厂长:全留下? 也行。

推销员:让我们算一下,一台新机器 800 多元,比旧机器可以提高功效 30%,每台一天可以多创利 20 元,40 天就可以收回成本。如果您要得多,价格还可以便宜一些。

厂长:便宜多少?

推销员:如果把旧机器全部换掉,大概至少要 300 台吧?

厂长：310 台。

推销员：那可以按最优惠的价格，每台便宜 30 元,310 台就快省一万多元了。这有协议书您看一下。

厂长：好,我们仔细商量一下。

至此,谈判已经初见成效。

思　考：销售员运用了哪些发问方式？

三、回答

（一）回答的技巧

在谈判过程中回答对方提出的问题是一件有压力的事情,因为在谈判桌上谈判人员回答的每一句话都有重要意义。所以,谈判人员在回答对方的问题时心情都比较紧张,有时会不知所措,陷入被动局面。一个谈判者水平的高低,很大程度上取决于其答复问题的水平。因此,答复也必须运用一定的技巧。第一,回答问题之前,要给自己留有思考的时间;第二,把握答复提问的目的和动机,针对提问者的心理关注问题回复;第三,不要彻底回答对方的提问;第四,对于不知道的问题不要回答;第五,有些问题可以通过答非所问、以问代答来给自己解围;第六,"重申"和"打岔"有时也很有效。对于谈判过程中对方提出的问题,我们有时不便向对方传输自己的信息,对于一些问题不愿回答又无法回避时,需要巧妙地运用技巧,不仅有利于谈判的顺利进行,还能活跃谈判气氛。

（二）巧妙的应答语言

巧妙的应答语言主要包含以下几个方面。

1. 使用模糊的语言

模糊语言一般分为两种表达形式：一种用于减少真实程度或改变相关的范围（如有一点、几乎、基本上等）;另一种用于说话者主观判断说的话或根据一些客观事实间接说的话（如恐怕、可能、对我来说、我们猜想、据我所知等）。在商务谈判中对一些不便向对方传输的信息或不愿回答的问题,可以运用这些模糊语言闪烁其词、避重就轻,以模糊应对的方式解决。

2. 使用委婉的语言

商务谈判中有些话语虽然正确,但对方却觉得难以接受。如果把语言的"棱角"磨去,也许对方就能从情感上愉快地接受。比如,少用"无疑""肯定""必然"等绝对性的词语,改为"我认为""也许""我估计"等。若拒绝别人的观点,则少用"不""不行"等直接否定,可以找"这件事我没意见,可我得请示一下领导"等托词,可以达到特殊的语言效果。

3. 使用幽默含蓄的语言

商务谈判的过程中,幽默含蓄的表达方式不仅可以传递情感,还可以避开对方的锋芒,是你紧张情绪的缓冲剂,可以为谈判者树立良好的形象。例如,在谈判中若对方的问题或议论太琐碎无聊,这时,可以肯定对方是在搞拖延战术。如果我们对那些琐碎无聊的问题或议论一一答复,就中了对方的圈套,而不答复就会使自己陷入"不义",从而导致双方关系的紧张。我们可以运用幽默含蓄的文学语言这样回应对方:"感谢您对本商品这么有兴趣,我真的很想立即回答您的所有问题,但根据我的计划,您提的这些细节问题在我介绍商品的过程中都能得到解答;我知道您很忙,但只要您等上几分钟,等我介绍完之后,您再把我没涉及的问题提出来,这肯定能为您节省不少时间。"或者说:"您说得太快了,请告诉我,在这么多的问题当中,您想首先讨论哪一个?"由此来营造良好的谈判气氛。

总之,采取恰当的谈判手段、谈判方法和谈判原则来达到双赢的目的,是商务谈判的追求目标。但是在商务谈判中,双方的接触、沟通与合作都是通过反复的提问、回答等语言的表达来实现的,巧妙应用语言艺术提出创造性的解决方案,不仅能满足双方利益的需要,也能缓解沉闷的谈判气氛,使谈判双方都有轻松感,有利于谈判的顺利进行。因此巧妙的语言艺术不仅为谈判增添了成功的砝码,而且能起到事半功倍的效果。

(三)巧妙的回答策略

巧妙的回答策略主要包含以下几个方面。

1. 缜密思考

在谈判中,对于对方的提问在回答之前必须经过缜密考虑,即使是一些需要马上回答的问题,也应借故拖延时间,经过再三思考后才作出回答。

2. 准确判断

谈判中高明的回答,是建立在准确判断对方用意的基础之上。如果没有弄清对方提问的动机和目的,就按常规进行回答,结果往往会反受其害。例如,在一次中美作家联谊酒会上,美国人艾伦·金斯伯格提出了一个怪问题,请中国作家蒋子龙回答:"把一只2500克重的鸡装进一个只能装500毫升水的瓶子里,用什么办法再把它拿出来?"蒋子龙则回答:"您怎么把它放进去,我就怎么拿出来。"这是多么巧妙的回答。

3. 礼貌拒绝

对一些不值得回答或无关紧要的问题,可以礼貌地拒绝回答或不予理睬,因为回答这些问题不仅浪费时间,而且会扰乱自己的思路。

4. 避正答偏

避正答偏是指故意避开问题的实质,而将话题引向歧路,以破解对方进攻的一种策略。常用来回答可能对己不利的问题。

5. 以问代答

以问代答用来应付一些不便回答的问题是非常有效的。

6. 答非所问

答非所问是指面对无法正向回答、但又不得不回答对方的问题时,采用偷梁换柱的方式应对的一种行之有效的答复。

7. 避重就轻

避开问题的实质,回答枝节问题。

另外,运用策略答复时要注意以下几点:第一,不能不加思考,马上回答;第二,不能在未完全了解对方提出的问题时就仓促作答;第三,不要不管什么问题,总是予以彻底回答;第四,不要不问自答;第五,不要在回答时留下尾巴;第六,不要滥用"无可奉告"。

 案例4-4

在 4S 店购买汽车时发生了什么?

一家奥地利在上海的独资企业的奥籍华人副总张先生(以下简称:张)来到某汽车销售公司的展示厅,碰到了汽车推销员小王(以小简称:王)及销售主管李先生一(以下简称:李),先是小王迎上前去。

王:先生,您想要什么牌子的汽车呢?

张:就要大众好了。唉,这儿怎么不见速腾的车子呢?

王:抱歉,刚刚卖完,不过明天就有货补进来。

张:唉,真是不巧,我只好到别人的展厅看看了⋯⋯

此时,在一旁的李主管走过来,小王连忙把他介绍给客户。简短的寒暄过后,李主管得知客户是为新开张的外商独资企业买自己的"坐骑"。

李:这么说来,张总也是回国来为浦东的开发做贡献的喽。

张:浦东的变化真是很快,3年前我移民出去现在回来大部分地区都认不出来了。

李:张总,您这个层次的职位真让人羡慕呀,那您国外的总公司规模大吗?

张:大得很,全欧洲都知道我们这家公司的。

李:噢,是那您国外总公司的大老板办事情的派头也一定很大喽?

张:大得很,外国人做生意都讲究信用,也讲派头,办公室要在高级的写字楼,而且要在市区的繁华地段,员工出差也要求一定住四星级以上的酒店⋯⋯

李:张总,这么看来,买速腾的车子好像是稍微有点不太妥当,买辆进口的奥迪是至少的。

张:您说得有道理,可是我不能乱花老板的钱。

李:张总,速腾是经济实惠,款式也新,可让您开,好像就不太够档次了,老总要有老总的派头,外国搞市场经济讲信用,讲派头,其实我们国内也是一样的。您好心为老板省下这几个钱,说不定老板下个月来的时候,反而会责怪您呢!

张:这(犹豫地)⋯⋯您说得有道理——名车豪宅本身就是一种信用。那先不买了,下午我发个传真请示一下。因为时差的关系,晚上我就会晓得老板是否同意了。

第二天,张副总果然增加了自己的预算,买走了一辆进口奥迪。

启示:销售谈判中各方利益不同,看问题的角度就不一样,难免有分歧产生,为了自己的利益,就要善于说服对方来接受自己的观点。两千多年前的古希腊大哲学家苏格拉底创立了一种劝导他人接受自己观点的问答方法。其做法是:先对分歧点避而不谈,而只谈双方的共同点,让对方在对共同点的无数次的认同中自然而然地同意自己的观点。

在这个案例中,推销员小王的生意眼看就要砸了,因为缺少经验,这种尴尬与失望很多推销员都会碰到。但富有经验、讲究谈判技巧的李主管却不仅让生意起死回生,还令对方增加了购买预算。他采用的方法就是苏格拉底式的问答法——转弯抹角地让顾客不停地说："是"。

四、叙述

叙述就是介绍己方的情况，阐述己方对某问题的具体看法，使对方了解己方的观点、方案和立场。

谈判过程中的叙述包括"入题""阐述"两个部分。为了避免谈判时单刀直入，影响谈判的气氛，可以采用迂回入题的方法，如从题外语入题，从介绍己方谈判入题，从介绍本企业的生产、经营、财务状况入题等，做到新颖、巧妙、不落俗套。开场阐述，是谈判的一个重要环节，要注意开宗明义，以诚挚和轻松的方式来表明己方立场。

在语言的表达上要做到：准确易懂，简明扼要。要具有条理性，语言要富有弹性。根据对方的学识、气质、性格、修养和语言特点，调整己方的语言。如果对方谈吐优雅，己方也应十分讲究；如果对方朴实无华，己方也不必过分修饰；如果对方爽快，己方也不必迂回曲折。这样能迅速缩短双方距离，实现平等交流。发言要紧扣主题，措辞得体。不要拐弯抹角，应以和缓的语言表达自己的意见，同时注意语调、声音、停顿和重复。谈判者声音的高低强弱也是影响谈判效果的重要因素之一。声音过高，不会使人感到亲切；过低过弱，无法使人感到振奋。在谈判中发表意见时，突然停顿或者有意重复几句话，能起到意想不到的作用。它可以引导听者对停顿前后的内容和重复内容进行回顾、思考，从而加深双方的理解和沟通。停顿还可以给对方机会，使之抒发己见，打破沉默，活跃谈判气氛。

五、辩论

在商务谈判中，由于利益、立场的差别，会不可避免地出现观点的对立，辩论能使这种对立得到沟通和解决。谈判中的讨价还价就集中体现在辩论上。

在商务洽谈中，特别是进入讨价还价的磋商阶段，洽谈双方从各自代表的利益出发，对一系列问题进行磋商，或据理力争，或直言反驳，都希望洽谈朝着有利于自己的方面发展。不管双方观点如何对立，意见分歧多大，都应在相互尊重、相互理解的基础上进行友好辩论与磋商。磋商阶段是商务洽谈的关键阶段，也是最应注意洽谈礼仪的时候。商务洽谈中失礼的言行，大都发生在这个阶段。因此，谈判人员要把握好利益与礼仪的辩证关系，既要维护自身利益，又要不失礼仪。

（1）理智争辩，以和为贵。商务洽谈是谈出来的，一切洽谈都得经过双方谈判人员智慧的角逐、话语的较量方能达成妥协。洽谈的辩论阶段，双方人员为了各自的经济利益，唇枪舌剑，很容易感情冲动，稍不留神，就会由不同观点的交锋酿成谈判人员的个人冲突，生意可能因此而告吹。因此，在辩论中应坚持和为贵，坚持就事论事、对事不对人的原则，防止感情用事。

（2）事理交融，举证有力。在辩论中，必须条理清楚、表达严密，言词简洁、以据论理，突出主题、不缠枝节。为此，在辩论前，谈判者应在思想上、资料上和语言表达上做必要的准备。

（3）体态端庄，用语谨慎。在洽谈中除前面已讲的注意正确使用语言以外，还要注意九忌：忌鼓动性和煽动性，忌无理纠缠，忌抓辫子、戴帽子和打棍子，忌挖苦讽刺，忌已知的不说、新知的穷说与不知的瞎说，忌手舞足蹈、动作不检点，忌尖音喊叫，忌不顾事实狡辩或诡辩，忌鲁莽轻率。应举止庄重、优雅。例如，仪态端庄、彬彬有礼、宾主分明，是有修养、有信心和有力量的表现；双腿合拢、双手前合、上体微前俯、头微低、目视对方，表示谦虚有礼，并愿意听取对方的意见；向对方方向挪挪椅子，或走过去和对方凑近一些，对方会认为你很有诚意，想尽快成交，不再绕圈子等。

（4）絮语软言，紧扣死线。洽谈结束的时间称为死线。死线对洽谈的成败具有重大意义，因为让步往往在这个时刻发生。在交易达成阶段，谈判者往往采用软磨硬拖的战术，迫使一些谈判对手乖乖就范。紧扣死线的招数主要有两点。一是强忍等待。一位美国石油商曾这样叙述沙特阿拉伯一位石油大亨的谈判艺术：他最厉害的一招是心平气和地重复一个又一个问题，最后把你搞得精疲力竭，不得不把自己的"祖奶奶"拱手让出去。当通过调查得知对方急于达成协议，把握对方的心理，可采用这种疲劳战，以迫使对方让步。二是假装糊涂。在谈判之初，应多听少说，明白也说不明白，懂也装不懂，一而再、再而三地让对方层层让步，以满足己方需要。对于谈判对手某些不合理要求的拒绝，通常宜曲不宜直，即以委婉的口气拒绝。如果洽谈出现僵局，可先避开僵持问题而言其他，或插入几句幽默诙谐的话，使双方忘情一笑，以缓和气氛。在大型谈判中，作为东道主，还可提议暂时休会或稍事休息。

自我测试：与人沟通，你行吗？

虽然每个人都是作为个体存在的，但在生活中我们并不孤单，因为我们要与不同的人形成不同的关系，比如夫妻、父母与子女、同学、朋友、同事，甚至包括对手。在处理这些关系的时候，需要我们具有一定的沟通和交际能力，并采取独特的方式达到交往的目的。沟通能力，已经成为衡量个人综合素质的一个重要方面。你是一个善于沟通的人吗？通过下面的测试，可以让你对自己的沟通能力有所了解。

1. 你刚刚跳槽到一个新单位，面对陌生的环境，以下哪种行为更符合你的行事作风：

　　A. 主动向新同事了解单位情况，并很快与新同事熟悉起来。

　　B. 先观察一段时间，逐渐接近与自己性格合得来的同事。

　　C. 不在意是否被新同事接受，只在业务上下功夫。

2. 你一个人跟着旅游团去旅游，一路上你的表现是：

　　A. 既不请人帮忙，也不和人搭话，自己照顾自己。

　　B. 游到兴起处，才和别人交谈几句，但也只限于同性。

　　C. 和所有人说笑、谈论，也参与他们的游戏。

3. 因为你在工作中的突出表现，领导想把你调到你从未接触过的岗位，而这个岗位你并不喜欢。你会：

　　A. 表明自己的态度,然后听从领导的安排。

　　B. 认为自己做不好,拒绝。

　　C. 欣然接受,有挑战才更有意义。

4. 你与爱人的性格、爱好颇为不同,当产生矛盾的时候,你怎么做?

　　A. 把问题暂且放在一边,寻找你们的共同点。

　　B. 妥协,假意服从爱人。

　　C. 非弄明白谁是谁非不可。

5. 假设你是一个部门的主管,你的下属中有两人因为不合群到你面前互说坏话。你怎样处理?

　　A. 当着一个下属的面批评另一个下属。

　　B. 列举他们各自的长处,称赞他们,并说明这正是对方说的。

　　C. 表示你不想听他们说这些,让他们回去做自己该做的事。

6. 你认为对处于青春期的子女的正确教育方法应该是:

　　A. 经常发出警告,并请老师协助。

　　B. 严加看管,限制交友,监听电话。

　　C. 朋友式对待,把自己的过去讲给孩子听,让他自己判断,并找些书来给他看。

7. 你有一个依赖性很强的朋友,经常打电话与你聊天,当你没有时间陪他的时候,你会:

　　A. 问他是否有重要的事,如没有,告诉他你现在正忙,回头再打给他。

　　B. 直接告诉他你很忙,不能与他聊天。

　　C. 干脆不接电话。

8. 因为你一次小小的失误,在同事间造成了不好的影响,你会怎么做?

　　A. 走人,不再看他们的脸色。

　　B. 保持良好心态,寻找机会挽回影响。

　　C. 自怨自艾,与同事疏远。

9. 有人告诉你,某某说过你的坏话,你会:

　　A. 从此处处提防他,不与他来往。

　　B. 找他理论,同时揭他的短。

　　C. 有则改之,无则加勉;如果觉得他的能力比你强,还会主动与他交往。

10. 看到与你同龄的人都已小有成就,而你尚未有骄人的业绩,你的心态会如何?

　　A. 人的能力有限,我已尽了最大的努力,可以说是问心无愧了。

　　B. 我没有那样的机遇,否则……

　　C. 他们也没什么真本事,不过是会溜须拍马。

11. 你虽然只是公司的一名普通员工,但你的责任心很强,你如何把自己的意见传达给最高领导?

　　A. 写一封匿名信给他。

　　B. 借送文件的机会,把你的建议写成报告一起送去。

　　C. 全体员工大会上提出。

12. 在同学会上,你发现只有你还是"一穷二白",你的情绪会:

　　A. 表面若无其事,实际心情不佳,兴趣全无。

　　B. 并无改变,像来时一样兴致勃勃,甚至和同学谈起自己的宏伟计划。

　　C. 一落千丈,只顾自己喝酒。

13. 在朋友的生日宴会上,你结识了朋友的同学,当你再次看见他时:

　　A. 匆匆打个招呼就过去了。

　　B. 一张口就叫出他的名字,并热情地与之交谈。

　　C. 聊了几句,并留下新的联系方式。

14. 你刚被聘为某部门的主管,你知道还有几个人关注着这个职位,上班第一天你会:

　　A. 把这件事记在心上,但立即投入工作,并开始认识每一个人。

　　B. 忽略这几个部下,让这件事平息。

　　C. 进行个别谈话,以确认哪些是关注这个职位的人。

15. 你和小王一同被领导请去吃饭,回来后你会:

　　A. 比较隐晦地和小王交流几句。

　　B. 同小王热烈地谈论吃饭时的情景。

　　C. 绝口不谈,埋头工作。

评分标准

	1	2	3	4	5	6	7	8	9	10	11	12	13	14	15
A	2	0	1	2	0	1	2	0	1	2	0	1	0	2	1
B	1	1	0	1	2	0	1	2	0	1	2	2	2	1	0
C	0	2	2	0	1	2	0	1	2	0	1	0	1	0	2

【测试结论】

0~10分:在与人沟通的能力方面你还很欠缺,基本上是个我行我素的人,即使在强调个性的今天,这也是不可取的。可以看出你性格太内向,这使你不能很好地与人沟通。在与人沟通的过程中,内向的性格是你的障碍,你应该在认识到自己不足的同时尽量改变这种性格,跳出自己的小圈子,多与人接触,凡事看看别人的做法,这样你就有希望成为一个受欢迎的人。

11~25分:你的沟通能力比上不足,比下有余,再加把劲儿,就可以游刃有余地与人交流了。你的缺点是,做事太中庸,总希望问题能解决得两全其美。实际上这是不可能的,不管遇到什么事,都要有个态度,中庸是没主见的表现。你肯定不希望别人说你没主见,那就拿出点勇气吧,告诉别人你的想法。提高你的沟通能力的法宝是主动出击,这样会使你在人际交流中赢得主动权,这样你的沟通能力自然会迈上一个新台阶了。

26~30分:你可以大声地对别人说:"与人沟通,我行!"因为你知道如何表达自己的情感和思想,能够理解和支持别人,所以无论是同事还是朋友,上级还是下级,你都能和他们保持良好的关系。但值得注意的是,你不可炫耀自己的这种沟通能力,否则会被人认为你是故意讨好别人,是虚伪的,以真诚去打动别人,你的好人缘才会维持长久。

第二节　肢体语言

当前经济全球化过程中,人们越来越频繁地参与到商务谈判中,商务谈判是市场经济条件下最普遍的活动之一。成功的商务谈判要求谈判人员不仅要熟知谈判原则、相关法律和商务业务,而且还要掌握谈判技巧。肢体语言作为交际中一个较为特殊的部分,对商务谈判的成功与否具有重要作用。

一、肢体语言概述

商务谈判不仅是口头语言的交流,同时也是肢体语言的交流。在商务谈判中,谈判者常常通过人的目光、形体、姿态、表情等非发音器官来与对方沟通。世界著名的非语言传播专家伯德维斯泰尔指出:两个人之间一次普通的谈话,口头语言部分传播的信息不到35%,非语言部分传播的信息达到65%。因此,作为一个优秀的商务谈判者,除了具有丰富的有声语言技巧外,还应该具有丰富的肢体语言技巧,在谈判过程中留意观察谈判对手的一颦一笑、一举一动,通过肢体语言窥视谈判对手的内心世界,把握谈判的节奏,掌握谈判获胜的主动权。在商务谈判中,肢体语言有着有声语言所无法替代的作用,但肢体语言必须有一定的连续性才能表达比较完整的意义。

学会观察是运用肢体语言的前提,只有留心观察才能灵活运用肢体语言。有一种比较好的学习观察方法,就是通过摄像机提供具体生动的素材,并在专业人员或有丰富谈判经验人员的帮助或提示下进行分析,也可在自然条件下直接观察他人运用的各种肢体语言,分析其肢体语言的涵义。

1. 目光语言

"眼睛是心灵的窗户",这句话道出了眼睛具有反映内心世界的功能,通过眼球的所处位置不同,产生不同的眼神,传达不同的信息。在谈判过程中,谈判组员之间可能会相互使眼色,谈判者就必须注意眼神对信息传递的作用。来自不同文化背景国家的人在交流时,注视对方眼睛的时间是不同的。欧美国家的人们注视对方眼睛的时间要比亚洲国家的人长。在谈判过程中,如果对方与你目光相交的时间较长一般意味着两种可能:第一种可能是,他对与你谈话的内容很感兴趣,如果是这样的话他的瞳孔会扩张;第二种可能是,他对你怀有敌意,或是向你传递挑衅的信号,在这种情况下他的瞳孔会收缩。因此,有一些企业家在谈判中所以喜欢戴上有色眼镜,就是因为担心对方察觉到自己瞳孔的变化。

2. 微笑

不管面部表情如何复杂微妙,在商务谈判和交往活动中最常用,也是最有用的面部表情之一就是微笑。愿不愿、会不会恰到好处地笑,从某种程度上甚至会影响一个人社交能力和谈判能力的高低。微笑应该发自内心,自然坦诚。在谈判桌上,微微一笑,谈判双方都会从发自内心的微笑中获得这样的信息:"我是你的朋友""你是值得我微笑的人"。微笑虽然无声,但它表达了很多意思:高兴、欢悦、同意、赞许、尊敬。作为一名优秀的谈判者,需要适时地把笑意写在脸上。尤其在谈判碰到僵局时,微笑可以缓和气氛,帮助谈判顺利进行。

3. 点头

由于肢体语言是人们的内在情感在无意识的情况下所作出的外在反应,因此如果对方怀有积极或者肯定的态度,那么他在说话时就会频频点头;反之,说话时刻意作出点头的动作,那么内心同样会体验到积极的情绪。因此,我们可以通过观察对方的点头动作来判断对方的反应,而恰当的点头动作对建立友善关系、赢得肯定意见和协作态度也有积极意义。当谈判对方对谈话内容持中立态度时,往往会作出抬头的动作。通常随着谈话的继续,抬头的姿势会一直保持,只是偶尔轻轻点头。如果对方把头部高高昂起,同时下巴向外突出,那就显示出强势、无畏或者傲慢的态度。压低下巴的动作意味着否定、审慎或者具有攻击性的态度。通常情况下,在低着头的时候往往会形成批判性的意见。例如,在一次招标活动中,投标方甲正在做产品介绍报告;起初,招标方乙认真倾听,而后慢慢把后背靠在椅背上,抬起一条手臂搁在椅子扶手上,这样的身体姿势变化表现出乙对这份报告的态度明显转向漠不关心。

4. 手势

手势是人们在交谈中用得最多的一种肢体语言,主要通过手部动作来表达特定含义。在商务谈判中,手势的合理运用有助于表现自己的情绪,更好地说明问题,增加语言的说服力和感染力。手势的运用要自然大方,并需要与谈话的内容,说话的语速、音调、音量以及要表达的情绪密切配合。例如,两手手指并拢架成耸立的塔形并置于胸前,表明充满信心,这种动作多见于西方人,特别是会议主持人和领导者多用这个动作表示独断或高傲,以起到震慑与会者或下属的作用。

5. 腿部动作

腿部动作容易被人们忽视,但其实腿部是人最先表露意识的部位,也正因为如此,人们在谈判时常常用桌子来遮掩腿部的位置。例如,对方与你初次打交道时跷二郎腿并仰靠在沙发靠背上,通常是带有倨傲、戒备、怀疑、不愿合作等意思;而对方与你初次打交道时跷二郎腿并前倾,同时又滔滔不绝地说话,则意味着对方是个热情但文化素质较低的人,对谈判内容感兴趣。在不同的文化背景中,相同的肢体语言具有不同的含义,会引起不同的反应。事实上,有的姿态只是一种习惯性的反应,并没有特别的含意。有的令人难以接受的肢体语言则可能是由于人的特殊身份造成的。因此,需要通过某些分析和验证的过程去认识和了解。

二、肢体语言在商务谈判中的作用

1. 增强有声语言的表达力

人们运用语言行为来沟通思想、表达情感,往往会有词不达意的时候,这时就需要使用非语言行为来进行辅助,或弥补语言的局限,或对言辞的内容加以强调,使自己的意图得到更充分、更完善的表达。例如,当别人在街上向正在行走的你问路时,你一边说一边用手指示方向,帮助对方了解道路方向,达到有效的信息沟通。

2. 代替有声语言

在一定条件下,肢体语言还具有能够取代自然语言,甚至起到无法被自然语言所取代的独特作用。如《三国演义》中的诸葛亮面对司马懿的兵临城下,命令打开城门,让一群老弱残兵清扫街道,而自己却稳坐城楼上饮酒弹唱、神态自若。司马懿反复观察,思考再三,认为城中必定设有伏兵,便急忙引兵撤退。空城计的成功,充分显示了肢体语言具有自然语言不可取代的独特作用。

3. 能迅速传递、反馈信息,增加互动性

非语言行为可以维持和调节沟通的进行。例如,点头表示对对方的肯定;抬眉表示有疑问;当眼睛不注视对方时,意味着谈话结束了。简而言之,调节肢体语言动作可帮助交谈者控制沟通的有效进行。非语言暗示,如点头、对视、皱眉、降低声音、改变距离等都可以传递信息。肢体语言真实,不易伪装,是商务谈判中一项非常重要的沟通技巧。

第三节　商务谈判相互交流的技巧

随着商务活动日益社会化,各经济单位的联系和往来都要通过谈判达成协议来实现,那么在谈判中怎样"谈",如何"判",怎样多赚钱,怎样使双方都受益,这是谈判双方所关心的焦点,交流在其中起着"穿针、引线、架桥、铺路"的作用。

一、交流的作用

1. 谈判成功,交流先行

大凡谈判成功的典范,主要取胜于谈判的诚意;而诚意又来自彼此的了解和信赖,这其中又以了解为基础。彼此"鸡犬之声相闻,老死不相往来",当然就无信任可言。这样,不管产品多么吸引人,对方都会产生怀疑。如果出现这种情况,就算是符合质量标准的优质产品的推销谈判也难获得成功。要使对方信任你,首先让对方了解你,这就需要交流。

2. 排除障碍,赢得胜利

谈判中的障碍是客观存在的,语言障碍、心理障碍、双方利益满足的障碍等都会直接或间接地影响谈判效果。沟通是排除这些障碍的有效手段之一。如谈判双方在利益上彼此互不相让或双方意向差距很大、潜伏着出现僵局的可能性时,通过有效的沟通就可缓解谈判中的紧张气氛,增进彼此的了解。

3. 长期合作,交流伴行

一个企业,如果打算与某些客户进行长期合作,就要与这些客户保持长期的、持久的友好关系。交流,就起着加深这种关系的作用。

案例4-5

一家果品公司的采购员来到果园,问:"多少钱一斤?"

"8角。"

"6角行吗?"

"少一分也不卖。"目前正是苹果上市的时候,这么多的买主,卖主显然不肯让步。

"商量商量怎么样?"

"没什么好商量的。"

"不卖拉倒！死了张屠夫，未必就吃带毛猪！"几句说戗了，买卖双方不欢而散。

不久，又一家公司的采购员走上前来，先递过支香烟，问："多少钱一斤？"

"8角。"

"整筐卖多少钱？"

"零买不卖，整筐8角一斤。"

卖主仍然坚持不让。买主却不急于还价，而是不慌不忙地打开筐盖，拿起一个苹果在手里掂量着，端详着，不紧不慢地说："个头儿还可以，但颜色不够红，这样上市卖不上价呀。"

接着，他伸手往筐里掏，摸了一会儿，摸出一个个头儿小的苹果："老板，您这一筐，表面是大的，筐底可藏着不少小的，这怎么算呢？"他边说边继续在筐里摸着，一会儿，又摸出一个带伤的苹果："看！这里还有虫咬，也许是雹伤。您这苹果既不够红，又不够大，有的还有伤，无论如何算不上一级，勉强算二级就不错了。"

这时，卖主沉不住气了，说话也和气了："您真的想要，那么，您还个价吧。"

"农民一年到头也不容易，给您6角钱吧。"

"那可太低了……"卖主有点着急，"您再添点儿吧，我就指望这些苹果过日子哩。"

"好吧，看您也是个老实人，交个朋友吧，6角5分一斤，我全包了。"

思考：为什么第一个买主遭到拒绝，而第二个买主却能以较低的价格成交？请从谈判交流技巧上进行分析。

二、交流中的障碍

（一）传送者的障碍

1. 目的不明

若传送者对自己将要传递的信息内容、交流目的缺乏真正的理解，即不清楚自己到底要向对方倾诉什么或阐明什么，那么，信息沟通的第一步便碰到了无法逾越的障碍。因此，传送者在信息交流之前必须有一个明确的目的，即"我要通过什么通道，向谁传递什么信息，并达到什么目的"。

2. 表达模糊

无论是口头演讲或书面报告，都要表达清楚，使人心领神会。若传送者口齿不清、语无伦次、闪烁其词，或词不达意、文理不通、字迹模糊，都会使接收者无法了解对方所要传递的真实信息。

例如：一个到日本去谈判的美国商务代表团，碰到这样一件尴尬的事——直到他们要打道回府前，才知道贸易业务遇到了语言障碍，根本无法达成协议。因为在谈判时，就价格的确定上，开始没有得到统一。谈判快要告一段落时，美方在价格上稍微做了点让步，这时，日本方面的回答是"Hi（嘿）"。结束后，美方就如释重负地准备"打道回府"。但结果其实并非如此。因为日本人说"嘿"，意味着"是，我理解你的意思（但我并不一定要认同你的意见）"。

3. 选择失误

对传送信息的时机把握不准，缺乏审时度势的能力，会大大降低信息交流的价值；信息沟通通道选择失误，会使信息传递受阻，或延误传递的时机；若沟通对象选择错误，无疑会造成不是"对牛弹琴"就是自讨没趣的局面，直接影响信息交流的效果。

4. 形式不当

当我们使用文字或口语，以及形体语言（如手势、表情、姿态等）表达同样的信息时，一定要相互协调，否则会使人"丈二和尚摸不着头脑"。当我们传递一些十万火急的信息，若不采用电话、传真或因特网等现代化的快速通道，而通过邮递寄信的方式，那么接收者收到的信息往往由于时过境迁而成为一纸空文。

（二）接收者的障碍

1. 过度加工

接收者在信息交流过程中有时会按照自己的主观意愿对信息进行"过滤"和"添加"。在企业里，由部下向上司所进行的上行沟通，某些部下"投其所好"，报喜不报忧，所传递的信息往往经过层层"过滤"后，或变得支离破碎，或变得完美无缺；又如由决策层向管理层和执行层所进行的下行沟通，经过逐级领会而"添枝加叶"，使得所传递的信息或被断章取义，或已面目全非，从而导致信息的模糊或失真。

2. 知觉偏差

接收者的个人特征，诸如个性特点、认知水平、价值标准、权力地位、社会阶层、文化修养、智商、情感等将直接影响到被传送信息即对传送者的正确认识。人们在信息交流或人际沟通中，往往习惯于以自己的标准为准则，对不利于自己的信息要么视而不见、要么不以为然，甚至颠倒黑白，以达到防御的目的。

3. 心理障碍

由于接收者在人际沟通或信息交流过程中曾经受到过伤害或有过不良的情感体验，造成"一朝被蛇咬，十年怕井绳"的心理定式，对传送者心存疑惑、怀有敌意，或由于内心恐惧、忐忑不安，就会拒绝接受所传递的信息，甚至抵制参与信息交流。

4. 思想差异

由于接收者认知水平、价值标准和思维方式上的差异，往往会出现传送者用心良苦而仅仅是"对牛弹琴"，或者造成思想隔阂或误解，引发冲突，导致信息交流的中断以及人际关系的破裂。

（三）克服交流障碍的方法

俗话说"不怕做不到，只怕想不到"；只要认识到沟通障碍的存在，就为我们妥善处理并排除沟通障碍带来了希望。研究表明，沟通是科学与艺术的结合。因而，解决沟通中的思路、理念上的问题和障碍以及沟通中的方法、手段等技术问题就显得非常重要。

1. 使用恰当的交流节奏

"条条大道通罗马"，说的正是实现目标有多种途径的意思。面对不同的交流对象，或面临不同的情境，应该采取不同的沟通节奏，这样能事半功倍，否则，可能造成严重的后果。如在一个刚组建的项目团队，团队成员彼此会小心翼翼，相互独立，若此时采取快速沟通和参与决策的方式,可能会导致失败;一旦团队或组织营造了学习的文化氛围,即组建了学习型组织时,可以导入深度的交流方式。

2. 考虑接收者的观点和立场

有效的沟通者必须具有"同理心",能够感同身受、换位思考、站在接收者的立场,以接收者的观点和视野来考虑问题。若接收者拒绝其观点与意见的话,那么传送者必须耐心、持续地做工作来改变接收者的想法;传送者甚至可以反思:我的观点是否正确?

3. 充分利用反馈机制

进行沟通时,要避免出现"只传递而没有回馈"的状况。一个完整的沟通过程,要包括信息接收者对信息作出反应,只有确认接收者接收并理解了传送者所发送的信息,沟通才算完成。要检验沟通是否达到目标,传送者只有通过获得接收者的反馈才能确定,可以采取提问、倾听、观察、感受等方式。

4. 以行动强化语言

用语言说明意图,只不过是沟通的开始;只有化为行动,才能最终提高沟通的效果,并达到沟通的目的。家长要求子女努力、上进、养成积极向上的人生观,而自己却沉湎于赌博、搓麻将,请问这种开导式的沟通有效果吗? 在企业中,传达政策、命令、规范之前,管理者最好能够确定是否能真正化为行动。树立了以行动支持语言的信誉后,管理沟通才能真正达到交流的目的,才能在公司内部建立一种良好的相互信任的文化氛围,并使公司的愿景、价值观、使命、战略目标付诸实施。

5. 避免一直说教

有效沟通是彼此之间的人际交往与心灵交流,试图用说教的方式与人交往则违背了这个原则。当传送者一味打算全面传达其信息时,很难对接收者的感受、反响作出反应,当其越投入、越专注自己要表达的意思时,越会忽略接收者暗示的动作或情绪、情感方面的反应,其结果会引发接收者对其的反感与"敬而远之"。

本 章 小 结

商务沟通的过程,其实就是谈判各方运用口头语言与肢体语言进行洽谈、沟通的过程。依据语言表达方式的不同,商务谈判语言可以分为有声语言和无声语言。有声语言的技巧主要体现在听、问、答、叙、辩等方面;无声语言主要体现在行为语言上。掌握商务谈判的诀窍比较困难,必须反复练习、总结、不断借鉴。谈判桌上,"人不可以貌相",谈判者可以通过观察对方的行为语言,获得相关信息,需要将具有不同背景的个人及其姿态、语言和谈判者携带的物品等看作一个复合体,综合起来理解和分析。语言艺术在商务谈判中起着十分重要的作用。

本 章 思 考 题

一、简答题

1. 肢体语言艺术在商务谈判沟通中有哪些作用?

2. 商务谈判中有哪些问题主要不适宜问对方?

3. 说说交谈中常见的手势及其涵义。

4. 有哪些语言沟通技巧?

二、判断题

1. 说服常常贯穿于商务谈判的始终。它综合运用听、问、答、叙、辩和看等技巧,是谈判中最艰巨、最复杂,也最富有技巧性的工作。 （   ）

2. 在商务谈判中,综合运用肢体语言和有声语言,可以产生更好的效果。 （   ）

3. 为了表示合作的诚意,在商务谈判过程中对对方提出的问题都要直接如实回答。

（   ）

4. 消极的"听"既有对有声语言信息的反馈,又有对肢体语言信息的反馈。 （   ）

5. 为了弄清对方的情况,商务谈判过程中任何方面的问题都可以随意提问。 （   ）

6. 商务谈判方案中在提到目标时,所用的关键语句要避免使用弹性语言。 （   ）

第五章

现代商务礼仪

学习目标

- 认知塑造良好职业形象的必要性和重要性。
- 掌握建立良好的第一印象的内容和技巧。
- 掌握仪态、仪容和仪表礼仪。
- 熟练运用握手、介绍、名片、用餐等现代商务礼仪。

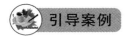 引导案例

送水"风波"

郑州某品牌纯净水厂在一社区设点销售纯净水,宣称其水质纯净、无污染,含多种有益微量元素,实行上门送水服务,其价格较市场同类产品低 1/3。王先生当场买了一年的水票。当天,卖方送水工按王先生要求的时间把水送到,送水工穿着肮脏的工作服和皮鞋,径直走进王先生铺着木地板和地毯的客厅,动作幅度很大地把水桶放在饮水机上,溢出的水从饮水机上溅到地上,送水工一不小心又把黑乎乎的手印印在王先生洁白的墙面上。王先生愤怒地说了送水工几句,双方争执起来。王先生一怒之下要求退水票,卖方不允。后几经周折,卖方退回八成票款。王先生接受教训,转而购买另一知名品牌纯净水。送水工进门之前,拿出自带的塑料袋套在脚上走进房间,小心而熟练地将水桶放在饮水机上,又拿出挎包里自带的洁净的抹布擦拭饮水机和水桶。送水工做完这一切,礼貌地告辞。这一次,王先生开心地笑了。

思考:

1. 是什么原因使得王先生中断了与某品牌纯净水厂已经发生的购买行为,转而去购买另一知名品牌纯净水?

2. 这个案例告诉我们销售过程中应重视哪些方面的问题?

何为礼仪？礼仪包括"礼"和"仪"两部分。"礼"，即礼貌、礼节；"仪"即"仪表""仪态""仪式""仪容"，是对礼节、仪式的统称。

从个人修养的角度来看，礼仪可以说是一个人内在修养和素质的外在表现。礼仪可以有效地展示一个人的教养、风度和魅力，体现出一个人对社会的认知水准、个人学识、修养和价值。

从交际的角度来看，礼仪可以说是人际交往中的一种艺术交际方式，是人际交往中约定俗成的对人示以尊重、友好的习惯做法。它是一系列建立在长期以来形成的善良、高效和逻辑的基础上的传统习俗，为我们生活中的活动和行为提供了一个准则。

从传播的角度来看，礼仪可以说是在人际交往中进行相互沟通的技巧。礼仪不只是一种形式，它能沟通人们的情感，化解人与人之间的矛盾，使人们彼此关注，相互理解。礼仪看起来只是日常生活工作中的小事，但却代表着一种深刻的道德指引，能潜移默化地影响每一个人。礼仪是在人们社交中规范每个人行为标准的准则。无论是工作还是生活中，都避免不了人与人之间交往，其中的礼仪规范大多相同，在个别的场合和环境下，略有不同的要求，不过大体上，礼仪都围绕着以一定的、约定俗成的程序来表现，以律己敬人为中心，通过人们的行为不断地将礼仪提升到更加普遍化、约束化、多样化、差异化的层面。赋予礼仪更为深刻的内涵，不仅仅是人与人之间的交往准则，也体现个人的素质和修养方式，将中国传统的礼仪文化发扬光大。

第一节　礼仪概述

一、礼仪的作用

在日常生活和工作中，礼仪能够调节人际关系。人们在交往时按礼仪规范去做，有助于加强人们之间的互相尊重，建立友好合作的关系，缓和与避免不必要的矛盾和冲突。一般来说，人们受到尊重、礼遇，就会产生吸引心理，形成友谊关系，反之会产生敌对、抵触，甚至憎恶的心理。礼仪的作用主要体现在以下几个方面。

1. 有利于提高个人素质

谈判人员的素质就是谈判人员的个人修养。修养体现细节，细节展示素质。作为从事商务活动的人员，应该从自我做起，在每一件小事上都注重礼仪修养，做到秀外慧中，才能树立良好的个人形象。

2. 有利于建立良好的人际沟通

企业在从事经营活动的过程中，难免会碰到这样或那样的事情，这些事情如果处理不当，不仅会使顾客对销售人员的印象不佳，而且还会影响企业形象。如果人们都能够自觉主动地遵守礼仪规范，就容易使人际间的感情得以沟通。商务礼仪能消除分歧、增进理解、达成谅解、协调与顾客的关系，建立起相互尊重、彼此信任、友好合作的关系，进而有利于企业的经营发展。

3. 有利于提升组织的形象

礼仪的基本目的就是树立和塑造企业及个人的良好形象。所谓个人形象，就是个人在公众观念中的总体反映和评价。良好的礼仪修养是商务人员必备的素养,是营销工作的前提。知礼、守礼才能保证与人正常、良好交往,才能赢得人们的尊敬,塑造良好的个人形象,同时也塑造良好的组织形象,从而更好地开展营销工作。否则,不仅损害个人形象,也会损害组织形象。比尔·盖茨说过,"企业竞争,是员工素质的竞争",进一步讲就是企业形象的竞争。

女大学生的遭遇

某食品研究所生产了一种沙棘饮料,一名女大学生去一家公司进行推销。她拿出两瓶沙棘样品怯生生地说:"您好,这是我们研究所刚刚研制的一种新产品,想请贵公司销售。"经理好奇地打量了一眼这位销售人员,刚要回绝的时候,他被同事叫过去听电话,便随口说了声:"你稍等。"当这个"记性不好"的经理打完电话之后,早已忘了他还曾让一个销售人员等他。就这样,那名大学生整整坐了几个小时的冷板凳。快到下班的时候,这位糊涂的经理才想起等他回话的销售人员,看到她竟然还在等。面对这个"老实"又有点青涩的销售人员,这位经理顿时觉得她比那些经常乱吹一气的销售人员更令人感到心里踏实,于是当场决定进她的货。

第一印象是指两个素不相识的人第一次见面时所形成的印象。第一印象往往是通过你对对方的外部特征的知觉,获得对他们的动机、情感、意图等方面的认识,最终形成对对方的印象。在商务交际活动中,人们往往能够在你还没进行自我介绍之前,就根据你的外在状态,也就是第一印象,判断出你的人格特征或你所代表的公司的一些特性,如你的教育水平、影响能力、信心、权力,公司的理念、文化和服务标准等。

商务人员应该记住这样一句话:"形象就是自己的名片。"心理学中有一种心理效应叫作"首因效应",即人与人第一次交往中给人留下的印象在对方的头脑中形成并占据着主导地位的一种反应,也就是我们常说的"第一印象"。第一次见面给对方的印象会根深蒂固地留在对方的脑海里,如果你穿着得体、举止优雅、言语礼貌,对方就会心生好感,认为你是个有修养、懂礼仪的人,从而愿意和你交往;如果你奇装异服、态度傲慢、言语粗俗,对方就会认为你是个没有修养、不求上进的家伙,从而心生厌恶,不愿意和你接触,即使你下次改正了,也难以重获对方的好感,这就是首因效应的作用。

小贴士:

"我长期工作于关注与观察各种各样的人们的场所",一位从事教育评估服务的统计员说道,"我们经常谈到的一种概念就是光环效应。如果我们知道某个人一些正面的事情,那么就对那个人有一种正面的印象。光环效应同样存在于人们对外表的印象。如果某人着装得体,看起来很舒服,我们就对他的能力更加有信心,尽管以前我们并没有跟这个人说过一句话。既然存在光环效应,我们为何不尽量给人们展示你的美好之处呢! 这就是为什么我们总强调第一印象的重要性。"

二、如何提升礼仪

商务人士在与客户初次接触时,为了给其留下美好的第一印象,应当做到以下几点。

1. 服饰整洁,仪表端庄

首次见面,商务人士不要总是想着怎样卖东西,而要想着怎样给顾客留下好印象。在服饰方面,要注意是否搭配适宜,并与环境相和谐,这样可以缩小与顾客的距离。因此,在仪表方面,参会之前要先检查一下,如发型是否合适、头发是否整齐、胡子是否刮净、化妆是否得体等。

2. 举止文明

举止文明是给人留下深刻印象的一个重要因素。不文明礼貌的行为会让人产生反感,例如不停地眨眼、摸鼻子,腿不停地抖动,玩弄东西特别是顾客的名片等。举止文明、礼貌应做到:进门时无论门关着还是开着,均应敲门;见到顾客时首先问好;在顾客未坐定时不应先坐下;递送名片时应双手送上;交谈时要目视对方;告别时应使用礼貌的告别语,特别是当谈判不成功或结果不理想时更应注重礼仪。

3. 态度诚恳

尤其在客户拒绝购买产品时,不应有任何反感的表示。即使这次没有成功,仍要对顾客的接待表示感谢,并承诺当顾客需要时,仍可为其提供服务,为以后的交往创造条件。

4. 尊重顾客

给客户留下良好印象的最重要一点是让他感觉到被尊重。优秀的商务人士应把谈判的过程看成是信息传递和感情沟通两个过程的统一,这两者既互相影响又互相促进。

5. 为客户着想

从事商务谈判工作,如果只想着怎样把产品卖出去,而不考虑客户所关心的问题,往往会遭到拒绝,也不会给客户留下良好的印象。商务人士应设身处地站在客户的立场上考虑问题。

第二节 会 面 礼 仪

一次重要的采访

某报社记者吴先生为做一次重要采访,与同事入住北京某饭店。经过连续几日的辛苦采访,终于圆满完成任务。吴先生与两位同事打算庆祝一下。当他们来到餐厅,接待他们的是一位五官清秀的服务员,接待服务工作做得很好,可是她却面无血色显得无精打采。吴先生一看到她就觉得没了刚才的好心情,仔细留意才发现,原来这位服务员没有化工作淡妆,在餐厅昏黄的灯光下显得病态十足。当开始上菜时,吴先生看到传菜员涂的指甲油缺了一块,当下吴先生第一个反应是"不知是不是掉入我的菜里了?"为了不惊扰其他客人用餐,吴先生没有将他的怀疑说出来。这顿饭吴先生吃得心里很不舒服。最后,他唤柜台服务员结账,而服务员却一直对着反光玻璃墙面修饰自己的妆容,丝毫没注意到客人的需要。到本次用餐结束,吴先生对该饭店的服务十分不满。

思考:

1. 在该案例中,服务员有哪几点不当的行为?

2. 人们对销售员/服务员的仪表有哪些要求?

商务人士应该是充满魅力的人。魅力是一种能够吸引人的力量,是一个人内在美和外在美的统一。其中,人的仪容是魅力的一个组成部分,它不仅反映其主体的审美能力,也反映其文化、道德、礼仪水平。因此,仪容既具有自然属性,也具有社会属性。商务人士与各种人打交道,在各种场合露面,更应重视自己的仪容仪态。仪容是指人的容貌,是仪表的重要组成部分,由发式、面容以及人体所有未被服饰遮掩的肌肤如手部、颈部等内容所构成。仪容在人的仪表美中占有举足轻重的地位。

一、仪容修饰的要求

修饰是对人的仪容、发型进行修整妆饰,使其外在形象达到整洁、大方、美观、典雅效果的基本方法。

(一)修饰的首要标准

修饰的首要标准是整洁,要经常保持面部及身体各个部位的整洁、卫生,包括皮肤要干净,经常洗脸、梳头、理发、修剪指甲和鼻毛等。要科学地选用清洁、保养用品。

1. 修饰要自然

所谓自然,就是艳而不俗、淡而不灰、柔和顺眼。

2. 修饰要有整体感

修饰是一项整体工程,整体形象的协调统一方为美。

3. 修饰要注意突出重点

修饰的重点是突出自己最美的部分,使其更美;还要巧妙地运用修饰技巧,弥补不足之处。

4. 修饰要与环境气氛统一

不同的环境有不同的背景、光线条件和社交气氛,因而人与环境处于一体,应以与环境相容为宜。

(二)仪容修饰的内容

1. 头发的修饰

头发的修饰主要包括以下几个方面。

(1)要常洗、常理、常梳、常整。

(2)长短要适宜。男士头发一般长约7厘米。前发不及额,侧发不及耳,后发不及领;女士头发不长于肩部,如长于肩部,要盘起来、挽起来或扎起来。

(3)发式自然。不能将头发染成五颜六色。发型的选择要大方、得体,不要过于标新立异。

2. 胡须及体毛邋遢

在正式场合，男士留着乱七八糟的胡须，不仅会被认为是很失礼的，而且会显得邋里邋遢。个别女士因内分泌失调而长出类似胡须的汗毛，应及时清除，并予以治疗。

3. 鼻腔要干净

鼻腔要随时保持干净，不要让鼻涕或别的东西充塞鼻孔，经常修剪一下长到鼻孔外的鼻毛，严禁鼻毛外现。

4. 清洁口腔

牙齿洁白，口无异味，是对口腔的基本要求。为此要坚持每天早、中、晚三次刷牙。另外，在会见重要顾客之前忌食蒜、葱、韭菜、腐乳等让口腔发出刺鼻气味的食物。

5. 手部

手是人体与外界接触最多的部位，是人的"第二张脸"。作为商务人士要随时随地保持手部的清洁、卫生和健康，并注重手部保养。如果手的"形象"不佳，整体形象将大打折扣。对手部的具体要求有三点：清洁，不使用醒目甲彩，不蓄长指甲。

二、仪态

> **小智囊：**
>
> 就形貌而言，自然之美要胜于粉饰之美，而形象行为之美又胜于单纯仪容之美。
>
> ——培根

 ☆**案例5-3**

膝 下 求 情

有一次，原一平和一位资深的同事一起去拜访客户。在访问一家百货店之后，那位同事觉得很疲劳，好在预定的访问任务完成得不错，只剩下有限的几处。原一平决定自己单独前往剩下的几处，留那位同事在百货店休息。完成了剩下的访谈之后，原一平也已累得东倒西歪，连步子都迈不稳了。那天恰巧又比较热，原一平不由自主地放松了下来，帽子歪斜着，衣扣不整，敞着领口。他匆匆忙忙赶回那家百货店会合同事，推开玻璃门，一边喊一边闯了进去。在原一平心里，自己和那位百货店的老板已经是很熟的旧相识了，便把应该有的礼貌仪容全都抛在了一边。令他没想到的是，他的那位同事已经先走了，而百货店的老板又见到原一平这副不修边幅的模样更是大为不满，愤怒地说："早知道你们是这副模样，我压根儿不会投你们明治的保险。我是信任明治保险，没想到你们这些员工却是这么无礼、随便！"一席话把原一平骂醒了，他完全没有料到自己一时的不修边幅，竟然会带来这么严重的后果，不仅损害了公司的信誉，没准儿还会使已经达成的协议前功尽弃，甚至还会影响附近其他的准客户。想到这里，原一平吓得一身冷汗。此时，他急中生智，立即跪倒在老板面前，伏地向他道歉。这个动作虽然有些夸张，让那个老板愣住了，但这个行为却最彻底地表达了原一平的诚意。这件事的结果终于发生了改变，原一平和老板消除了不愉快,反而还更亲近了。老板主动提出把保险金额提高,比已商定的数额高了好几倍。

虽然最终原一平通过自己的诚意挽回了败局,而且还取得了出乎意料的结果,但原一平的心里并不轻松,好多天都被自责和羞愧缠绕着,这是根本不应该发生的事! 那一刻,原一平的自制力、人格修炼、事业心都到哪去了,跪下道歉是万不得已的举动,他已感到无路可走。可无论怎么说,那对人的自尊仍然是一种伤害。从此以后,原一平时刻注意保持自己的风度和礼仪,再也不敢有一丝懈怠。

评析:由上述可知,仪态是人在行为中的姿势和风度,虽属小节,但滴水藏海,能以小见大。它从细微处见精神,透过现象看本质,对建立和维系良好的人际关系有不容小觑的作用。商务人士的谈判效果得以见证:谈判高手一定都是从穿着打扮和仪容外表着手,从头到脚,处处都要有谈判高手的形象。

(一)站姿的礼仪

日常生活中,我们的站姿是第一个引人注视的姿势,符合礼仪要求的站姿能衬托出优雅的气质和风度。站姿的要点是平、直,均衡而又灵活。肩要平,颈要直,下颌略向后收,两眼要平视,面带微笑,精神饱满。直立,挺胸,收腹,略微收臀。两臂要自然下垂,两手也可以在体前交叉,一般是右手放在左手上。肘部应该略向外张。在必要时,男性可以单手或者双手背于背后。两腿要直,膝盖要放松,大腿稍微收紧上提,身体的重心在脚掌。上体保持标准的站姿,双脚分开,与肩同宽。站累时,脚可以向后撤半步,但是上体仍然要保持正直。

商务礼仪中,应当避免错误的站姿,如站立的时候双手或者单手叉腰,手插入衣袋或裤袋中,双臂交叉抱在胸前,两腿交叉站立,身体不停地抖动或晃动等。

(二)走姿的礼仪

走姿是"有目共睹"的肢体语言,良好、优美的走姿会使身体各部分散发出迷人的魅力,会更显青春活力,往往最能体现出一个人的风采和韵味。走路的基本要点是平稳、直线、从容。良好的走姿应当是:上体要正、要直,抬头、下巴应与地面平行,两眼平视前方、面带微笑、精神饱满、身体重心稍微向前。两手前后自然协调地摆动,手臂与身体的夹角一般在 $10°\sim15°$。跨步要均匀,两脚之间相距约一只半脚;迈步的时候,脚尖可以微微分开,但是脚尖、脚跟应该与前进方向近乎一条直线,应尽量避免"外八字"或者"内八字"式的迈步。步伐要自然、稳健,要有节奏感。女性穿裙子时,裙子的下摆与脚的动作应该力求表现出韵律感。走路要注意用腰力,腰部要适当收紧。上下楼梯时,上体要直,脚步要轻,要保持平稳,一般不要用手扶栏杆。

在商务礼仪中,错误的走姿应当避免,例如走路时双手反背于背后或者双手插入裤袋,走路时步子太大或者太小,走路时身体乱晃、乱摆等。

(三)坐姿的礼仪

良好的坐姿,不仅给人以稳重、端庄、沉着、冷静的感觉,而且也是展现自己气质与风度的重要形式。良好的坐姿应当是:人体重心垂直向下、腰部要挺直、上身要正要直、双膝应并拢或者微微分开,并且视情况向一侧倾斜。女士入座以后,双脚必须靠拢,脚跟也要跟着靠紧;双脚并齐,手自然放在双膝上或者椅子的扶手上;背向椅子,右脚稍微向后撤,使腿肚贴着椅子边。女士入座的时候,应该先整理一下裙边,女士一般不要跷腿、架腿等。

错误的坐姿列举:猛起猛坐,使身体不稳,使座椅摇动、乱响;把脚藏在座椅下面或钩住椅腿,或双腿分开、伸出去老远、"4"字形叠腿;用双手扣腿,晃动脚尖;身体不直、不正,左右晃动。

安琪的着装

在过去的 6 年间,安琪的老板一直在说她的着装不够职业化。安琪穿着很传统,她不在意衣服、鞋、手表和小提包的品牌和款式。安琪从小就接受传统教育,她历来认为不管做什么工作,衣着都不是关键,也没必要花上几千元买那些大牌服装去会朋友、做生意、见客户。另外,安琪也是一个接受过高等教育的金融分析师,她深深懂得金钱的时间价值是最大财富,她还年轻,需要用钱的地方很多,所以,她认为勤俭节约是她必备的观念。

有一次,安琪出席一个行业会议,会议主持人对她说:"安琪女士,你的发言很不错。但你穿的服装与这个场合太不匹配了。你应该懂得,你是一个年轻的女士,要在一个有阅历的、以男人为主体的行业中博得他们的喝彩,衣着品味也很重要。可是,你穿的衣服看起来就像是一个 20 岁出头的毛孩子。"安琪为这次会议的结果感到很伤心,她试图去证明这种理论的正确性。于是她叫上可以称为成功人士且年长些的朋友米歇尔一同去逛街。她买了一套合身的名牌黑色三件套、一双黑色的莫罗·伯拉尼克(Manolo Blahnik)皮鞋、几件拉尔夫·劳伦(Ralph Lauren)有领衬衫、一条珍珠项链和一对耳环,还有一个 LV 小提包,这些东西几乎花掉安琪一年的积蓄,付钱时她手都有些发抖。唯一欣慰的是,她的银行卡里还有足够的钱来付款。一年前的这次疯狂购物之后,安琪成天就带着这个小提包,穿上那双黑皮鞋,光是花在那套黑色外套上的干洗费用就比买那套衣服的钱还要多很多。然而,结果令人吃惊。安琪的鞋和小提包受到她遇到的男男女女的恭维,她的客户、同事、朋友无不为之赞赏。以前说她是小姑娘的那个会议主持人邀请她回去做了几次报告,人们都问安琪在哪买的这套衣服,并邀请安琪作为嘉宾参加行业高管的聚餐以及各种顾客聚会。坐在安琪旁边的一位身价 6 000 万美元的人甚至还对她说,你的鞋真不错!过去一年的经历证明,那位会议主持人对她说的那番话是对的。我们不是说你要放弃你特有的价值,而去疯狂购物,或者随便放弃适合你的目标,而是你应该明白你的顾客是谁,为了更好地服务他们,你应该怎么穿才能使你的工作更加容易达到目标。我们穿着专业和成熟是为了使我们能够显示我们的工作特点和工作价值,并看起来更加专业。第一印象是很重要的。

在过去的 6 年中,安琪从穿着随意到花钱买下别人认为是成功体现的名牌,确实让她的工作更加顺利。她的朋友米歇尔说得对:"为你所要的地位而着装,而不是为你现在所处的职位而着装。"

仪表是商务人士的外表。在人际交往的初级阶段,商务人士的外在形象在开口说话之前,就已进入顾客的意识中了。商务人士是否得到其谈话对象的重视、尊敬和好感,其外表非常重要。正所谓"人靠衣装,佛要金装",所以商务人士一定要先从着装打扮和服饰着手。所谓服饰,包括服装和饰品两部分,服饰是社会风尚的象征,是个性美的体现。因此,服饰的选择能够体现出人与服饰、精神与形体的和谐,体现出人的性格特点、文化修养、审美能力和情感需求,也体现出人的地位、财富、成功与否及职业特征。可以说,服饰浓缩了社会的历史、政治、经济、文化和科技状况,浓缩了一代又一代人对美的认识、情感体验和价值取向;衣着应与自身形象相和谐。这里的自身形象有两层含义,一是指所从事工作的职业形象,二是指自身的身材长相。由于商务人士的职业特性要求,在穿着方面应表现出稳重、大方、干练、有涵养的形象。

三、销售人员的仪表

(一)着装的意义

着装的意义主要包括以下几个方面。

(1)着装是别人对你印象的一种外表依据,同时它还是影响你个人自信的一种因素。把自己打扮得好看而得体可以让自己更加自信。

(2)着装会对行为产生很大的影响。当你在工作时着职业装,就会改变你的职场形象,从休闲形象进入专业模式,这个形象变化就会让你在行为上表现出专业姿态,增加你的专业魅力。

(3)一种无所谓的专业态度会使你失去有价值的客户,会影响你的组织目标的实现;一种清晰、坚定的专业态度可以提升你的专业魅力,使你更能吸引和留住顾客。这种坚定的专业态度首先来源于对着装的选择。

(4)一般来说,对男士与女士强调着装都是很重要的,但是对公司中的女职员尤为重要。同时,女士的发型、着装和化妆对女士本身的信心和成功有很明显的影响。

(二)着装的 TPO 原则

TPO 原则是国际公认的穿衣原则。TPO 是英文 time(时间)、place(地点)、occasion(场合)三个单词的首字母缩写。

(1)T 原则是指服饰打扮应考虑时代的变化、四季的变化及一天各时段的变化。服饰应顺应时代发展的主流和节奏,不可太超前或太滞后;服饰打扮还应考虑四季气候的变化,夏季应轻松凉爽,冬季应保暖舒适,春秋两季应增减衣服并防风;服饰还应根据早、中、晚气温的变化及是否有活动而调整。

(2)P 原则是指服饰打扮要与场所、地点、环境相适应。想象一下在严肃的写字楼里,穿着拖地晚礼服送文件,将是什么情景?在工作场所就应穿职业装,回到家里就应穿家居服,不同的场合应选择不同的服饰。

(3)O 原则是指服饰打扮要考虑行动的目的。参加公务活动,服饰打扮自然要稳重大方;而与朋友出门旅行,则应穿得轻松舒适些。

TPO 原则的三要素是相辅相成的。人们总是在一定的时间、地点,为某种目的进行活动,因此,服饰打扮一定要合乎礼仪要求,这是工作、事业及社交成功的开端。

(三)男性的着装礼仪

1. 西装的着装规范

西装是全世界最流行的男性服装,是正式场合着装的首选。鉴于西装在对外活动中往往充当正装,面料的选择应力求高档。藏蓝色西装是商务人士的首选,灰色或棕色也可以,越是正规的场合,越讲究穿单色西装。男性穿西服,被认为是在一定场合下的必然要求。即使你再有个性,即使西服穿着再怎么不舒服,在一些正式、半正式场合,男性都必须穿西服。这一方面是表示对该事件的重视;另一方面也可显示良好的个人气质和修养。商务人士要想使自己所穿着的西装称心合意,就必须在西装的款式、穿法、搭配等方面严守规范。

(1)拆除商标。购买回来的西装一定要记得拆除左衣袖上的商标、纯羊毛标志以及其他标志。

(2)保持外形平整洁净。西装要定期干洗,穿着前熨烫平整。只有西服穿起来显得平整挺括、线条笔直,它的美感才能充分地展示出来。皱皱巴巴的"抹布西服"只会让观者皱眉。

(3)注意搭配。西装的标准穿法是西装里面直接穿着衬衫,而衬衫之内不穿棉纺或毛织的背心、内衣。不穿衬衫,而让 T 恤衫直接与西装配套的做法,更是西装穿着的大忌。

(4)慎穿毛衫。在西装上衣之内,原则上不允许穿毛衫。如果在冬季时实在寒冷难忍,也只宜穿上一件薄型 V 领的单色羊毛衫或羊绒衫。色彩、图案繁杂的羊毛衫或羊绒衫、扣式的开领羊毛衫或羊绒衫穿在西装里面,会大煞风景。

(5)不卷不挽。在正式场合,商务人士应该时刻注意细节方面的问题,如不能卷起西装裤的裤管,或者挽起西装上衣的衣袖,悉心呵护自己的整体形象,以免给人以粗俗的感觉。

(6)正确系扣。西装纽扣是区分款式、板型的重要标志。能否正确地给西装系好纽扣,直接反映出对西装着装礼仪的把握程度,西装最下面的纽扣一般是不系上的。

(7)用好口袋。西装的口袋,特别是上衣袋,装饰作用多于实用价值。所以,不能在口袋里装太鼓的东西,比如手机、烟盒等物,以免显得鼓鼓囊囊,使西装整体外观走样。

(8)掌握四不要。衣袖不要过长(最好是在手臂向前伸直时,衬衫袖子露出 2~4 厘米);衣领不要过高(一般以衬衫后领口露出西装后领口 1~2 厘米为宜);雨天不要穿西装;在不同场合,不要只穿一套西装。

2. 衬衫的穿着礼仪

(1)面料。和西装一起穿的衬衫应是长袖的纯棉、毛制品为主的正装衬衫,以棉、毛为主要成分的也可以。

(2)颜色。正装衬衫必须是单一色,白色是最好的选择。另外,蓝色、灰色、棕色、黑色也可以考虑。正装衬衫大体上以没有任何图案为佳;较细的竖条衬衫在普通商务活动中也可以穿着,但不要和竖条纹的西装搭配。印花、格子以及带人物、动物等图案的都不是正装衬衣。

案例5-5

一位销售员的拜访

　　某经销商听客户讲 A 公司的服装款式和质量不错，一直想跟他们联系。有一天，他在办公室时听见有人敲门，就说"请进"。门开了，进来一个人，穿着一套旧的皱皱巴巴的浅色西装，自称是 A 公司的销售员。该经销商打量着来人：他身穿羊毛衫，打一条领带，领带飘在羊毛衫的外面，有些脏，好像还有油污；黑色皮鞋，没有擦，布满了灰尘。有好一会儿，经销商都在打量他，心里在开小差，根本听不清他在说什么，只隐约看见他的嘴巴在动，还不停地放些资料在办公桌上。等销售员介绍完了，安静了，经销商马上对他说："把资料放在这里，我看一看，你回去吧！"就再也没有跟 A 公司联系过了。

　　思考：

　　1. A 公司销售员有哪些地方做的不符合推销礼仪？

　　2. 我们应从中吸取哪些教训？

第三节　社　交　礼　仪

一、迎客礼仪

　　迎客是接待中的重要礼仪之一。不仅要显示出主人的热情，更要给客人以春风般的愉悦感受。一般来说，其礼节规范有如下几个方面。

　　（一）接站

　　对远道而来的客人，要做好接站工作。要掌握客人到达的时间，保证提前等候在迎接地点，迟到是不礼貌的。接站时要准备一块迎客牌，上书"欢迎（恭迎）×××代表团"或"欢迎×××先生（女士）"或"×××接待处"等；同时，要高举迎客牌，以便客人辨认。做好这些工作，可以给客人以热情、周到的感觉，使双方在感情上更加接近。

　　（二）会面

　　"出迎三步，身送七步"，这是我国迎送客人的传统礼仪。客人在约定时间按时到达，主人应主动迎接，不应在会谈地点静候；见到客人应热情打招呼，先伸手相握，以示欢迎，同时应说一些寒暄辞令。如果客人是长者或身体不太好的应上前搀扶，如果客人手中提有重物应主动接过来。

　　（三）乘车

　　如果迎接地点不是会客地点，还要注意乘车礼仪。接到客人后，应为客人打开车门请客人先上车，坐在客人旁边或司机旁。在车上接待者要主动与客人交谈，告知客人访问的安排，听取客人的意见。向客人介绍当地的风土人情、沿途景观。到达地点后，接待者应先下车为客人打开车门，然后请客人下车。

（四）人室

下车后,陪客者应走在客人的左边,或走在主陪人员和客人的身后。搭乘无人值守的电梯,陪同人员应先进后出;搭乘有人值守的电梯,陪同人员应后进后出。到达会客室门口时应打开门,让客人先进,在会客室内把最佳位置让给客人,同时,还要按照介绍的礼仪把客人介绍给在场的有关人员。

二、介绍礼仪

介绍,一般指的是在人际交往中为使交往对象彼此有所了解而进行的说明。在人际交往中,互不认识的人之间唯有通过介绍才能够彼此认识,进而建立联系。所以说,介绍是人际沟通的出发点。按照被介绍者的不同,介绍通常分为介绍自己、介绍他人和介绍集体三种基本类型。在礼仪规范方面,这三种类型又各自有一些不同的规定。

（一）介绍自己

介绍自己亦称自我介绍,指的是把自己介绍给他人,以便使对方认识自己。主动向别人介绍自己,称作主动型的自我介绍;应邀而向别人介绍自己,称作被动型的自我介绍。不论采用何种类型介绍自己,均应注意下述四个具体问题。

（1）把握时机。平时,应当尽量在有需要时再向别人介绍自己。不仅如此,介绍自己还应当选择适当的时机。注意这一点,才会使自己所做的自我介绍引起他人的重视,并且为对方所记牢。一般来讲,干扰较少、对方有兴趣、初次见面的时候,都适合进行自我介绍。

（2）简明扼要。介绍自己,犹如开启人际交往的一扇大门。漫无边际地信口开河、长篇大论,不但毫无必要,而且往往还会给人以华而不实的印象。因此,在进行自我介绍时以简短为佳。

（3）内容有别。介绍自己时,应当根据具体情况在介绍内容上有所区别。就其具体内容而论,介绍自己可以分成下述三种。一是应酬式,即只介绍自己的姓名。二是交流式,即除了介绍自己的姓名之外,还必须同时介绍自己所在的具体单位、担任的具体职务,或者所学习的具体专业,其目的是要使他人对自己的基本情况有一个初步的了解。三是答问式,即针对交往对象提出的具体问题来选择自我介绍的基本内容,有问有答。上述三种自我介绍,各有其适用的场合。应酬式自我介绍适用于面对泛泛之交;交流式自我介绍,适用于面对意欲结交之人;答问式自我介绍则主要适用于在自我介绍时兼以答复他人的询问。

（4）诚实无欺。进行自我介绍时要实事求是,要在具体内容上诚实无欺。具体涉及个人的情况,尤其是需要进行自我评价时,既不必过度谦虚,不宜再三地贬低、否定自己,也不应该自吹自擂、夸大其词。介绍自己时,既然主要是为了让别人了解自己,那么在具体内容上就应当力求真实可信。

（二）介绍他人

介绍他人是指由介绍者作为第三方来为互不认识的双方进行介绍。在人际交往中,商务人员往往免不了要充当介绍者去替他人作介绍。介绍他人时,有如下三点应予以注意。

(1)介绍者。在人际交往中,介绍他人时究竟应由何人充当介绍者,通常都有一定的讲究。在一般情况下,介绍他人时,介绍者应由拥有下列身份者担任:一是与被介绍双方相识者;二是社交聚会的主人;三是公务往来之中的专职接待人员;四是在场之人中地位最高者;五是应被介绍人一方或双方要求者。

(2)介绍的准备。欲顺利地介绍他人,介绍者事先应当有所准备。其中最重要的是要记住以下几条:一是要了解被介绍者双方之间是否认识,免得自己的好心好意变成多此一举;二是要了解被介绍双方是否希望相互认识,当他们中的一方或双方无此愿望时,大可不必强人所难;三是要了解介绍他人的具体时机是否合适,如果时机选择不当,介绍的效果就不会太好。

(3)介绍的顺序。介绍两人认识时,总有一个孰先孰后的顺序问题。此刻所适用的基本规则是"尊者居后"。其具体含义是:介绍双方时,应当首先介绍位低者,然后介绍位高者,以便使位高者首先了解位低者的情况,即令位高者拥有"优先知情权"。具体而言,介绍长辈与晚辈时,应当先介绍晚辈,后介绍长辈;介绍老师与学生时,应当先介绍学生,后介绍老师;介绍男士与女士时,应当先介绍男士,后介绍女士;介绍已婚者与未婚者时,应当先介绍未婚者,后介绍已婚者;介绍职务高者与职务低者时,应当先介绍职务低者,后介绍职务高者;介绍客人与主人时,应当先介绍主人,后介绍客人。

(三)介绍集体

介绍集体乃是介绍他人的一种特殊情况,它指的是介绍者为两个集体之间,或者个人与集体之间所做的介绍。在正式场合,商务人员经常有必要介绍集体,此时,主要有以下两点应予以重视。

(1)介绍集体的类型。介绍集体,通常亦有不同的类型。进行不同类型的集体介绍时,在礼仪规范上通常有着不同的具体要求。一般来讲,集体介绍可以分为下列两大基本类型:一是替集体与集体进行介绍。替集体与集体进行介绍时,讲究"双向介绍",即对于彼此的情况都要介绍。二是替个人与集体进行介绍。替个人与集体进行介绍时,讲究的则往往是"单向介绍",即只需着重介绍个人的情况,而不必过多地介绍集体的情况。

(2)介绍集体的顺序。介绍集体时,依礼亦有顺序上的尊卑先后之别。在一般情况下,介绍集体同样应当遵守"尊者居后"的规则。例如,替两个团体进行介绍时,通常应当首先介绍东道主一方,随后再介绍来访者一方。至于具体介绍的内容,则有下述两种方式。一是只作整体介绍,即只介绍各自集体的总体情况,而不具体涉及个人的情况。二是介绍涉及个人情况。在介绍集体涉及个人情况时,一般讲究"双方对等"的规则,即在遵守"尊者居后"的介绍规则的同时,对双方的个人情况均应予以介绍。在具体介绍各方的个人情况时,则应当由尊而卑地依次进行。

三、名片礼仪

一 张 名 片

某公司新建的办公大楼需要添置一系列的办公家具,价值数百万元。公司的总经理已做了决定,向 A 公司购买这批办公家具。

这天,A 公司的销售部负责人打电话来,要上门拜访这位总经理。总经理打算,等对方来了,就在订单上盖章,定下这笔生意。不料对方比预定的时间提前了两个小时,原来对方听说这家公司的员工宿舍也要在近期内落成,希望员工宿舍需要的家具也能向 A 公司购买。为了谈这件事,销售部负责人还带来了一大堆的资料,摆满了台面。总经理没料到对方会提前到访,刚好手边又有事,便请秘书让对方等一会儿。这位销售员等了不到半小时,就开始不耐烦了,一边收拾资料一边说:"我还是改天再来拜访吧。"

这时,总经理发现对方在收拾资料准备离开时,将自己刚才递上的名片不小心掉在了地上,对方却没有发觉,走时还无意从名片上踩了过去。这个不小心的失误,令总经理改变了初衷,A 公司不仅没有机会与对方商谈员工宿舍的设备购买,连几乎到手的数百万元办公家具的生意也告吹了。

思考:

1. 为什么总经理最终拒绝和 A 公司的合作?

2. 推销员应该怎样对待顾客的名片?

名片是标示姓名及其所属组织、公司单位和联系方法的纸片。使用名片是社交和职业的需要,它可以帮助对方认识和了解你,也可以使你掌握对方的有关信息,被誉为"自我的介绍信,社交的联谊卡"。它是一个人身份的象征,是人们社交活动的重要沟通联系工具。

(一) 名片的交换

1. 交换时机

在商务交往中,只有把握好出示名片的时机,才能够收到最好的效果。通常情况下,名片发送的时机有下列情形:一是希望认识对方时;二是被介绍给对方时;三是对方向自己索要名片时;四是对方提议交换名片时;五是打算获得对方的名片时;六是初次登门拜访对方时;七是通知对方自己的情况变更时。

2. 递送名片

名片的持有者在递送名片时要表现得大方、从容、自然,表情要亲切、谦恭。应当事先将名片放在身上易于掏出的位置,取出名片便先郑重地握在手里,然后在适当的时机交给对方。

递送名片时要双手递过去,以示尊重对方。将名片置于手掌中,用拇指夹住名片,其余四指托住名片反面,以便对方观看;若对方是外宾,则最好将名片上印有外文的一面面对对方。递送的同时可以说一些"请多关照""请多联系"之类的友好客气的话。

递送名片应遵循"尊卑有序"的原则,即地位低的人首先把名片递给地位高的人。与多人交换名片时,要注意讲究先后次序,应先将名片递给职位较高或年龄较大者;如果分不清职位高低和年龄大小时,可依照由近及远的顺序依次进行,或采用顺时针方向依次递送,切不可"跳跃式"递送。

3. 接受名片

在接受他人的名片时,应起身或欠身,面带微笑,双手或右手接过,并道谢。接过名片后应认真查看名片上的内容,必要时可把名片上的姓名、职务、头衔、职称读出来,如"您就是王总啊,久仰久仰!"以表示对对方的尊重。然后把名片细心地放在名片夹里。

在看过了别人的名片后,如果有不认识或读不准的字要虚心请教;请教别人的名字,丝毫不会降低你的身份,相反,会使人觉得你是一个对待事情很认真的人,从而会增加对你的信任。

4. 回赠名片

"来而不往非礼也",收到别人的名片后,也要递给别人自己的名片。如没有名片,可以说"我没带名片,下次带了给您",或者说"很抱歉,我的名片刚刚用完"。若不愿与对方交换名片,也可采用上述说法,这是维护自己形象和自我保护的一种做法。

5. 索要名片

索要名片的方法大致有以下有4种。

(1)交易法。适用于不熟悉的人,就是把自己的名片首先递给对方,这是最省事的方法。古语说:"将欲取之,必先予之。"

(2)明示法。如果你跟对方比较熟,或者以前跟对方认识,很长时间没见,你担心对方换了单位,换了职务,你想要名片,也可以直说跟对方交换一下名片。

(3)谦恭法。适合于晚辈对长辈或者对有地位的人。可以说:"以后怎么向您请教比较方便?"言下之意就是向对方索要名片。这是一种委婉的说法。

(4)联络法。适合于长辈对晚辈、上级对下级或者平级平辈的人之间。可以说:"认识你很高兴,希望以后可以和你保持联系。"或者"以后怎么和你联系比较方便?"等于告诉对方,想要对方的电话、电子邮箱等联络方式。这样还可以给对方留下余地,对方愿意给就给,不愿意给可以讲:"你这么忙,以后还是我跟你联系吧。"

(二)使用名片的注意事项

使用名片应注意以下事项。

(1)足量携带,放置到位。在参加交际活动之前,要提前准备好名片,并进行必要的检查。自己的公文包以及办公桌抽屉里,也应该经常备有名片,以便随时取用。随身所带的名片最好放在专用的名片夹里;若穿西装,宜将名片置于左上方口袋里;若有手提包,可放于包内伸手可得的部位。不要把名片放在皮夹内、工作证内,或者裤袋内。

(2)存放有序。不要把别人的名片与自己的名片放在一起,否则,一旦慌乱中误将他人的名片当作自己的名片送给对方,将会是非常糟糕的。参加交际活动后,应对所收到的他人名片加以整理收藏,以便今后使用方便。

(3)要有个人形象意识,要保持名片或名片夹的清洁、平整,名片不要随意涂改,这也是对别人的礼貌和尊重。

（4）要有自我保护意识，名片上一般不提供私宅电话和移动电话。

（5）名片上的头衔要少而精，一般不印两个以上的头衔。

四、握手礼仪

握手，是交际的一个部分。握手的力量、姿势与时间的长短往往能够表达出对对方的不同礼遇与态度，显露自己的个性，给人留下不同的印象，同时也可通过握手了解对方的个性，从而赢得交际的主动。美国著名盲聋女作家海伦·凯勒说：我接触的手有的能拒人千里之外；也有些人的手充满阳光，你会感到很温暖……

（一）握手的方式

与他人握手，有必要对握手的方式加以注意，只有采用正确的方式，才能使握手发挥其应有的作用。一般来讲，与别人握手时，具体应当注意以下七点。

（1）起身站立。见到他人时起身站立，通常含有对对方的恭敬之意。因此，在与别人握手时，均应起身站立，唯有女士在特定情况下可以有所例外。

（2）使用右手。就具体方位来说，目前通常讲究"右高左低"。在握手时，人们对于左右手的看法也是如此，所以与别人握手时亦须使用右手。用左手与别人握手，一般被认为是不礼貌的，只有在特殊情况下才允许那样做。

（3）手位正确。与别人握手时，手位应当力求准确无误。标准的做法是：双方相互握住对方右手除拇指之外的其他四个手指。仅仅握住对方手指的指尖、握住对方的整个手掌，或者握住对方的手腕，都是失当的。

（4）时间适中。握手的具体时间既不宜过短，也不宜过长。握手的时间太短，好似敷衍对方；握手的时间太长，则会显得过度热情。在正常情况下，与他人握手的时间以 3 秒钟左右为宜。

（5）力度适宜。握手时应注意力度，稍许用力，以示热情友善。如果用力过轻，会令人感到自己缺乏热忱；用力过重，则会有挑衅之嫌。

（6）态度友好。一般来讲，与别人握手时，均应目视对方双眼，并面带微笑。此刻若东张西望，或者面无表情，都会给人以不专心、不友好的感觉。

（7）稍事寒暄。与别人握手时，通常需要同时与对方交谈片刻。其具体内容，要么是问候对方，要么是小叙家常。如果始终一言不发，往往会导致冷场。

（二）握手的顺序

与他人握手时，双方伸手的先后顺序有着一定之规。最基本的规则是"尊者居前"，即双方握手时，应由地位较高者首先伸出手来。地位较低者若首先伸出手来，则是明显的失礼表现。具体而言，长辈与晚辈握手时，应由长辈率先伸手；老师与学生握手时，应由老师率先伸手；女士与男士握手时，应由女士率先伸手；已婚者与未婚者握手时，应由已婚者率先伸手；职务高者与职务低者握手时，应由职务高者率先伸手。当客人与主人握手时，情况则较为特殊。客人抵达时，通常应由主人率先伸手；而当客人告辞时，则应由客人率先伸手。前者是主人为了体现自己对客人的欢迎之意，后者则是客人为了请主人就此留步。

如果一个人需要与数人一一握手,其合乎礼仪的顺序有二:一是由尊而卑地依次进行;二是由近而远地依次进行。前一种做法,适用于握手对象地位尊卑较为明显之时;后一种做法,则适用于握手对象地位的尊卑不甚明显或者难以区分之时。

五、送客礼仪

送客礼仪主要包含以下几个方面。

(1)如客人提出告辞时,推销人员要等客人起身后再站起来相送,切忌客人尚未起身,自己先于客人起身相送。

(2)若客人提出告辞,推销人员仍端坐办公桌前,嘴里说"再见",而手中却还忙着自己的事,甚至连眼神也没有转到客人身上,更是不礼貌的行为。

(3)"出迎三步,身送七步"是迎送宾客最基本的礼仪。

(4)通常当客人起身告辞时,推销人员应马上站起来,主动为客人取下衣帽,帮他穿上,与客人握手告别,同时选择最合适的言辞送别,如"希望下次再来"等礼貌用语。

(5)与客人在门口、电梯口或汽车旁告别时,要与客人握手,目送客人上车或离开,要以恭敬真诚的态度,笑容可掬地送客,不要急于返回,应鞠躬挥手致意,待客人移出视线后,才可结束送客仪式。

(6)一定要等客人先起身后自己再相送,同时随从也应起身道别。送客应送到门口或电梯口(等电梯门关后再走),对年长或上级应送至楼下或车门边,再握手道别,同时要目送客人远去,如果客人回首招呼应举手或点头示意,直至不见身影方可离开。

六、拜访礼仪

(一)拜访预约

由于许多客户不喜欢销售者贸然登门,而且如果客户并不存在需求,直接去拜访则是浪费时间。因此,拜访预约在拜访环节中是必不可少的。当有必要去拜访别人时,必须要考虑主人是否方便,为此一定要提前口头约定、发信息或打电话。预约时应注意以下问题。

(1)措辞要注意礼貌,语气一定要和缓。

(2)不要逼着客户同意,有意识地把决定权让给对方。

(3)如果是打电话或发信息预约,对产品的介绍要言简意赅,因为通过书面信息或电话形成的记忆是非常有限的。

(4)对双方约定的时间要注意强调,以确保客户不会遗忘。

(5)尽可能从客户的角度去考虑,不提无理的、给客户制造麻烦的要求。

(6)如果是电话预约,通话时间不要太长。

(二)拜访时的礼仪

拜访礼仪主要包含以下几个方面。

(1)要守时守约。

(2)讲究敲门的艺术。要用食指敲门,力度适中,间隔有序敲三下,等待回音。如无应声,可再稍加力度,再敲三下;如有应声,再侧身隐立于右门框一侧,待门开时再向前迈半步,与主人相对,经允许后再进屋。

（3）主人不让座不能随便坐下。主人让座之后,要口称"谢谢",然后采用规范的礼仪坐姿坐下。如果主人是年长者或上级,主人不坐,自己不能先坐。主人递上烟茶要双手接过并表示谢意。如果主人没有吸烟的习惯,要克制自己的烟瘾,尽量不吸,以示对主人习惯的尊重。主人献上果品,要等年长者或其他客人动手后,自己再取用。即使在最熟悉的朋友家里,也不要过于随便。

（4）跟主人谈话时,言语要客气。即使和主人的意见不一致,也不要争论不休。对主人提供的帮助要适当地致以谢意。要注意观察主人的举止表情,适可而止。当主人有不耐烦或有心不在焉的表现时,应转换话题或口气;当主人有结束会见的表示时,应识趣地立即起身告辞。

（5）谈话时间不宜过长。起身告辞时,要向主人表示"打扰"之歉意。出门后,回身主动伸手与主人握别,说:"请留步"。待主人留步后,走几步,再回首挥手致意。

七、用餐礼仪

在谈判活动中,宴请本身就是谈判双方之间的一种礼节形式。通过宴请,可以使谈判双方增进了解和信任,在感情上拉近距离,从而有利于沟通。在宴请过程中也有一些必须注意的礼节。

1. 确定宴请对象、范围、规格

宴请的目的一般很明确,如节庆日聚会、贵宾来访、工作交流、结婚祝寿等。根据不同目的来决定宴请的对象和范围,即请哪些人,请多少人,并列出客人名单。在确定邀请对象时应考虑到客人之间的关系,以免出现不快和尴尬的局面。宴请规格的确定一般应考虑出席者的最高身份、人数、目的、主宾情况等因素。规格过低,会显得失礼、不尊重;规格过高,则造成浪费。

2. 确定宴请的时间、地点

宴请的时间和地点,应根据宴请的目的和主宾的情况而定,一般来说,宴请的时间安排应对主宾双方都较为合适为宜,最好事先征求一下主宾的意见,尽量为客人方便着想,避免与其工作、生活安排发生冲突,通常安排在晚上 6～8 点。在时间的选择上还不宜安排在对方的重大节日、重要活动之际或有禁忌的日子和时间,例如,欧美人忌讳"13",日本人忌讳"4""9",宴请时间尽量避开以上数字的时日。宴请的地点也应视交通、宴会规格和主宾的情况而定,如是官方隆重的宴请活动,一般安排在政府议会大厦或客人下榻的宾馆酒店内;企事业单位的宴请,有条件的可在本单位的饭店或附近的酒店进行。

3. 邀请

邀请的形式有两种,一种口头的,一种书面的。口头邀请就是当面或者通过电话把活动的目的、名义以及邀请的范围、时间、地点等告诉对方,然后等待对方答复,对方同意后再做活动安排。书面邀请也有两种方式,一种是比较普遍的发"请帖";还有一种就是写"便函",这种方式目前使用较少。

4. 菜谱的安排

宴会菜谱的确定,应根据宴会的规格,所谓"看客下菜"。总的原则应考虑客人的身份以及宴请的目的,做到丰俭得当。整桌菜谱应有冷有热,荤素搭配,有主有次,主次分明,既突出主菜,如鲍鱼、鱼翅等,以显示菜肴的档次,又配一般菜以调剂客人的口味,如特色小炒、传统地方风味菜等,以显示菜肴的丰富。具体菜肴的确定,还应以合适多数客人的口味为前提,尤其要照顾主宾的饮食习惯。例如,不少外宾不太喜欢吃我们的山珍海味,特别是海参;伊斯兰教徒的清真席,不用酒,不吃猪肉;印度教徒不吃牛肉,满族人不吃狗肉。所有这些忌讳,在选菜时都应该考虑到。

5. 席位安排礼仪

中餐宴会往往采用圆桌布置,通常 8～12 人为一桌。如果有两桌或两桌以上安排宴请时,排列桌次应以"面门为上,以近为大,居中为尊,以右为尊"为原则,其他桌次按照离主桌"近为主、远为次,右为主、左为次"的原则安排。

6. 宴请程序

迎客时,主人一般在门口迎接。官方活动除主人外,还有少数其他主要人员陪同主人排列成行迎宾,通常称为迎宾线,其位置一般在宾客进门存衣以后进入休息厅之前。与宾客握手后,由工作人员引入休息厅或直接进入宴会厅。主宾抵达后由主人陪同主宾进入宴会厅,全体宾客入席,宴会开始。若宴会规模较大,则可请主桌以外的客人先入座,贵宾后入座。若有正式讲话,可以一入席宾主双方即讲话,也可以安排在热菜之后、甜食之前由主人讲话,接着由主宾讲话。冷餐会及酒会讲话时间则更灵活,吃完水果,主人和主宾起立,宴会即宣告结束。

本 章 小 结

商业礼仪包括语言、表情、行为、环境、习惯等。没有人愿意因为自己在社交场合上的失礼而成为众人关注的焦点,并因此给人们留下不良的印象。由此可见,掌握商务礼仪在商业交往中就显得非常必要了。所以,学习商务礼仪,不仅是时代潮流,更是提升竞争力的现实所需。著名礼仪专家金正昆教授说:"礼是尊重别人,仪是尊重的形式。"为了更好地进行现代商务往来,我们必须重视商务礼仪培训与教育,从而更好地发挥其积极作用。

现今全球经济一体化,商业社会竞争激烈,要比别人优胜,除了卓越能力外,还要掌握有效沟通的方法。不管在任何社交场所下,都一定要做到约束自己,尊重他人,树立良好的企业形象。更重要的是拥有良好优雅的专业形象和卓越的商务礼仪。

本 章 思 考 题

1. 对于谈判人员礼仪有哪些方面的要求?
2. 谈判人员应遵守怎样的仪容、仪表规范? 何谓着装的 TPO 原则?
3. 与客户会面时,如何向其索要联系方式?
4. 与客户会面握手时,谁应先伸手?
5. 宴请客户过程中应注意哪些内容?

第六章

商务谈判准备阶段

学习目标

- 能运用适当的手段和方法进行谈判背景的调查研究。
- 掌握商务谈判组织组建原则、人才挑选、管理工作。
- 认知商务谈判计划的要求、内容、谈判地点、场景的布置是谈判工作准备的重要内容。
- 熟知谈判方案制订要求、内容等细节,对谈判目标、议程、对策预告所做的安排。
- 能够根据拟定的谈判目标,制订相应的商务谈判方案。

　　知己知彼,百战不殆。进行一场商务谈判,前期的准备工作非常关键;准备工作做得充分,谈判者就会增强自信,从容应对谈判过程中的变化,处理好各种问题,在谈判中处于主动地位。商务谈判准备工作一般包括背景调查、谈判组织准备、谈判计划的制订等项任务。

 引导案例

讨价与还价

　　日本某公司向中国某公司购买电石,这是他们交易的第五年。谈价时,日方压下中方30美元/吨,今年又要压20美元/吨,即从410美元/吨压到390美元/吨。据日方讲,他们已拿到多家报价,有430美元/吨,有370美元/吨,也有390美元/吨。据中方了解,370美元/吨是个体户报的价,430美元/吨是生产能力较小的工厂报的价。中方公司的代表与供货厂的厂长共4人组成了谈判小组,由中方公司代表为主谈。会谈前,工厂厂长与中方公司代表达成了价格共识,工厂可以在390美元/吨成交。公司代表讲,对外保密,价格水平他会把握。公司代表又向其主管领导汇报,分析价格形势。主管领导认为价格不取

最低,因为他们是大公司,讲质量、讲服务。谈判中可以灵活,但步子要小。若在 410 美元/吨以上拿下则可成交,拿不下时可把价格定在 405～410 美元/吨之间,再让主管领导出面谈。中方公司代表将此意见向工厂厂长传达,并达成共识,双方共同在谈判桌上争取该条件。经过交锋,价格仅降了 10 美元/吨,在 400 美元/吨成交,比工厂厂长的预期成交价高了 10 美元/吨。工厂代表十分满意,日方也很满意。

　　评析:由于中方在谈判前做了非常充分的市场调研,准备方案到位,因此在谈判中才能游刃有余,最终取得良好的谈判结果。

第一节　商务谈判背景调查

> **小智囊:**
>
> 　英国谈判学家马什认为整个谈判是一个循序渐进的"过程",谈判者一方面必须注意到谈判过程的每一个时空细节,另一方面谈判者还要随时注意全面观察、分析、判断,同时不断地进行"调整",利用有利因素,弱化不利因素。

一、背景调查的内容

(一)谈判环境调查

　　商务谈判是在特定的社会环境中进行的,社会环境中的各种因素(如政治环境、经济环境、社会文化环境、自然资源环境、基础设施条件、气候条件等)都会直接或间接地影响谈判。谈判人员必须对上述各种环境因素进行全面系统正确的调查和分析,才能因地制宜地制订谈判方针和策略。具体地讲,谈判环境调查包含以下内容。

1. 政治状况

(1)国家对企业的管理程度

　　这涉及参加谈判的企业自主权的大小问题。如果国家对企业管理程度较高,那么政府就会干预或限定谈判内容及谈判过程,关键性问题可能要由政府部门人员作出决定,企业人员没有太多的决定权;相反,如果国家对企业的管理程度较低,企业有较大的自主权,那么企业人员就可能自主决定谈判的内容、目标,对有些关键性问题可以由自己决定。

(2)国家对企业的领导形式

　　如果是中央集权制,那么中央政府权力较集中;如果是地方分治制,那么地方政府和企业权力较大。在计划管理体制下,企业只有争取到了计划指标,才可能在计划范围内实施谈判,灵活性较小;在市场经济条件下,企业建立起独立的管理机制,有较大的经营自主权,谈判的灵活性较强。

(3)对方对谈判项目是否有政治上的关注

　　如果有,程度如何?哪些领导人对此比较关注?这些领导人各自的权力如何?商务谈判通常是纯商业目的,但有时可能会受到政治因素的影响,如政府或政党的政治目的参与到商务谈判中,政治因素将影响甚至决定谈判的结果,而商业因素或技术因素要让步于政治因素。涉及关系国家大局的重要贸易项目,涉及影响两国外交的敏感性很强的贸易往来,都会受到政治因素的影响;尤其是集权程度较高的国家,领导人的权力将会制约谈判结果。

（4）谈判对手的当局政府是否稳定

在谈判项目上马期间,政局是否会发生变动?总统大选的日子是否在谈判期间?总统大选是否与所谈项目有关?谈判国与邻国关系如何?有无战争风险?国家政局的稳定对谈判有着重要的影响。一般来说,如果发生动乱,或者爆发战争,谈判都将被迫中止,已达成的协议也将变成一张废纸,无法履行合同,给谈判双方造成极大的多方面的损失。

（5）评估买卖双方政府之间的关系

如果两国政府关系友好,那么买卖双方的贸易是受欢迎的,谈判将是顺利的;如果两国政府之间存在敌对矛盾,那么买卖双方的贸易会受到政府的干预甚至被禁止,谈判中的障碍会很多。

（6）该国有没有将一些间谍手段运用到商务谈判中

在国内外市场竞争激烈的今天,有些国家和公司在商务谈判中采用一些间谍手段,如在客人房间安装窃听器,偷听电话,暗录谈话内容等。谈判人员应该提高警惕,防止对方采用各种手段窃取信息、设置陷阱,以免造成己方谈判的被动局面。

2. 宗教信仰

（1）了解该国家占主导地位的宗教信仰是什么

世界上有多种宗教信仰,宗教信仰对人的道德观、价值观、行为方式都有直接影响。首先要搞清楚该国家或地区占主导地位的宗教信仰是什么,其次要研究这种宗教信仰对谈判人员的思想行为会产生哪些影响。

（2）该国家的主要宗教信仰是否对下列事务产生重大影响

① 政治事务。例如该国政府的施政方针、政治形势、民主权力是否受该国宗教信仰的影响。

② 法律制度。某些宗教色彩浓厚的国家或地区,其法律制度的制订不能违背宗教教义,甚至某些宗教教规就是至高无上的法律。

③ 国别政策。由于宗教信仰不同,一些国家在对外贸易上制定国别政策;对宗教信仰相同的国家实施优惠政策,对宗教信仰不同的国家(尤其是有宗教歧视和冲突的国家及企业)施加种种限制和刁难。

④ 社会交往与个人行为。宗教信仰对社会交往的规范、方式、范围都有一定的影响,对个人的社会工作、社交活动、言行举止都有这样那样的鼓励或限制。这些都会形成谈判者在思维模式、价值取向、行为选择上的宗教痕迹。

⑤ 节假日与工作时间。不同宗教信仰的国家都有自己的宗教节日和活动,谈判日期不应与该国的宗教节日、祷告日、礼拜日相冲突,应该尊重对方的宗教习惯。

3. 法律制度

（1）该国的法律制度是什么?是依据何种法律体系制定的?

（2）在现实生活中,法律的执行程度如何?法律执行情况不同将直接影响到谈判成果能否受到保护。有法可依、执法严格、违法必究,将有利于谈判按照法律原则和程序进行,也将保证谈判签订的协议不会受到任意侵犯。

（3）该国法院受理案件的时间长短如何? 法院受理案件时间的长短直接影响谈判双方的经济利益。当谈判双方在交易过程中以及合同履行过程中发生争议,经调解无效,递交法院。如果法院受理案件的速度较快,对谈判双方争议的解决就越有利,损失就越小。

（4）该国对执行国外的法律仲裁判决有什么程序? 要了解跨国商务谈判活动必然会涉及两国法律适用问题,必须清楚该国执行国外法律仲裁判决需要哪些条件和程序。

（5）该国当地是否有完全脱离于谈判对手的可靠的律师?

4. 商业做法

（1）该国企业是如何经营的? 是不是主要各公司的负责人经营或是公司中各级人员均可参与? 有没有真正的权威代表?

（2）是不是做任何事情都必须见诸文字? 或是只有文字协议才具有约束力? 合同具有何等重要意义?

（3）在谈判和签约过程中,律师等专业顾问是不是像美国一样始终出场,负责审核合同的合法性并签字,还是仅仅起到一种附属作用?

（4）正式的谈判会见场合是不是只是为双方的领导见面交流而安排的,其他出席作陪的成员是否只有当被问到具体问题时才能讲话?

（5）该国有没有工业间谍活动? 应该如何妥善保管机要文件以免谈判机密被对方窃取?

（6）在商务往来中是否有贿赂现象? 如果有的话,方式如何? 起码的条件如何? 调查这些问题的目的在于防止不正当的贿赂使己方人员陷入圈套,使公司利益蒙受损失。

（7）一个项目是否可以同时与几家公司谈判,以选择最优惠的条件达成交易? 如果可以的话,保证交易成功的关键因素是什么? 是否仅仅是价格问题?

如果一个项目可以同时与几家公司谈判,谈判的选择余地就大得多,如果能够抓住保证交易成功的关键因素,就可以为达成交易寻找最佳伙伴。

（8）业务谈判常用的语种是什么? 如使用当地的语言,有没有可靠的翻译? 合同文件是否可用两种语言表示? 两种语言是否具有同等的法律效力?

5. 社会习俗

谈判者必须了解和尊重该国、该地区的社会风俗习惯,并且善于利用这些社会习俗为己方服务。例如,该国家或地区的人们在称呼和衣着方面的社会规范标准是什么? 是不是只能在工作时间谈业务? 在业余时间和娱乐活动中是否也能谈业务? 社交场合是否携带家属? 社交款待和娱乐活动通常在哪里举行? 赠送礼物有哪些习俗? 当地人在大庭广众之下是否愿意接受别人的批评? 人们如何看待荣誉、名声等问题? 当地人们公开谈话不喜欢哪些话题? 妇女是否参与经营业务? 在社会活动中,妇女是否与男子具有同等的权力? 这些社会习俗都会对人们的行为产生影响和约束力,必须了解和适应。

6. 财政金融状况

该国的外债情况如何? 该国的外汇储备情况如何? 该国主要依靠哪些产品赚取外汇? 该国货币是否可以自由兑换,有何限制? 该国在国际支付方面信誉如何,是否有延期的情况? 要取得外汇付款需经过哪些手续和环节? 该国适用的税法是什么,是根据什么法规进行征税的？该国是否签订过避免双重征税的协议？公司在当地赚取的利润是否可以汇出境外,有什么规定？

(二)对谈判对手的调查

1. 客商身份调查

首先应该对谈判对手属于哪一类客商了解清楚,避免错误估计对方,使自己失误甚至受骗上当。目前,贸易界的客商基本上可以归纳为如表 6-1 所示的几种情况。

表 6-1 谈判客商类别

客商类别	特征
在世界上享有一定声望和信誉的跨国公司	资本雄厚,有财团做后台,机构健全,聘请法律顾问专门研究市场行情以及技术论证
享有一定知名度的客商	资本比较雄厚,产品在国内外有一定的销售量,靠引进技术、创新发展,在国际上有一定的竞争能力
没有任何知名度的客商	没有任何知名度,但却可提供完备的法人证明,具备竞争条件
专门从事交易中介的客商	俗称中间商,无法人资格,无权签署合同,只是为了收取佣金而为交易双方牵线搭桥
知名母公司下属的子公司	资本比较薄弱,有独立的法人,实行独立核算,在未获授权许可前无权代表母公司
知名母公司总部外的分公司	无法律和经济上的独立性,不具有独立法人资格,公司资产属于母公司
利用本人身份搞非其所在公司业务的客商	在某公司任职的个人,打着公司的招牌,从事个人买卖活动,谋取暴利或巨额佣金
骗子客商	无固定职业,专门靠欺骗从事交易,以行贿等手段实施欺骗活动

(1)在世界上享有一定声望和信誉的公司,要求我方提供准确、完整的数据,令人信服的信誉证明,谈判前要做好充分准备。谈判中要求有较高的谈判技巧,要有充足的自信心,不能一味为迎合对方条件而损害自己的根本利益。

(2)对待享有一定知名度的客商,要确认对方是否讲信誉,占领我国市场的意愿是否迫切,技术服务和培训工作是否做得比较好,对我方在技术方面和合作生产的条件是否接受,是较好的贸易伙伴。

(3)对待没有任何知名度的客商,只要确认其身份地位,深入了解其资产、技术、产品、服务等方面的情况,也是我们很好的合作伙伴。

(4)对待专门从事交易中介的客商,要认清他们所介绍的客商的资信地位,防止他们打着中介的旗号行骗。

(5)对待"借树乘凉"的客商,不要被其母公司的光环所迷惑,对其应持慎重态度。如果是子公司,我方应要求其出示其母公司准许以母公司的名义洽谈业务,并承担子公司一切风险的授权书。

2. 谈判对手资信调查

对谈判对手进行资信状况的调查研究,是谈判前准备工作中极其重要的一步。缺少必要的资信状况分析,谈判对手主体资格不合格或不具备与合同要求基本相当的履约能力,那么所签订的协议就是无效协议或者是没有履行保障的协议,谈判者就会前功尽弃,蒙受巨大损失。

对谈判对手资信情况的调查包括两方面的内容:一是对方主体的合法资格;二是对方的资本信用与履约能力。

(1) 对客商合法资格的审查

商务谈判的结果是具有一定的经济法律关系的,参加一定的经济法律关系而享受权利和义务关系的组织或个人,叫作经济法律关系主体。作为参加商务谈判的企业组织必须具有法人资格。

法人应具备的三个条件:一是法人必须有自己的组织机构、名称与固定的营业场所,组织机构是决定和执行法人各项事务的主体;二是法人必须有自己的财产,这是法人参加经济活动的物质基础与保证;三是法人必须具有权利能力和行为能力,所谓权利能力是指法人可以享受权利和承担义务,而行为能力则是法人可以通过自己的行为享有权利和承担义务。

对对方法人资格的审查,可以要求对方提供相关证明,如法人成立地注册登记证明、法人所属资格证明、验看营业执照,详细掌握对方企业名称、法定地址、成立时间、注册资本、经营范围等。还要弄清对方法人的组织性质,是有限公司还是无限责任公司,是母公司还是子公司或分公司。因为公司组织性质不同,其承担的责任是不一样的。还要确定其法人的国籍,即其应受哪一国家法律管辖。对于对方提供的证明文件需要通过一定的手段和途径进行验证。

对客商合法资格的审查还应包括对前来谈判的客商的代表资格或签约资格进行审查;在对方当事人找到保证人时,还应对保证人进行调查,了解其是否具有担保资格和能力;在对方委托第三方谈判或签约时,应对代理人的情况加以了解,了解其是否有足够权力和资格代表委托人参加谈判。

(2) 对谈判对手资本、信用及履约能力的审查

对谈判对手资本审查主要是审查对方的注册资本、资产负债表、收支状况、销售状况、资金状况等相关情况。对方具备了法律意义上的主体资格,并不一定具备很强的行为能力。因此,应该通过公共会计组织审计的年度报告,银行、资信征询机构出具的证明来核实。

通过对谈判对手商业信誉及履约能力的审查,主要调查该公司的经营历史、经营作风、产品的市场信誉与金融机构的财务状况,以及在以往的商务活动中是否具有良好的商业信誉。

(3) 了解对方谈判人员的权限

谈判的一个重要法则是不与没有决策权的人谈判。要弄清对方谈判人员的权限有多大,对谈判获得多少实质性的结果有重要影响。不了解谈判对手的权力范围,将没有足够决策权的人作为谈判对象,不仅在浪费时间,甚至可能错过更好的交易机会。一般来说,

对方参加谈判人员的规格越高,权限也就越大。如果对方参加谈判的人员规格较低,我们就应该了解:对方参加谈判的人员是否得到授权?对方谈判人员在多大程度上能独立作决定?有没有决定是否让步的权力?

（4）了解对方的谈判时限

谈判时限与谈判任务量、谈判策略、谈判结果都有重要关联。谈判者的需要在一定的时间内完成特定的谈判任务,可供谈判的时间长短与谈判者的技能发挥状况成正比。时间越短,对谈判者而言,用以完成谈判任务的选择机会就越少。哪一方可供谈判的时间越长,他就拥有较大的主动权。了解对方谈判时限,就可以了解对方在谈判中会采取何种态度、何种策略,我方就可制订相应的策略。因此,要注意搜集对手的谈判时限信息,辨别表面现象和真实意图,做到心中有数,针对对方谈判时限要求制订谈判策略。

（5）了解对方谈判人员其他情况

要从多方面搜集对方信息,以便全面掌握谈判对手。例如,谈判对手谈判班子的组成情况,即主谈人背景、谈判班子内部的相互关系、谈判班子成员的个人情况,包括谈判成员的资历、能力、信念、性格、心理类型、个人作风、爱好与禁忌等;谈判对手的谈判目标、所追求的中心利益和特殊利益;谈判对手对己方的信任程度,包括对己方经营与财务状况、付款能力、谈判能力等多种因素的评价和信任程度等。

（三）对自身的了解

在谈判前的准备工作中,不仅要调查分析客观环境和谈判对手的情况,还应该了解和评估谈判者自身的状况。古人云:"欲胜人者,必先自胜;欲论人者,必先自论;欲知人者,必先自知。"没有对自身的客观评估,就无法客观地认定对方的实力。孟子说过:"知人者智,自知者明。"谈判者一定要有自知之明。自我评估很容易出现两种偏差:一是过高估计自身的实力,看不到自身的弱点;二是过低评估自身的实力,看不到自身的优势。自我评估首先要看到自身所具备的实力和优势,同时要客观地分析自己的需要和实现需要所欠缺的优势条件。

1. 谈判信心的确立

谈判信心来自对自己实力和优势的了解,也来自谈判准备工作是否做得充分。谈判者应该了解自己是否准备好支持自己说服对方的足够依据,是否对可能遇到的困难有充分的思想准备,一旦谈判破裂是否会找到新的途径实现自己的目标。如果对谈判成功缺乏足够的信心,是否需要寻找足够的信心确立条件,还是需要修正原有的谈判目标和方案。

2. 自我需要的认定

满足需要是谈判的目的,清楚自我需要的各方面情况,才能制订出切实可行的谈判目标和谈判策略。谈判者应该认定以下几个问题。

（1）希望借助谈判满足己方哪些需要

例如,作为谈判中的买方,应该仔细分析自己到底需要什么样的产品和服务以及需要多少,要求达到怎样的质量标准,价格可以出多少,必须在什么时间内购买,供方必须满足买方哪些条件等;作为谈判中的卖方,应该仔细分析自己愿意向对方出售哪些产品,是配套产品还是拆零产品,卖出价格最低价是多少,买方的支付方式和时间如何等。

（2）各种需要的满足程度

己方的需要是多种多样的,各种需要的重要程度并不一样。要搞清楚哪些需要必须得到满足,哪些需要可以降低要求,哪些需要在必要情况下可以不考虑,这样才能抓住谈判中的主要矛盾,保护己方的根本利益。

（3）需要满足的可替代性

需要满足的可替代性大,谈判中己方的回旋余地就大;如果需要满足的可替代性很小,那么谈判中己方讨价还价的余地就很小,当然很难得到预期结果。需要满足的可替代性包含两方面内容。一是谈判对手的可选择性有多大。有些谈判者对谈判对手的依赖性很强,就会使己方陷入被动局面,常常被迫屈从于对方的条件。分析谈判对手可选择性要思考这样一些问题:如果不和他谈,是否还有其他的可选择对象？ 是否可以将来在再与对手谈判？ 如果与其他对手谈判可以得到的利益和损失是什么？ 弄清这些问题,有助于增强自己的谈判力。二是谈判内容可替代性的大小。例如,如果价格需要不能得到满足,可不可以用供货方式、提供服务等需要的满足来替代？ 眼前需要满足不了,是否可以用长期合作的需要满足来替代？ 这种替代的可能性大小,要通过认真权衡利弊来确定。

（4）满足对方需要的能力鉴定

谈判者不仅要了解自己要从对方得到哪些需要的满足,还必须了解自己能满足对方哪些需要,满足对方需要的能力有多大,在众多的提供同时需要满足的竞争对手中,自己具有哪些优势,占据什么样的竞争地位。

满足自身的需要是参加谈判的目的,满足他人需要的能力是谈判者参与谈判,与对方合作交易的资本。谈判者应该分析自己的实力,认清自己到底能满足对方哪些需要,如出售商品的数量、期限、技术服务等。如果谈判者具有其他企业所没有的满足需要的能力,或是谈判者能够比其他企业更好地满足谈判对手的某种需要,那么谈判者就拥有更多的与对方讨价还价的优势。

（四）市场资料

市场资料是商务谈判可行性研究的重要内容。市场情况瞬息万变、构成复杂、竞争激烈,对此,谈判者必须进行多角度、全方位、及时地了解和研究。与谈判有关的市场信息资料主要有以下几类。

（1）交易商品市场需求量、供给量及发展前景。

（2）交易商品的流通渠道和习惯性销售渠道。

（3）交易商品市场分布的地理位置、运输条件、政治和经济条件等。

（4）交易商品的交易价格、优惠措施及效果等方面。

市场情况对企业的商务谈判活动产生重大影响,谈判者要密切注视市场的变化,根据市场的供求运动规律,选择有利的市场,并在谈判中注意对方的要价及采取的措施。

（五）竞争对手资料

竞争对手资料是谈判双方力量对比中一个重要的砝码,会影响谈判天平的倾斜度。竞争对手资料主要包括以下几类。

（1）现有竞争对手的产品因素,如数量、品种、质量、性能、包装方面的优缺点。

（2）现有竞争对手的定价因素，如价格策略、让价策略、分期付款等方面。

（3）现有竞争对手的销售渠道因素，如有关分销、储运的实力对比等方面。

（4）现有竞争对手的信用状况，如企业的成长史、履约、企业素质等方面。

（5）现有竞争对手的促销因素，如推销力量、广告宣传、营业推广、服务项目等方面。

了解竞争者是比较困难的，但如果是卖方，至少应该知道一个销售价格高于自己而质量比自己差的竞争对手的详细情况；作为买方，则应该掌握有关供货者的类似情报。

通过对以上情况的了解分析，找出主要竞争对手及其对本企业商品交易的影响，认清本企业在竞争中所处的地位，并制订相应的竞争策略，掌握谈判的主动权。

（六）交易条件及有关货单、样品资料

交易条件资料是商务谈判准备的必要内容。交易条件资料首先包括商品名称、品质、数量、包装、装运、保险、检验、价格、支付等方面的资料。其次是货单、样品，双方交换过的函电抄本、附件，谈判用的价格目录表、商品目录、说明书等资料。货单必须做到具体、正确，每个谈判人员对此必须心中有数。谈判样品必须准备齐全，特别是样品必须与今后的交货相符。

二、背景调查的信息渠道及方法

商务谈判背景调查工作应该坚持长期一贯性，企业应该不间断地搜集各种信息，为制订战略目标提供可靠依据；同时，面对某一具体谈判，又要有针对性地调查具体情况。调查要寻求多种信息渠道和调查方法，使调查的结果全面真实，准确地反映现实情况。

（一）背景调查的信息渠道

背景调查的信息渠道有以下几种。

（1）印刷媒体。主要通过报纸、杂志、内部刊物和专业书籍中登载的消息、图表、数字、照片来获取信息。这个渠道可提供比较丰富的各种环境信息、竞争对手信息和市场行情信息。谈判者可以通过这些渠道获得比较详细而准确的综合信息。

（2）电脑网络。电脑网络是21世纪非常重要的获取资料的渠道。在电脑网络上可以非常方便快捷地查阅国内外许多公司的信息、产品信息、市场信息以及其他多种信息。

（3）电波媒介。即通过广播、电视播发的有关新闻资料，如政治新闻、经济动态、市场行情、广告等获取信息。其优点是迅速、准确、现场感强，缺点是信息转瞬即逝，不易保存。

（4）统计资料。统计资料主要包括各国政府或国际组织的各类统计年鉴，也包括各银行组织、国际信息咨询公司、各大企业的统计数据和各类报表，特点是材料详尽，可提供大量原始数据。

（5）各种会议。通过参加各种商品交易会、展览会、订货会、企业界联谊会、各种经济组织专题研讨会来获取资料。特点是信息非常新鲜，要善于从中捕捉有价值的东西。

（6）各种专门机构。各种专门机构包括国内贸易部、对外贸易部、对外经济贸易促进会、各类银行、进出口公司、本公司在国外的办事处、分公司、驻各国的大使馆等。

（7）知情人士。例如，各类记者、公司的商务代理人、当地的华人、华侨、驻外使馆人员、留学生等。

（二）背景调查的方法

1. 访谈法

调查者直接面对访问对象进行问答，包括个别对象采访，也包括召集多人举行座谈。在访谈之前，应准备一份调查提纲，有针对性地设计一些问题。访谈对象回答问题可录音或记录，以便事后整理分析。这种方法的特点是可以有针对性地抽样选择访谈对象，可以直接感受到对方的态度、心情和表述。

2. 问卷法

调查者事先印刷好问卷，发放给相关人士，填写好以后收集上来进行分析。问卷的设计要讲究科学性和针对性，既有封闭式问题又要有开放式问题。这种方法的特点是可以广泛收集相关信息，利于实现调查者的主导意向，易于整理分析；难点在于如何调动被调查者填写问卷的积极性以及保证填写内容的真实性。

3. 文献法

文献法是用于收集第二手资料的方法。可以从公开出版的报纸、杂志、书籍中收集，也可以从未公开的各种资料、文件、报告中收集。文献法的特点是可以收集到比较权威、准确的信息，但是要注意信息是否陈旧过时。

4. 电子媒体收集法

电子媒体指电话、电脑、电视、广播等媒体。通过电子媒体收集信息有许多优点：传播速度快，可以及时获取最新信息；传播范围广，可以毫不费力地收集到各个国家的重要信息；表现力生动，电脑、电视媒体，可以提供声音、图像、文件，提供真实的现场情景，尤其是电脑，储存的信息相当丰富。

5. 观察法

观察法是指调查者亲临调查现场收集事物情景动态信息。这种方法可以补充以上几种方法的不足，通过亲自观察得到最为真实可靠的信息。但是这种方法也有局限性，例如受交通条件限制，有些现场不能亲自去观察；受观察者自身条件限制，观察难免不全面，也难免受主观意识的影响而带有偏见。

6. 实验法

实验法即对调研内容进行现场实验的方法。如通过商务活动的方式运转，商品试销、试购，谈判模拟等方法来收集事物动态信息。这种方法比观察法又进一步，可以发现一些在静态时不易发觉的新信息。

三、背景调查的原则及资料整理

（一）背景调查的原则

1. 可靠性

收集的信息要力求真实可靠，要选用经过验证的结论、经过审查的数据和经过确认的事实。不要满足于用一种方法收集信息，可以采用几种方法，从不同角度来反映客观事实，不要凭主观判断片面作出结论。如果收集的信息不可靠，甚至是错误的，就会给谈判工作埋下隐患，造成不可估量的损失。

2. 全面性

背景调查的资料力求全面系统,应该从整体上反映事物的本质,不能仅仅靠支离破碎的信息来评估某些事物。尤其对一些重要信息,如经济环境、市场状况、商品销售情况、谈判对手的实力和商誉情况,在时间上和空间上都会存在差异,只有将调查工作做得更全面一些,才能保证所获得信息的完整准确性。

3. 可比性

调查资料要具备可比性。一方面可以横向比较,针对同一问题收集多个资料,就可以在比较中得出正确的结论;另一方面可以纵向比较,如市场行情、产品销售状况、企业商誉情况等,有了不同时期的资料就可以通过事物的过去分析其现在和未来的发展趋势,找出事物发展的规律性。

4. 针对性

背景调查工作是一项内容繁杂的工作,需要耗费大量的精力和时间,短时间内不可能把所有背景都调查清楚。要将与谈判有最密切联系的资料作为重点调查内容,要将最急需了解的问题作为优先调查内容,这样才能提高调查工作效率,争取时间,占据主动。

5. 长期性

背景调查既是谈判前的一项准备工作,又是企业的一项长期任务。在企业经营管理工作中重视信息的重要作用,建立完善的信息收集网络,不间断地将各种重要信息随时进行收集存档,就可以为企业经营、商务谈判不失时机地提供各种决策依据。如果平时不重视信息收集工作,事到临头匆匆忙忙搞调查,就很难保证调查工作的周密和完善。从这个角度来看,背景调查工作不仅仅是谈判人员的临时任务,而且应该是企业各方面都要承担的长期任务。

(二)背景调查的资料整理

资料的加工整理主要包括以下工作。

(1)要将收集的资料进行鉴别和分析,剔除某些不真实的信息、某些不能有足够证据证明的信息、某些带有较多主观臆断色彩的信息,保存那些可靠的、有可比性的信息,避免造成错误的判断和决策。

(2)要在已经证明资料可靠性的基础上将资料进行归纳和分类。将原始资料按时间顺序、问题性质、反映问题角度等要求分门别类地排序,以便于更明确地反映问题的各个侧面和整体面貌。

(3)将整理好的资料做认真的研究分析,从表面现象探求其内在本质,由此问题逻辑推理到彼问题,由感性认识上升到理性认识,然后提出有重要意义的问题。

(4)将提出的问题作出正确的判断和结论,并对谈判决策提出有指导意义的意见,供企业领导和谈判者参考。

(5)写出背景调查报告。调查报告是调查工作的最终成果,对谈判有直接的指导作用。调查报告要有充足的事实、准确的数据,还要有对谈判工作起指导作用的初步结论。

第二节　商务谈判组织准备

一、谈判人员的遴选

谈判人员的遴选是谈判组织准备工作中最关键的一环；没有具备良好素质的谈判人员，就不可能胜任艰苦复杂的谈判工作。谈判人员在掌握专业技能知识的同时，还应具备良好的综合素质。谈判人员的素质结构大体分为三个层次：核心层—识，中间层—学，外围层—才(图 6-1)。

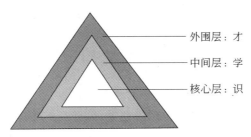

图 6-1　谈判人员的素质结构

古人云："学如弓弩，才如箭镞，识以领之，方能中鹄。"形象地说明了这三个层次之间的辩证关系。

（一）谈判人员的"识"

"识"是谈判人员素质结构中最核心的内容，对谈判人员整体素质起着决定性的作用，主要包括气质性格、心理素质、思想意识等内容。

1. 气质性格

谈判人员应具备适应谈判需要的良好的气质性格。有些性格特征是不利于谈判的，如性格内向、孤僻多疑、不善表达、冷漠刻板、急躁粗暴、唯我独尊、嫉妒心强、心胸狭窄等。良好气质性格要求：大方而不轻佻、豪爽而不急躁、坚强而不固执、果断而不草率、自重而不自傲、谦虚而不虚伪、活泼而不轻浮、严肃而不呆板、谨慎而不拘谨、老练而不世故、幽默而不庸俗、热情而不多情。

2. 心理素质

在谈判过程中会遇到各种阻力和对抗，也会发生许多突变，谈判人员只有具备良好的心理素质，才能承受住各种压力和挑战，取得最后的成功。谈判人员应具备的良好心理主要有以下几个方面。

（1）自信心

自信心是谈判者最重要的心理素质。所谓自信心是指谈判者相信自己企业的实力和优势，相信集体的智慧和力量，相信谈判双方的合作意愿和光明前景，具有说服对方的自信和把握谈判的自信。没有自信心，就不可能在极其困难的条件下坚持不懈地努力，为企业争取最佳的谈判成果。自信心的获得是建立在充分调查研究的基础上,建立在对谈判双方实力的科学分析的基础上,而不是盲目的自信,更不是藐视对方、轻视困难、坚持错误。

（2）自制力

自制力是谈判者在谈判过程中遇到激烈的矛盾冲突而能保持冷静,克服心理障碍,控制情绪和行动的能力。谈判过程中难免会由于双方利益的冲突而形成紧张、对立、僵持、争执的局面。如果谈判者自制力差,出现过分的情绪波动,如发怒、争吵、沮丧、对抗,就会破坏良好的谈判气氛,造成自己举止失态、表达不当,使谈判不能进行下去。谈判者具备良好的自制力,在谈判顺利时不会盲目乐观,喜形于色;在遇到困难时,也不会灰心丧气,怨天尤人;在遇到不礼貌的言行时,也能够克制自己的情绪。

（3）尊重

尊重是谈判者正确对待自己、正确对待谈判对手的良好心理。谈判者首先要有自尊心,维护民族尊严和人格尊严,面对强大的对手,不妄自菲薄、奴颜媚骨,更不会出卖尊严获取交易。同时,谈判者还要尊重对方,尊重对方的利益,尊重对方的意见,尊重对方的习惯和文化观念,尊重对方的正当权利。在谈判中,只有互相尊重,平等相待,才可能保证合作成功。

（4）坦诚

坦诚的谈判者善于坦率地表明自己的立场和观点,真诚地与对方合作,赢得对方的了解和信任。谈判就是通过坦诚、合理的洽谈和协商使合作的愿望变成现实。开诚布公,真诚待人的态度是化解双方矛盾的重要因素。坦诚应该是一切谈判的前提,也是双方差异最终消除的必要条件,更是双方长期合作的重要保证。

3. 思想意识

（1）政治思想素质。忠于祖国,坚决维护国家主权,坚决维护民族尊严,分清内外,严守国家机密,严格执行保密规定,在经济活动中严格按照党的方针政策办事,正确处理好国家、企业和个人三者之间的利益关系。

（2）信誉意识。把信誉看作是商务活动的生命线,高度重视并维护企业良好形象,反对背信弃义谋取企业利益的做法。

（3）合作意识。自觉地将真诚的合作看作一切谈判的基础,以互惠互利作为谈判原则,善于借助一切可借助的力量实现自身利益,善于将竞争与合作有机统一起来。

（4）团队意识。谈判者应具备对本企业的认同感、归属感和荣誉感,谈判组织成员之间具备向心力、凝聚力,团结一致,齐心协力。

（5）效率意识。谈判者视时间为金钱、效率为生命,以只争朝夕的精神,力争花最少的时间和精力取得最好的谈判结果。

（二）谈判人员的"学"

"学"是谈判人员应具备的良好知识结构和谈判经验。

1. 知识结构

谈判人员要具备较高的知识水平和科学的知识结构,并且要累积丰富的谈判经验。

（1）商务知识。要系统掌握商务知识,如国际贸易、市场营销、国际金融、商检海关、国际商法等方面的知识。

（2）技术知识。要掌握与谈判密切相关的专业技术知识，如商品学、工程技术知识、各类工业材料学知识、计量标准、食品检验、环境保护知识等。

（3）人文知识。要掌握心理学、社会学、民俗学、语言学、行为学知识，了解对方的风俗习惯、宗教信仰、商务传统和语言习惯等。

2. 谈判经验

没有千篇一律的谈判，每一次谈判都有谈判的共性和特殊性。要尽量挑选有多次谈判经验的人作为主谈人，并且要大胆选拔青年骨干，在实践中积累谈判经验。

（三）谈判人员的"才"

"才"是谈判人员所应具备的适应谈判需要的能力。

1. 社交能力

谈判实质上是人与人之间思想观念、意愿感情的交流过程，是重要的社交活动。谈判人员应该善于与不同的人打交道，也要善于应对各种社交场合。这就要求谈判人员善于塑造良好的个人形象，掌握各种社交技巧，熟悉各种社交礼仪知识。

2. 表达能力

谈判人员应该有较强的文字表达和口语表达能力，要精通与谈判有关的各种公文、协议合同、报告书的写作，电脑技术的掌握，同时要善于言谈、口齿清晰、思维敏捷、措辞周全，善于驾驭语言，有理、有据、有节地表达己方的观点。在涉外商务谈判中要熟练掌握外语的听、说、写、译。

3. 组织能力

谈判是一项需要密切配合的集体活动，每个成员都要在组织中发挥自己的特殊作用。谈判组织严格管理、协调一致、有机统一地凝聚在一起，才能发挥最大的战斗力。

4. 应变能力

谈判中会发生各种突发事件和变化，谈判人员面对突发的形势，要有冷静的头脑、正确的分析、迅速的决断，善于将原则性和灵活性有机结合，机敏地处理好各种矛盾，化被动为主动，变不利为有利。如果你想提高自己的应变能力，必须具备洞察力；洞察力来源于感知能力，感知能力的提高，有赖于全神贯注地倾听和提出尖锐的问题。

5. 创新能力

谈判人员要具备丰富的想象力和不懈的创造力，勇于开拓创新，拓展商务谈判的新思路、新模式，创造性地提高谈判工作水平。

二、谈判组织的构成

（一）谈判组织的构成原则

1. 知识互补

知识互补包含两层意思。一是谈判人员具备自己专长的知识，都是处理不同问题的专家，在知识方面相互补充，形成整体的优势。例如，谈判人员应分别精通商业、外贸、金融、法律、相关专业领域常识等知识，就会组成一支知识全面而又各自精通一门专业的谈判队伍。二是谈判人员书本知识与工作经验的互补。谈判队伍中既有高学历的青年知识学者,也有身经百战具有丰富实践经验的谈判老手。高学历学者可以发挥理论知识和专业技术特长,有实践经验的人可以发挥见多识广、成熟老练的优势,这样知识与经验互补,才能提高谈判队伍的整体战斗力。

2. 性格协调

谈判队伍中的谈判人员性格要互补协调,将不同性格的人的优势发挥出来,互相弥补其不足,才能发挥出整体队伍的最大优势。性格活泼开朗的人,善于表达、反应敏捷、处事果断,但是性情可能比较急躁,看待问题也可能不够深刻,甚至会疏忽大意;性格稳重沉静的人,办事认真细致,说话比较谨慎,原则性较强,看问题比较深刻,善于观察和思考,理性思维比较明显,但是他们不够热情,不善于表达,反应相对比较迟钝,处理问题不够果断,灵活性较差。如果这两类性格的人组合在一起,分别担任不同的角色,就可以发挥出各自的性格特长,优势互补,协调合作。加强向心力的培养;素质上形成群体优势;训练胆识与主见,积极进取,敢于冒险;谈判成员之间应形成一体化气氛。

3. 分工明确

谈判班子每一个人都要有明确的分工,担任不同的角色。每个人都有自己特殊的任务,不能工作越位,角色混淆。遇到争论不能七嘴八舌争先恐后发言,该谁讲谁讲,要有主角和配角,要有中心和外围,要有台上和台下。谈判队伍要分工明确、纪律严明。当然,分工明确的同时要注意大家都要为一个共同的目标而通力合作,协同作战。

(二)谈判人员配备标准

1. 选择谈判人员的标准

(1)以专业分工原则为标准,这样可以最大限度地发挥各专业人员的特长。

(2)以业务分管原则为标准,这样可以发挥各主管部门负责人的作用。

(3)以谈判项目涉及的相关专业因素来选择,涉及多宽的领域就选择多少谈判人员。

2. 谈判班子的总体素质要求

(1)具有良好的专业基础知识,专业结构配置合理,能够迅速有效地解决谈判中可能出现的任何问题。

(2)各成员的气质、性格能互补,彼此之间关系融洽,能求同存异。

(3)各成员在谈判过程各环节及各阶段配合默契,通力合作,工作主动性和敬业精神极佳。

3. 谈判人员配备

(1)谈判队伍领导人负责整个谈判工作,领导谈判队伍,有领导权和决策权。有时谈判领导人也是主谈人。

(2)商务人员由熟悉商业贸易、市场行情、价格形势的贸易专家担任,商务人员要负责合同条款和合同价格条件的谈判,帮助谈判方理出合同文本,负责经济贸易的对外联络工作。

(3)技术人员由熟悉生产技术、产品标准和科技发展动态的工程师担任,在谈判中负责针对有关生产技术、产品性能、质量标准、产品验收、技术服务等问题的谈判,也可为商务谈判中价格决策做技术顾问。

（4）财务人员由熟悉财务会计业务和金融知识、具有较强的财务核算能力的财会人员担任。主要职责是对谈判中的价格核算、支付条件、支付方式、结算货币等与财务相关的问题进行把关。

（5）法律人员由精通经济贸易各种法律条款，以及法律执行事宜的专职律师、法律顾问或本企业熟悉法律的人员担任。职责是做好合同条款的合法性、完整性、严谨性的把关工作，也负责涉及法律方面的谈判。

（6）翻译由精通外语、熟悉业务的专职或兼职翻译担任，主要负责口头与文字翻译工作，沟通双方意图，配合谈判运用语言策略。在涉外商务谈判中翻译的水平还将直接影响到谈判双方的有效沟通和磋商。

除以上几类人员之外，还可配备其他一些辅助人员，但是人员数量要适当，要与谈判规模、谈判内容相适应，尽量避免不必要的人员设置。

（三）确定谈判班子的规模

依据项目的复杂程度、项目的重要程度和主谈人的素质等因素，谈判小组的理想规模以 4 人左右为宜。

（1）4 人左右谈判小组的工作效率最高。一个集体能够高效率工作的前提是内部必须进行严密的分工和协作，而且要保持信息交流的畅通。如果人数过多，成员之间的交流和沟通就会发生障碍，需耗费更多的精力统一意见，从而降低工作效率。

（2）4 人左右是最佳的管理幅度和跨度。管理幅度的宽窄与管理工作的性质和内容有关。在一般性的管理工作中，管理幅度以 4～7 人为宜，但对于商务谈判这种紧张、复杂、多变的工作，既需要其充分发挥个人独创性和独立应对事情变化的能力，又需要其内部协调统一、一致对外的能力，故其领导者的有效管理幅度在 4 人左右是最佳的。

（3）4 人左右能满足一般谈判所需的知识范围。多数商务谈判涉及的业务知识领域大致是以下四个方面：第一，商务方面，如确定价格、交货风险等；第二，技术方面，如确定质量、规格、程序和工艺等；第三，法律方面，如起草合同文本、合同中各项条款的法律解释等；第四，金融方面，如确定支付方式、信用保证、证券与资金担保等。

（4）4 人左右便于小组成员调换。参与谈判的人员不是一成不变的，随着谈判的不断深入，所需专业人员也有所不同。如在洽谈摸底阶段，生产和技术方面的专家作用大些；而在谈判的签约阶段，法律方面的专家则起关键性作用。这样，随着谈判的进行，小组成员可以随时调换。

（四）谈判人员的分工与配合

谈判人员的分工是指每一个谈判者都有明确的分工，都有自己适当的角色，各司其职。谈判人员的配合是指谈判人员之间思路、语言、策略的互相协调，步调一致，要确定各类人员之间的主从关系、呼应关系和配合关系。

1. 主谈与辅谈的分工与配合

所谓主谈是指在谈判的某一阶段，或针对某些方面的议题时的主要发言人；除主谈以外的小组其他成员处于辅助配合的位置，故称之为辅谈或陪谈。

主谈是谈判工作能否达到预期目标的关键性人物，其主要职业是将已确定的谈判目标和谈判策略在谈判中得以实现。主谈的地位和作用对其提出了较高的要求：深刻理解各项方针政策和法律规范，深刻理解本企业的战略目标和商贸策略，具备熟练的专业技术知识和较广泛的相关知识，有较丰富的商务谈判经验，思维敏捷，善于分析和决断，有较强的表达能力和驾驭谈判进程的能力，有权威气度和大将胸怀，并能与谈判组织其他成员团结协作，默契配合，统领谈判队伍共同为实现谈判目标而努力。

主谈必须与辅谈密切配合才能真正发挥主谈的作用。在谈判中己方一切重要的观点和意见都应主要由主谈表达，尤其是一些关键的评价和结论更得由主谈表述，辅谈决不能随意谈论个人观点或发表与主谈不一致的言论。辅谈要配合主谈起到参谋和支持作用。例如，主谈在发言时，自始至终都应得到辅谈的支持。辅谈可以通过口头语言或肢体语言作出赞同的表示，并随时拿出相关证据证明主谈观点的正确性。当对方集中火力，多人多角度刁难主谈时，辅谈要善于使主谈摆脱困境，从不同角度反驳对方的攻击，加强主谈的谈判实力。当主谈谈到涉及辅谈所熟知的专业问题时，辅谈应给予主谈更详尽的证据支持。当然有关商务条件的提出和对方条件的接受与否都应以主谈为主。主谈与辅谈的身份、地位、职能不能发生角色越位，否则谈判就会因为己方乱了阵脚而陷于被动。

2. "台上"和"台下"的分工与配合

在比较复杂的谈判中，为了提高谈判的效果，可组织"台上"和"台下"两套班子。台上人员是直接在谈判桌上谈判的人员，台下人员是不直接与对方面对面地谈判，而是为台上谈判人员出谋划策或者准备各种必需的资料和证据的人员。

一种台下人员是负责该项谈判业务的主管领导，可以指导监督台上人员按既定目标和准则行事，维护企业利益。也可以是台上人员的幕后操纵者，台上人员在大的原则和总体目标上接受台下班子的指挥，敲定谈判成交时也必须征得台下人员的认可，但是台上人员在谈判过程中仍然具有随机应变的战术权力。

另一种台下人员是具有专业水平的各种参谋，他们主要向台上人员提供专业方面的参谋建议，台上人员有权对其意见进行取舍或选择。当然，台下人员不能过多过滥，也不能过多地干预台上人员，要充分发挥台上人员的职责权力和主观能动性，及时地、创造性地处理好一些问题，力争实现谈判目标。

三、谈判组织的管理

要使谈判取得成功，不仅要组建一支优秀的谈判队伍，还要通过有效的管理，使谈判组织提高谈判力，使整个队伍朝着正确的方向有效地工作，实现谈判的最终目标。

（一）谈判组织负责人的挑选和要求

谈判组织负责人应当根据谈判的具体内容、参与谈判人员的数量和级别，从企业内部有关部门中挑选，可以是某一个部门的主管，也可以是企业最高领导。谈判组织负责人不一定是己方主谈人员，但他是直接领导和管理谈判队伍的人。在选择组织负责人时要考虑以下几点。

（1）具备较全面的知识。

谈判负责人本身除应具有较高的思想政治素质和业务素质之外，还必须掌握整个谈判涉及的多方面知识。只有这样才能针对谈判中出现的问题,提出正确的见解,制订正确的策略,使谈判朝着正确的方向发展。

(2) 具备果断的决策能力。

当谈判遇到机遇或是遇到障碍时,能够敏锐地利用机遇,解决问题,作出果断的判断和正确的决策。

(3) 具备较强的管理能力。

谈判负责人必须具备授权能力、用人能力、协调能力、激励能力、总结能力,使谈判队伍成为具备高度凝聚力和战斗力的集体。

(4) 具备一定的权威地位。

谈判负责人要具备权威性,有较大的权力,如决策权、用人权、否决权、签字权等;要有丰富的管理经验和领导威信,能胜任对谈判队伍的管理。谈判负责人一般由高层管理人员或某方面的专家担任,最好与对方谈判负责人具有相对应的地位。

（二）谈判组织负责人的职责

(1) 负责挑选谈判小组的其他成员,规定谈判小组的人数,明确小组成员的分工。

(2) 管理谈判队伍,协调谈判队伍各成员的心理状态和精神状态,处理好成员间的人际关系,增强队伍凝聚力。

(3) 制订谈判执行计划,组织模拟谈判。

(4) 总管谈判并对有关事宜作出决策:我方让步的时间及程度;哪些条款可以作为交换条件;何时召开小组回顾会议;休会的安排等。

(5) 保持与企业领导通信、汇报、请示,对事务决策负有最后责任。

（三）谈判人员的职责

(1) 谈判前参与信息收集、谈判调研,做好各自的准备工作。

(2) 谈判中为主谈人出谋划策,当好左右手。

(3) 根据工作需要,服从统一指挥,听从主谈人的安排。

(4) 各司其职,各负其责,既有分工,又有合作,随时向主谈人提供有关商务技术、法律金融等方面的知识信息。

(5) 参与合同协议起草和签署,参与谈判工作的总结事宜。

不要由于下列原因任命谈判负责人:此人正好无事可干;此人虽是该产品的技术专家,或是与谈判结果有关的高级经理,但对谈判工作缺乏经验;此人与谈判对手有过私人交往。

（四）高层领导对谈判过程的宏观管理

1. 确定谈判的基本方针和要求

在谈判开始前,高层领导人应向谈判负责人和其他人员指出明确的谈判方针和要求,使谈判人员有明确的方向和工作目标。必须使谈判人员明确以下问题:这次谈判的使命和责任是什么?谈判的成功或失败将会给企业带来怎样的影响?谈判的必达目标是什么?满意目标是什么?谈判的期限是什么?谈判中哪些事可以由谈判班子根据实际情况自行裁决?权限范围有多大?哪些问题必须请示上级才可以决定?

2. 谈判过程中对谈判人员进行指导和调控

高层领导应与谈判者保持密切联系,随时给予谈判人员指导和调控。谈判内外的情况在不断发展变化,谈判桌上有些重要决策需要高层领导批准,有时谈判外部形势发生变化,企业决策有重大调整,高层领导要及时给予谈判者指导或建议,发挥指导谈判队伍的作用。一般来说,在遇到下述情况时,高层领导就有关问题与谈判人员进行联系是十分必要的。

(1) 谈判桌上发生重大变化,与预料的情况差异很大,交易条件的变化已超出授权界限时,需要高层领导作出策略调整,确定新的目标和策略。

(2) 企业本部或谈判班子获得某些重要的新信息,需要对谈判目标、策略作重大调整时,高层领导应及时根据新信息作出决定,授权谈判班子执行。

(3) 谈判队伍人员发生变动时,尤其是主谈发生变动时,要任命新的主谈,并明确调整后的分工职责。

3. 关键时刻适当干预谈判

当谈判陷入僵局时,高层领导出面干预,可以会见谈判对方高层领导或谈判班子,表达友好合作意愿,调节矛盾,创造条件使谈判走出僵局,顺利实现理想目标。

四、成功谈判者应具备的素质

1. 崇高的事业心、责任感

崇高的事业心和责任感是指谈判者要以极大的热情和全部的精力投入到谈判活动中,以对自己工作高度负责的态度抱定必胜的信念去进行谈判活动。只有这样,才会有勇有谋,百折不挠,达到目标;才能虚怀若谷,大智若愚,取得成功。试问,一个根本不愿意进行谈判、对集体和国家都没有责任心的人,代表集体去进行谈判,他会全力以赴吗?会取得成功吗?不会的。再有,一个抱着个人目的代表集体去谈判的人,他会为集体的需要据理力争吗?他会使集体需要获得最大程度的满足吗?不会的。只有具有崇高事业心和强烈责任感的谈判者,才会以科学严谨、认真负责、求实创新的态度,本着对自己负责、对别人负责、对集体负责的原则,克服一切困难,顺利完成谈判任务。

2. 坚韧不拔的意志

商务谈判不仅是一种智力、技能和实力的比试,更是一场意志、耐性和毅力的较量。有一些重大艰难的谈判,往往不是一轮、两轮就能完成的。对谈判者而言,如果缺乏应有的意志和耐心,是很难在谈判中取得成功的。意志和耐心不仅是谈判者应具备的心理素质,也是进行谈判的方法和技巧。

著名的《戴维营协议》就是一个由于坚持不懈而促成谈判成功的经典案例。这次谈判的成功,应归功于卡特的耐心和意志。卡特总统是一位富于伦理道德的正派人,他最大的特点就是持久和耐心。有人曾评论说,如果你同他一起待上 10 分钟,你就像服了一服镇静剂一样。

为了促成埃及和以色列的和平谈判,卡特精心地将谈判地点选择在戴维营,那是一个没有时髦男女出没,甚至普通人也不去的地方。尽管那里环境幽静、风景优美、生活设施配套完善,但卡特总统仅为 14 人安排了两辆自行车作为娱乐设备。晚上休息,住宿的人可以任选三部乏味的电影中的任何一部观看。住到第 6 天,每个人都把这些电影看过两次了,他们厌烦得近乎发疯。但是每天早上 8 点钟,萨达特和贝京都会准时听到卡特的敲门声和那句熟悉的单调话语,"你好,我是卡特,再把那个乏味的题目讨论上一天吧。"正是由于卡特总统的耐心、坚韧不拔、毫不动摇,到了第 13 天,萨达特和贝京都按捺不住了,再也不想为谈判中的一些问题争论不休,这就有了著名的戴维营和平协议。

3. 以礼待人的谈判诚意和态度

谈判的目的是较好地满足谈判双方的需要,是一种交际、合作,谈判双方能否互相交往、信任、取得合作,还取决于谈判双方在整个活动中的诚意和态度。谈判作为一种交往活动是人类自尊需要的满足,要得到别人的尊重,前提是要尊重别人。谦虚恭让的谈判风格、优雅得体的举止和豁达宽广的胸怀是成功谈判者所必需具备的素质。在谈判过程中以诚意打动对方,可以使谈判双方互相信任,建立良好的交往关系,有利于谈判的顺利进行。

谈判桌上谦和的态度和化敌为友的含蓄委婉,比任何场合的交谈都更为重要。例如,人挨着谈判桌,摆出一副真诚的姿态,脸上露出淡淡的笑意,对方发言时总是显出认真倾听的样子,常常是很讨人喜欢的。"是呀,但是……";"我理解你的处境,但是……""我完全明白你的意思,也赞同你的意见,但是……",这些话既表达了对对方的尊重、理解、同情,同时又阐明了"但是"以后所包含的内容,使谈判向成功又迈进了一步。

4. 良好的心理调控能力

要完成伟大的事业没有激情是不行的。但在激情下面,限制我们激情所激发的行动是那种广泛、不受个人情感影响的观察。谈判是一种高智能的斗智比谋的竞赛活动,感情用事会给谈判造成很不利的影响。一名成功的谈判者,应具有良好的心理调控能力,在遭受心理挫折时,善于作自我调节、临危不乱、受挫不惊,在整个谈判过程中始终保持清醒、冷静的头脑,保持灵敏的反应能力、较强的思辨性和准确的语言表达,使自己的作用和潜能得以充分发挥,从而促成谈判。

第三节　商务谈判计划的制订

一、商务谈判计划的要求

(一)商务谈判计划的合理性

商务谈判计划的合理性必须建立在周密细致的调查和准确科学分析的基础上,真正体现企业的根本利益和发展战略,并能对谈判人员起到纲领性指导作用。谈判计划的合理性要考虑以下几方面问题。

(1)合理只能是相对合理,而不可能做到绝对合理。现实中,任何一个可行方案都难以达到绝对合理的要求。这是由于制订计划前所掌握的资料和各类信息不可能绝对准确和全面,对社会环境、经济环境、谈判对手的评价和预测不可能绝对正确,谈判过程中会受到偶然因素的影响,会出现意外的变化,加之谈判人员思想水平和认识能力都有一定的局限性,所以很难制订出一个绝对合理的安排计划,所谓谈判计划的合理性只能是一个相对的概念。

（2）"合理"是一个应从理性角度把握的概念。任何谈判都不可能追求十全十美，也不容易达到最满意的目标。幻想没有任何妥协和让步获得全盘胜利是不现实的。谈判不能以最理想的方案作为目标，而只能以比较令人满意的目标作为评估标准。如果符合国家大政方针，符合企业根本利益，有利于企业长远合作和发展，满足谈判时间的要求，能够在确保可接受的最低限度的基础上，实现期待目标值，这就是一个合理的计划。

（3）合理是谈判双方都能接受的合理。谈判计划虽然是己方人员制订给自己人看的计划，但是这个计划应该是和对方进行过多次接触和交流之后，双方在一些关键性问题达成共识之后制订的，因此它的合理性已经渗入对方的意愿。而且计划目标能否实现，谈判策略能否奏效，让步幅度是否合适，这些必然受到对方态度的影响。只顾己方利益和条件不考虑对方各种因素，这个计划的合理性是没有可靠保证的。

（二）商务谈判计划的实用性

商务谈判计划内容力求简明、具体、清楚，要尽量使谈判人员很容易记住其主要内容和基本原则。涉及的概念、原则、方法、数字、目标一定要明确，不要因为概念模糊不清而导致理解上的混乱。计划内容要具体，不能过于空泛和抽象，不要有过多的夸张、描绘、情感语言。

具体例子参见以下两种表达方式。

（1）"我们应当尽可能争取最高利润。"

"我们必须以最低的价格来购买该技术。"

"我们要求对方提供的技术应尽可能先进。"

"要争取尽快地解决运输问题。"

——这些语言对制订决策毫无帮助。

（2）"我们必须以不高于 6 000 万元的价格来引进这套设备。"

"对购进的产品按每批 1 000 件计，单位每件不超过 1.50 元，用本公司的第三套抽样检验办法，不良品率不得超过 1%。"

——用定量的语言或数据来表达。

（三）商务谈判计划的灵活性

谈判过程中各种情况都可能发生突然变化，要使谈判人员在复杂多变的形势中取得比较理想的结果，就必须使谈判计划具有一定的灵活性。谈判人员要在不违背根本原则的前提下，根据情况的变化，在权限允许的范围内灵活处理有关问题，取得较为有利的谈判结果。谈判计划的灵活性表现在：谈判目标有几个可供选择的目标；策略方案根据实际情况可选择某一种方案；指标有上下浮动的余地，还要把可能发生的情况考虑在计划中，如果情况变动较大，原计划不合适，可以实施第二套备用计划。

二、商务谈判计划的内容

商务谈判计划主要包括谈判目标、谈判策略、谈判议程以及谈判人员的分工职责、谈判地点等内容。

（一）谈判目标的确定

商务谈判人员根据企业经营目标，通过可行性分析和估量，结合考虑诸方面的影响因素而确定谈判期望水平。商务谈判的目标主要是以满意的条件达成一笔交易，确定正确的谈判目标是保证谈判成功的基础。

商务谈判目标可分为三个层次。

1. 最低限度目标

最低限度目标是在谈判中对己方而言毫无退让余地，必须达到的最基本目标。对己方而言，宁愿谈判破裂，放弃商贸合作项目，也不愿接受比最低限度目标更低的条件。因此，也可以说最低限度目标是谈判者必须坚守的最后一道防线。

2. 可接受目标

可接受目标是谈判人员根据各种主、客观因素，经过对谈判对手的全面估价，对企业利益的全面考虑、科学论证后所确定的目标。这个目标是一个区间或范围、己方可努力争取或作出让步的范围，谈判中的讨价还价就是在争取实现可接受目标，所以可接受目标的实现，往往意味着谈判取得成功。

3. 最高期望目标

最高期望目标是对谈判者最有利的一种理想目标，实现这个目标将最大化地满足己方利益。当然，己方的最高期望目标可能是对方最不愿接受的条件，因此很难得到实现。但是确立最高期望目标是很有必要的，它激励谈判人员尽最大努力去实现高期望目标，也可以很清楚地评价出谈判最终结果与最高期望目标存在多大差距。在谈判开始时，以最高期望目标作为报价，有利于在讨价还价中使己方处于主动地位。

谈判目标的确定是一个非常关键的工作。首先，不能盲目乐观地将全部精力放在争取最高期望目标上，而很少考虑谈判过程中会出现的种种困难，以免造成束手无策的被动局面。谈判目标要有一点弹性，定出上、中、下限目标，根据谈判实际情况，随机应变，调整目标。其次，所谓最高期望目标不仅有一个，可能同时有几个目标，在这种情况下，就要将各个目标进行排队，抓住最重要的目标努力实现，而其他次要目标可以降低要求。最后，己方的最低限度要严格保密，除参加谈判的己方人员之外，绝对不可透露给谈判对手，这是商业机密。如果一旦疏忽大意，透露出己方最低限度目标，就会使对方主动出击使己方陷于被动。

（二）商务谈判目标的估量

商务谈判目标的估量是指谈判人员对所确立的谈判目标在客观上对企业经济利益和其他利益（如新市场区域的开拓、知名度等）的影响及所谈交易在企业经营活动中的地位等所做的分析、估价和衡量。基本估量方法步骤如表 6-2 所示。

第一，提出谈判目标影响企业利益的因素，并将这些因素汇集起来列在表中第一列。

第二，根据每个项目对企业的重要性分别给一个项目估量分数作为底分。假如每项为 10 分，列在第二列。

第三，给谈判目标对经营目标每项因素影响的程度分别打分，即给出估分，并略加评议，列在表中第三列和第四列。

表 6-2   商务谈判目标估量表

影响企业利益的因素（A）	底分（B）	估分（C）	评议（D）
该项谈判目标是否与本企业经营目标一致	10	10	一致
该项谈判的交易是否企业业务活动的主流	10	8	属于企业目前的主要活动
该项谈判的交易对本企业现有市场占有率的影响	10	7	这笔交易的达成会在一定程度上扩大企业现有的市场占有率
该项谈判的交易机会是否目前最有利的	10	5	经调查近期做这笔交易的机会还有一个
该项谈判目标的达成对降低企业经营成本的影响	10	8	有利于降低企业经营成本
预计价格目标的达成其利润率是否符合经营目标利润率	10	10	利润率略高于企业经营成本
达成谈判的交易是否会提高企业的知名度	10	6	能在一定范围内提高本企业的知名度
总计	70	54	
估分占项目估量总分的比率	$54/70 \times 100\% = 77.14\%$		

第四，加计项目估量底分和估分，并计算总估分占项目估量总底分的比率。

（三）商务谈判目标可行性分析

1. 可行性分析的主要内容

可行性分析主要包括以下内容：本企业的谈判实力和经营状况、对方的谈判实力和经营状况、资信情况和交易条件、态度、谈判风格等；竞争者的状况、他们具有的优势、可能和已经采取的竞争措施等；商品的供求状况；影响谈判的相关因素；以往合同的执行情况。

2. 商务谈判目标可行性分析方法

要对价格、质量与决策人的不同组合进行评估。

（1）对方只考虑价格因素并由一个决策人作出购买决定。

估量方法：只能根据自己所具有的关于竞争者价格的经验和收到的信息来确定成功概率，这就决定了估量的成功概率是否准确只有依赖于经验和信息的可靠性。

（2）对方考虑价格、质量两种因素，但仍由一个决策人作出购买决定。

估量方法：第一步，对收集到的信息进行分析，找出哪些因素影响买者的决策，并确定各因素对购买者的影响程度。各因素的影响程度可用估量权数来表示。第二步，从购买决策人的角度比较本企业与竞争者在各因素上的优势和劣势，并确定优劣程度。优劣程度可用估量分数来表示，如表 6-3 所示。

（3）对方考虑多种因素，并由集体作出购买决定。

估量方法：第一步，分别估量出由一个决策集体成员单独决策时的成功概率，方法与第二种情况相同。第二步,根据每个成员在决策中的影响力,估量出集体共同决策时的成功概率。

表 6-3　方 法 举 例

单独决策时成功率×甲在决策中影响力＋乙单独决策时成功率×乙在决策中影响力					
估量因素	估量分数的分配		买主对各因素重要性的估量权数	经买主估量权数之后的估量分数分配	
	本企业	竞争者		本企业	竞争者
价格	60	40	60％	36	24
质量	30	70	40％	12	28
经过买主估量权数的总分				48	52

假如由甲乙两人共同决策,则本企业成功的概率如表 6-3 所示。

对市场竞争、经营态度、时限诸因素的评估如下:

以买方为例,能否达到谈判目标,必须了解并估量市场竞争情况、本方在购买经营上的态度以及采购受到的时间限制。市场竞争情况、在开拓经营上的态度和采购时限三项因素同样可以设计为权数进行量的评估。

商务谈判目标的可行性研究,一方面使谈判的本方明确其谈判目标成功的概率;另一方面有助于本方发现自己的不足,从而有针对性地采取有力措施提高成功的概率。

（四）谈判策略的部署

谈判目标确定以后,就要拟订实现这些目标所采取的基本途径和策略。谈判策略有多种,要根据谈判过程中可能出现的情况,事先有所准备,心中有数,在谈判中灵活运用。

以下两种基本谈判策略的选择。

(1) 速决策略。在谈判中能够促进快速达成协议,完成谈判任务的一些策略。

(2) 克制策略。谈判者所选择的交易条件有足够的吸引力,预计对方不会置之不理,这种交易条件留有一定的谈判余地,对对方的某些要求也可以考虑予以满足。

在谈判中,任何一方谈判策略的选择是否恰当都要取决于他与对手的关系是主导、从属,还是不确定。若其在与对手的关系中占主导地位,就应选择速决战略;若为从属地位,就取决于对手所选择的战略;如果不确定地位关系,就可以选择克制策略。

（五）谈判议程的安排

谈判议程的安排对谈判双方非常重要,议程本身就是一种谈判策略,必须高度重视这项工作。谈判议程一般要说明谈判时间的安排和谈判议题的确定。谈判议程可由一方准备,也可由双方协商确定。议程包括通则议程和细则议程,通则议程由谈判双方共同使用,细则议程供己方使用。

1. 时间安排

时间安排就是确定谈判在什么时间举行、多长时间、各个阶段时间如何分配、议题出现的时间顺序等。谈判时间的安排是议程中的重要环节。如果时间安排得很仓促,准备不充分,匆忙上阵,心浮气躁,就很难沉着冷静地在谈判中实施各种策略。如果时间安排得很拖延,不仅会耗费大量的时间和精力,而且随着时间的推移,各种环境因素都会发生变化,可能错过一些重要的机遇。

2. 影响时间安排的因素

(1) 谈判的准备程度。如果已经做好参加谈判的充分准备,那么把时间安排得越早越好,而且也不怕马拉松式的长时间谈判;如果没有做好充分准备,不宜匆匆忙忙开始谈判。

(2) 谈判人员的身体和情绪状况。如果参加谈判的人员多为中年以上的人,要考虑他们的身体状况能否适应较长时间的谈判,如果身体状况不太好,可以将长时间谈判分割成几个较短时间的阶段谈判。

(3) 市场形势的紧迫程度。如果所谈项目与市场形势密切相关,瞬息万变的市场形势不允许稳坐钓鱼台式的长时间谈判,谈判就要及早及时,不要拖太长的时间。

(4) 谈判议题的需要。对于多项议题的大型谈判,不可能在短时间内解决问题,所需时间相对长一些;对于单项议题的小型谈判,没有必要耗费很长时间,力争在较短时间内达成一致。

3. 时间安排策略

(1) 主要的议题或争执较大的焦点问题,最好安排在总谈判时间的 3/5 时提出来。这样经过一定程度的交换意见,有一定基础,又不会拖得太晚而显得仓促。

(2) 合理安排己方各谈判人员发言顺序和时间,尤其是关键人物关键问题的提出应选择最成熟的时机,当然也要给对方人员足够的时间表达意向和提出问题。

(3) 对于不太重要的议题、容易达成一致的议题可以放在谈判的开始阶段或即将结束阶段,应把大部分时间用在关键性问题的磋商上。

(4) 己方的具体谈判期限要在谈判开始前保密,如果对方摸清己方谈判期限,就会在时间上用各种方法拖延,待到谈判期限快要临近时才开始谈正题,迫使己方为急于结束谈判而匆忙接受不理想的结果。

4. 确定谈判议题

议题就是谈判双方提出和讨论的各种问题。

(1) 将与本谈判有关的问题罗列出来,尽可能不遗漏。哪些问题是主要议题,列入重点讨论范围;哪些问题是非重点问题;哪些问题可以忽略。这些问题之间是什么关系,在逻辑上有什么联系? 对方可能提出哪些问题? 哪些问题需要认真对待、全力以赴去解决? 哪些可以让步? 哪些可以不予讨论?

(2) 根据对本方利益有利还是不利的准则将问题分类,尽可能列入有利问题,而排除不利问题。

三、商务谈判地点的选定

商务谈判地点的选定一般有三种情况,分别是主场谈判、客场谈判和中立地谈判。不同地点均有其各自的优点和缺点,需要谈判者充分利用地点的优势,克服地点的劣势,变不利为有利,促使谈判成功。

（一）主场谈判

1．有利因素

（1）谈判者在家门口谈判，有较好的心理态势和自信。

（2）己方谈判者不需要耗费精力去适应新的环境和人际关系，可以把精力更集中地用于谈判。

（3）可以选择己方较为熟悉的谈判场所，按照自身的文化习惯和喜好布置谈判场所。

（4）作为东道主，可以通过安排谈判之余的活动来掌握谈判进程，并且从文化上、心理上对对方施加潜移默化的影响。

（5）"台上"人员与"台下"人员的沟通联系方便，谈判队伍可以非常便捷地随时与高层领导联络，获取所需资料和指示，谈判人员心理压力相对比较小。

（6）谈判人员免去旅途劳累，可以以饱满的精神和充沛的体力去参加谈判。

（7）节省差旅费和旅途时间，提高经济效益。

2．不利因素

（1）由于身在公司所在地，不易与公司工作彻底脱钩，经常会由于公司事务需要解决而干扰谈判人员，分散谈判人员的注意力。

（2）由于离高层领导近，联系方便，容易产生依赖心理，一些问题不能自主决断而频繁地请示领导，可能会造成失误和被动。

（3）己方作为东道主负责安排谈判会场以及谈判中的各种事宜，要负责客方人员的接待工作、安排宴请、游览等活动，负担较重。

（二）客场谈判

1．有利因素

（1）己方人员远离家乡，可以全身心投入谈判，避免来自工作和家庭的干扰。

（2）在高层领导规定的范围内，更有利于发挥谈判人员的主观能动性，减少谈判人员的依赖性。

（3）可以实地考察对方公司的情况，获取直接信息。

（4）省却了作为东道主必须负责招待、布置场所、安排活动等事务。

（5）可向对方要求合理待遇，有终止谈判的理由。

2．不利因素

（1）由于与公司相距遥远，某些信息传递困难，某些重要问题不易及时磋商。

（2）谈判人员对当地环境、气候、风俗、饮食等方面会不适应，再加上旅途劳累、时差等因素，会使谈判人员身体状况受到不利影响。

（3）在谈判场所和日程安排等方面处于被动地位，己方也要防止对方过多安排景点等活动而消磨谈判人员的精力和时间。

（三）中立地谈判

有利因素是在中立地谈判对双方来讲都是公平的，不存在偏向和东道主优势，也无作客他乡的劣势；中立地通常招待亲切，立场公平、公正，隐秘性高，双方容易投入。

不利因素是双方可能要为谈判地点的确定而谈判，地点的确定要使双方都满意也不是一件容易的事。

（四）在双方所在地轮换谈判

有些多轮谈判可以采取在双方所在地轮流交叉谈判的方式。这样的好处是对双方都是相对公平的,也可以相互考察对方的实际情况,增进双方间的相互了解,融洽感情。

四、商务谈判场所的选择与布置

（一）商务谈判场所的选择

商务谈判地点的选择应满足以下几方面要求。

(1) 谈判室所在地交通、通信方便,便于有关人员来往,便于满足双方通信要求。

(2) 环境优美安静,避免外界干扰。

(3) 生活设施良好,使双方在谈判中不会感觉到不方便、不舒服。

(4) 医疗卫生、安保条件良好,使双方能够以饱满的精神参加谈判。

(5) 作为东道主应当尽量征求客人的意见,达到让客人满意的效果。

（二）商务谈判场所的布置

较为正规的谈判场所可以有三类房间:主谈室、密谈室和休息室。

(1) 主谈室布置:主谈室应宽大舒适,光线充足,色调柔和,空气流通,温度适宜,使双方能心情愉悦、精神饱满地参加谈判。谈判桌居于房间中间。主谈室不设电话,以免干扰谈判进程,泄露有关秘密。主谈室也不要安装录音设备,录音设备对谈判双方都会产生心理压力,难以畅所欲言,进而影响谈判的正常进行。如果双方协商同意,也可以安装录音设备。

(2) 密谈室布置:密谈室是供谈判双方内部协商机密问题单独使用的房间。它最好靠近主谈室,有较好的隔音性能,室内配备黑板、桌子、笔记本等物品,窗户要有窗帘,光线不宜太亮。作为东道主,绝不允许在密谈室安装微型录音设备偷录对方密谈信息。作为客户如在外地谈判,使用密谈室要提高警惕。

(3) 休息室布置:休息室是供谈判双方在紧张的谈判间隙休息用的,休息室应该布置得轻松、舒适,以便能使双方放松紧张的神经。休息室应布置一些鲜花,放一些轻柔的音乐,准备一些茶点,以便于调节心情、舒缓气氛。

（三）商务谈判座位的安排

谈判双方座位安排对谈判气氛、内部人员之间的交流、谈判双方开展工作都有着重要的影响。

谈判座位的安排也要遵循国际惯例,讲究礼节。通常可安排两种方式就座。

1. 双方各居谈判桌的一边,相对而坐

谈判桌一般采用长方形条桌。按照国际惯例,以正门为准,主人应坐背门一侧,客人面向正门而坐;若谈判桌窄的一端面向正门,则以入门的方向为准,右边坐客方人员,左边坐主方人员。主谈人居中而坐,翻译安排在主谈人右侧紧靠的座位上,其他人员依职位分工分两侧就坐。

这种座位的安排方法适用于比较正规严肃的谈判。它的好处是双方相对而坐,中间有桌子相隔,有利于己方信息保密,一方的谈判人员相互接近,便于商讨和交流意见,也可形成心理上的安全感和凝聚力。它的不利之处在于人为地造成双方的对立感,容易形成紧张的谈判氛围,对融洽双方关系有不利的影响。

2. 双方谈判人员混杂交叉就座

可用圆形桌或者不用桌子,双方在围成一圈的沙发上混合就座。这种座位方式适合于双方关系比较融洽的谈判。它的好处是双方不表现为对立的两个阵营,有利于融洽关系,活跃谈判气氛,减轻对立心理情绪。不利之处是双方人员被分开,成员可能会有一种被孤立的感觉。同时不利于己方谈判人员之间协商问题和资料保密。

第四节　商务谈判方案的制订

一、确定谈判目标

确定谈判目标是谈判的起点,也是进行谈判、策划的出发点。谈判是在目标确定的基础上再制订谈判方案,是对谈判所要达到结果的设定,是整个谈判策划工作的核心。

在商务谈判中,谈判双方的谈判目标往往是矛盾的。因此,我们在制订谈判策略时,为保证谈判的顺利进行,必须考虑谈判各方的目标,特别是冲突目标间的调停。

例如:某工业建筑(厂房)不动产出售。资产拥有者希望在这笔生意中将厂房卖出,以期达到如下目的。

(1) 将这座工业建筑物"脱手"(自我中心目标);

(2) 增加流动资产(自我中心目标);

(3) 避免进一步损失,因为生意上已经出现赤字(保护性目标);

(4) 最大限度地抬高售价以获取最大限度的纯利润(竞争性目标);

(5) 以最低限度的上缴税率而又不增加买主负担的方式销售(自我中心目标);

(6) 使买主和业主都能以最低限度的纳税率来分配收益(对买主来说既是合作性目标又是自我中心目标;对业主来说是自我中心目标)。

上述某些目标要有买主的支持和同意方能实现,因此,它们又包含了合作性目标。

一般的贸易谈判的目标指标主要有确定价格、商品质量、交货日期、付款方式和费用、对方的可靠性、合同期限以及合同续签的优先权等内容。例如,一项投资合作、共同组建新的经济实体的谈判目标主要包括投资控股权(投资股权比率及相应资产作价)、新公司的经营权分配、新公司财务控制制度、合作的期限、投资各方的权益保证等内容。

二、搜集谈判所需情报资料

在确定谈判目标后,要根据谈判目标的要求,在谈判前尽可能获取与谈判相关的情报资料,如谈判目标、双方论点、市场、对方及其谈判人员的主要利益、双方及各自谈判人员的优劣势、对方的底价,以及经济、社会或政治气候的影响。这是谈判策划的基础,也是整个谈判成功与否的基石。谈判策划所需的主要情报资料如下。

（1）己方的目标；

（2）双方的论点；

（3）有关的市场数据；

（4）双方和谈判者的主要利益；

（5）双方和谈判者的优劣势；

（6）对方的底价；

（7）目前的经济、社会和政治气候的影响。

实际上这种情报的搜集往往在谈判目标的确定前就已经开始了，而且贯穿整个谈判过程，在谈判开始前要搜集信息。

如：某项专利技术的出售者在谈判开始前，要尽可能搜集事实材料获得信息，包括以下内容。

（1）潜在购买者为发展或获得同种或相当的技术而做的努力；

（2）潜在购买者可能通过获得该项技术而获得的经济和其他方面的利益；

（3）潜在购买者为了切实运用该技术（如果购买成功的话）而付出的费用和时间。

三、确定谈判争议点

在谈判目标确定后，通过对相关资料的分析，就必须对达成每一个目标而存在的争议点进行研究。谈判的争议点是当谈判双方由于各自谈判目标不一致而发生冲突和即将发生冲突时产生的矛盾焦点。在一定程度上说，谈判就是为了有效解决争议点而进行的磋商活动。没有争议点的谈判仅仅是一种商务事项的明确，而非真正意义上的谈判。

所有的争议点可以分为经济类和非经济类两种，也可以根据争议点获取收益的长短分类。对争议点的分析，首先必须分析双方矛盾所在，以了解谈判的具体要点。在确定有哪些争议点的基础上，分析各争议点的实质内涵，研究各争议点之间的相互联系，最后确定各争议点的主次层级关系。当确定争议点后，要对照已搜集的信息，对谈判目标进行重新审定。目标与争议点相比照后，如果发现当初定的目标不切实际，就应当对照目标进行适当调整。对谈判争议点的分析可以从以下角度进行。

（1）已经获得的信息和还需要获得的信息；

（2）当争议点影响每一目标时产生的具体利弊；

（3）相关市场因素；

（4）优势、劣势各方的兴趣、利益；

（5）对方在谈判开始时可能的态度和底价；

（6）可能的双方获利结果；

（7）谈判开始时的立场态度；

（8）真实的底价；

（9）选择的战略战术；

（10）可能的让步和权衡。

有时争议点的提出会被作为一种战术使用，所以进行争议点分析时，还必须辨明对手所提出的争议点是真实的还是虚假的。当谈判者单独提出一个争议点以交换让步，而该让步对另一方来说其价值高于它要求更换的东西,也会产生争议点,确定真实的争议点有助于识别对方谈判者是否正运用这一战术制造虚假的争议点。

四、谈判双方的优劣分析

为了进一步评判谈判双方所处的地位,必须系统分析谈判双方所处的环境、条件及其所提供的机会及威胁,分析己方与谈判对手所拥有的资源优势与劣势。这是确定谈判战略战术的先决条件。

由于商务谈判的交易物都有其市场基础,因此市场分析往往是商务谈判环境分析的一项重要内容。它包括对谈判物的市场价值的分析、对商业惯例的评估、与谈判对象相关谈判方法的市场习俗和规范及参与者的主观价值。

对己方在谈判中所拥有的优势及存在的劣势的确定,以及对对方优劣势的评估将影响到谈判基础战略与战术的运用。通过对上述因素进行分析,己方可以在谈判中扬长避短,创造与本方有利的谈判氛围与谈判地位,并针对对手的弱点与不足,进行有力的攻击。

(一)确定和评估谈判各方的优劣势

1. 谈判双方的关系

谈判双方的关系可以分为4种类型。

(1)独立。各方至少有一个其他可行选择。

(2)依赖。各方均没有其他可行选择。

(3)程度不等的互相依赖。各方均缺乏可行选择,但一方比另一方更需要签订协议。

(4)单方面依赖。只有一方缺乏可行选择。

2. 确定和评估谈判各方的优劣势

确定和评估谈判各方的优劣势,要在确定谈判各方的关系性质的基础上,从以下几个方面着手。

(1)各方的主要利益点;

(2)环境造成的压力和限制;

(3)其他谈判人员的影响。

(二)主要利益

无论是在计划还是谈判中,谈判者都应该懂得,除非双方都认为这些条款要比不签协议继续谈判更为有利,而且符合自己的最佳利益,否则就不会达成协议。而评估计谈判双方优劣势的最好方法就是考虑自己的和对手的主要利益。如果自己能够影响对方的主要利益,就已经发现了自己在谈判中的一个优势。

参加商务谈判双方的主要利益不外乎三点:达成一个公认公正的结果;获得越多越好;避免损失。

在双方利益的基础上,还应估计双方赋予各项目的价值以及可能的谈判结果。例如,在交易时,应评估双方谈判需要有什么不同,或者签订协议怎样创造出比无协议时更多的优惠以供分享。如果购买者和销售者对商品的估价完全一致,他们就不会签约交易,因为任何一方都得不到利润。例如,某件商品能卖到100元,是因为销售者认为100元大于该商品的价值(成本),使之有利可图,他才愿意卖;另一方面,购买者则认为该商品的价值要高于 100 元,认为交易是划算的,他才愿意买。只有这样,交易才可能完成。所以,一般商务谈判协议的达成是基于这样一些共识:各方均放弃一些条件,以获得彼此认为价值更高的另一些条件;各方均获得了比各自放弃的具有更高价值的条件。

(三) 估计对手的主要利益

要估计对手的主要利益,就应尽可能全面地回答:为什么对方想参加这一次交易? 这需要从以下 7 个互相重叠的问题着手分析。

1. 对手的真正需要

谈判者首先应划清对手的真正需要与看似真正需要两者之间的界限。以下几个问题可用来判断对方的真正需要。

(1) 为什么对方会对某一问题是否有谈判的可能性感兴趣?

(2) 有没有足够的理由让对方心甘情愿地为此次谈判承担责任?

(3) 对方希望得到什么?

(4) 对方希望得到的东西为什么对对方如此重要?

(5) 如果要缓签甚至取消某一谈判协议对对方来说会有什么问题?

(6) 对推进和完善某一谈判协议,对方有什么计划和期望?

(7) 对方有多少不同利益? 在对方表面需求之下是否还隐藏着其他更为基本的需要?

(8) 对方是否强调合法性和公正性? 如果是,其侧重点在程序方面还是在实质方面,或者是两者兼而有之?

(9) 对方以往在相似情景下有何举措?

2. 对手背景

对方的背景分析包括考查对方有关人员的培训、职业、履历及个人习惯。在这些方面的不同表现往往反映出各人不同的处世哲学和人生价值观。这些不同既可能为双方达成协议创造某种机会,亦可能起阻碍作用。不同的价值观很可能会使谈判变得容易一些,因为就同一议题作出的不同价值判断往往会为双方采用共赢战术和互惠战术创造更多的机会,这样也就导致谈判中会出现妥协和让步。当然也要注意的是,不同的预测也可能导致双方的误解和无效沟通,从而成为谈判达成的障碍。

如果双方具有一些共有的背景可能更有助于谈判。在谈判之前必须了解你与对方以前是否有过关系或者有没有其他关系。如果有,那应该通过以下几个问题分析这些共有背景的意义。

(1) 你们在过去的谈判中或你们双方的关系是处于友好状态还是敌对状态?

(2) 你们过去的谈判和相处过程中,是否发生过任何特殊事件可能影响对方现在的需要、业务以及优势?

(3) 对双方来说,以前的谈判是否很成功且足以使他们相信眼前的谈判肯定亦会走向对双方都有利的结果? 如果不是,那么是否有可能通过这次谈判来缓解以前的僵局或挽回失败?

3. 对手对协议的需要

对手对协议的需求性质和强度也将影响谈判双方的谈判地位,成为谈判对手主要利益点的重要因素。以下问题有助于判断对手对协议的需要程度。

(1)对方希望多少条款在谈判中达成一致?

(2)如果问题通过协议得到解决,对方会获得怎样的结果?

(3)如果问题没有通过谈判得以解决,对方又会怎样?

(4)如果问题没有通过谈判得以解决,对方会有哪些变通措施?

(5)假设双方的和解范围是相同的,那么双方所要达成的协议的可能获利范围如何?

(6)如果达成协议,最可能的收获是什么?

(7)如果协议不能达成,会产生哪些结果?

(8)如果协议不能达成,最可能的结果是什么?

(9)对方是否愿意冒险?

4. 对方及对方谈判者的个人感受

个人感受是确定对方主要利益的第四个根据。通过对下列问题的了解,你必须清楚对方及对方谈判者的个人感受。

(1)对方及对方谈判者的个人喜好或倾向是否会影响对方的目标和优势?

(2)对方及对方谈判者的个人憎恶和类似倾向是否会影响对方的目标和优势?

(3)对方及对方谈判者的个人权利、特权、思想倾向、工作责任心以及偏见是否会影响谈判?

5. 对对方的其他影响

除上述影响外,还有下列因素可能影响对方的主要利益。

(1)心理效应;

(2)家庭压力;

(3)社会标准、社会习俗、传统习惯;

(4)长期和短期的政治状况;

(5)长期和短期的经济状况。

6. 环境造成的压力和限制

商务谈判中双方会受到环境压力和限制的影响。谈判的压力也可能源于双方有意回避某些协议或急于求成。尽管这些压力可能和对方的主要利益相吻合,但它们也有可能源于当时特殊环境的压力、个人习性或真正内在的需要。下列是一些引发环境压力和限制的因素。

(1)双方表现出很强的个性,敢于冒风险并承受不稳定带来的压力;

(2)各项议题、条款或协议的达成将成为谈判代价过于昂贵的先例,影响到未来双方的谈判地位;

(3)如果达成的某项议题、条款或协议,将为未来提供有用的先例;

(4)任何为销售或购买提出的有特殊内容的条款;

(5)谈判一方所拥有的业务上的、社会的、政治的或个人的权势;

(6)谈判一方对引起诉讼的担忧;

（7）是否有潜在的谈判竞争者,这些谈判竞争者也在同你的谈判对手进行交易,并且很有可能阻碍己方和谈判对手之间的交易;

（8）影响长期或短期协议达到理想化程度的优势和劣势;

（9）在成本或价格方面存在预料中的阻碍,影响了长期或短期协议的理想化程度;

（10）来自第三方的对其中一方的不良评价会影响该方的信誉。

7. 对方谈判者的个人喜好、个性以及行为方式

谈判者必须考虑对方谈判者的个人喜好及其个性。如果对方谈判者能代表对方但委托权限有限,那么,还必须考虑对方的最后决策人的个人喜好和个性情况。对谈判对手个性的判断可以从以下几个方面进行。

（1）诚实程度;

（2）掌握控制权的欲望;

（3）他是否倾向回避与人冲突,或者喜欢竞争还是喜欢合作;

（4）个人特定形象(如坚韧不拔、公正、骄傲、积极向上等);

（5）出于谈判者和决策人的个人利益而常轻视企业利益;

（6）喜欢冒险并且有能力承担任何不确定的压力。

五、估计对方的底价及初始立场

运用充分的想象力,较准确地估计对方的底价,并通过分析对方的观点及己方针对每一论点和目标改变对方的能力,估计对方在谈判开始时的立场态度,是制订谈判战略战术方案的重要前提。

（一）预测谈判对手的谈判底线

预测谈判对手的谈判底线之前,要明确两个问题:一是根据己方对现实的估算,确定谈判对手可能接受的最糟糕的结局会是什么;二是如果己方的战略战术奏效,期望的最好结局又会是什么。

谈判双方对谈判目标、经济或非经济的成本、附加的谈判拖延、谈判困难、谈判中断等问题的价值评估,会影响他们在谈判中所确定的谈判底线。谈判双方的谈判底线也会相互影响。所以,在测定对方的谈判底线时也要考虑到对方是如何估计本方的谈判底线的。在预测对方谈判底线的同时,谈判者还要预测一下谈判对手对谈判结果的最高期望值。

（二）预测谈判对手的初始立场

要预测谈判对手的初始立场,就得考虑以下两个问题。

（1）谈判对手会不会恰在或低于最高期望值的点上开始谈判,而其目的是为以后的条件交换、让步或改变自己的错误估计打下伏笔?

（2）如果对方在高于最高期望值的点上开场,最终可能高出多少?

对每一条款的价值的理解和期望会影响双方的立场。谈判双方对谈判结果期望值的现实程度将会影响到谈判协议的可能性,也就是说,由不现实的期望值导致的不现实要求往往会降低协议达成的可能性。

六、制订谈判的战略、战术方案

在完成了上述各项信息搜集与分析工作后,接着所要做的就是制订谈判的战略战术方案。谈判战略战术方案的制订是整个谈判策划工作的核心与灵魂,谈判的成功与否直接受所制订的战略战术方案的影响。恰当的战略战术方案是谈判成功的有力保证。商务谈判的战略战术方案主要包括:确定初始立场、确定谈判底线、选择谈判战略战术、考虑让步和条件交换等内容。

（一）确定初始立场

确定谈判初始立场,是制订谈判战略战术方案的第一项内容。所谓谈判的初始立场是指己方在谈判初始期所提出的交易条件与交易要求,是贸易谈判中的开盘条件,也是己方对谈判结果的理想期望值。在确定己方在一个或一组争议点上的谈判初始立场时,应该既有一定的现实性,又有一定的高度,应该设定在对对方谈判底线的估计之上,以求得让步的余地。

高的现实性期望对获得谈判成功至关重要。高的现实性期望是指预想中的较高的位置或目标,亦即在谈判容量允许之上下限范围内获得的尽可能多的利益。如果期望偏低,谈判者所获往往不尽人意。有研究表明,与保守的期望相比较,由较高期望驱动的谈判一般能导致更有利的结局。但另一方面,当初始立场远离现实,往往会令谈判对方怀疑己方的谈判诚意或合作可信度,引起对方不满甚至触怒对方致使谈判陷入僵局,严重的甚至会导致谈判的破裂。因此,只有根据一个高的现实性期望来确定谈判的初始立场。

确定谈判初始立场,首先要根据所掌握的有关资料,在对谈判双方所处地位、所拥有的资源条件进行详细分析及对谈判对手所持立场的精确判断的前提下,对谈判中的每一个争议点或争议点组合暂定一个假设的立场,从而形成一个有计划的、综合的初始立场起点值。然后,根据第一轮谈判结束时所获得的信息来判断此起点是否适用于整个谈判过程,并从全局的角度考虑是否合理,对这一初始立场的起点进行适当调整,使设定的初始立场得到完善。

（二）确定谈判底线

谈判底线是谈判者对谈判结果的最低值期望要求,是谈判时接受谈判结果与否的一个判断基准值。凡是低于这一基准值的任何开价或要求,谈判者都应予以拒绝。在所有谈判中,实际上都是在谈判者谈判的初始立场与谈判底线之间所做的讨价还价、说服、妥协工作。在谈判中,谈判者就是要尽量使谈判结果靠近谈判的初始立场,远离谈判底线,获得满意的谈判结果。

确定谈判底线,不仅要为整个谈判设定底线,还要为每一个谈判争议点设立底线。如果各争议点之间存在着条件可能交换关系,应当为相关的争议点组合设定底线。

为了更有利于谈判底线的设定,可以将谈判的各争议点进行排序。一般是按各争议点的挑衅性强弱进行排序,除非是有些争议点的解决有必要推迟作出。这里所说的挑衅性强并不是指对方有意伤害或蓄意引起争端,而是指那些抛开对成功可能性考虑,仅考虑己方利益而定的旨在获得最有利结局的争议点。例如,一次谈判中谈判场地的租赁以及组织工作的花费相当可观,那么,在这次谈判中最具挑衅性的争议点便是要对方来承担这些费用。

在进行谈判底线设计时,为了某些战略战术的需要可以使用不现实的谈判底线,甚至不设底线。在大多数场合,谈判底线的设定应建立在对谈判比较现实的假想或者合理的需求之上。但有两个例外:一是当对方自身的预估不现实;二是当同样或更多的利益可以在其他场合获得。有时在谈判中,要以缺乏授权或有限授权为由抵御对方的压力,保持谈判桌上的和谐,并积极收集信息。这是在计划过程中谈判底线没有设定好之前的一个明智选择。

(三)选择谈判战略、战术

战略是指导谈判的客观策略,即指导谈判活动的一些原则性思路;而战术则是用以实施战略的具体手段。

选择合适的战略方针,对实现谈判的目的、目标有重要的意义。要选择恰当的战略,就必须对谈判的有关问题有清醒的认识。

1. 谈判战略选择前需弄清的有关问题

(1)谈判是否包括争议或和解?

(2)是否存在一个以上的争议?

(3)能否在谈判中引入新的争议?

(4)谈判各方的利益是短期的还是长期的?

(5)谈判各方之间的关系是长期保持还是仅限于某次谈判,或介于两者之间?

(6)谈判者之间的关系是长期保持还是仅限于某次谈判,或介于两者之间?

(7)各方的利益是经济性的还是非经济性的,或两者兼有?

(8)各方是否以相同的方法评价谈判项目?

(9)各方进行谈判是否出于自愿?

(10)谈判是秘密进行还是公开进行?

(11)谈判内容是否公之于众?

(12)委托人是个人还是私人组织、公司、单位或其他类型的机构?

(13)谈判中所要协商的各种事项对各方的价值是大还是小?

(14)谁获益最多?谁失去最多?

(15)谈判涉及的是常规事项还是特别事项?

(16)各方的需求、事实、法律、经济资源、道义等方面实力是否均等?

(17)谈判是面对面进行还是以电话、信函方式进行,或以上方法兼而有之?

(18)是否存在诸如优先取舍权那样的选择可能性?如有,又能在何种程度上被接受?

2. 常见的谈判战略

(1)不让步;

(2)不再让步;

(3)仅为打破僵局而让步;

(4)以小的系列让步实现高的现实性期望;

（5）让步在先；

（6）解决问题；

（7）达成协议以外的其他目标；

（8）终止谈判。

3. 常见的谈判战术

（1）披露信息；

（2）创造事实；

（3）接受信息；

（4）漏斗方式；

（5）利用信息资源；

（6）通过讨价还价获取信息；

（7）经讨论获取信息；

（8）提出先决条件；

（9）率先开价或避免率先开价；

（10）要求对报价和立场作出反应；

（11）互惠；

（12）双赢提议；

（13）尝试性提议；

（14）议价；

（15）辩论；

（16）有条件提议；

（17）实力；

（18）虚张声势；

（19）语气；

（20）重视与轻视；

（21）制造心理许诺；

（22）保全面子；

（23）不与有问题的人打交道；

（24）插入新争议点；

（25）集中注意力于进程；

（26）启动；

（27）僵局；

（28）休会；

（29）耐心；

（30）最后期限；

（31）缺乏授权或有限授权；

（32）出其不意；

（33）诉诸个人利益；

（34）委托人或决策者的积极参与；

（35）集体谈判；

（36）联盟者；

（37）媒介与社会压力；

（38）多方谈判；

（39）利用可选择的机会；

（40）折中；

（41）送礼物或娱乐；

（42）自行解决；

（43）诉讼。

影响谈判的战略战术选择的因素主要有预想中的谈判动力、谈判目标的性质以及谈判是否牵涉到一个以上议题等。

（四）考虑让步和条件交换

为了获得最大程度的收益，在考虑谈判战略战术的时候，也要计划好让步和条件交换。一般来说，双方都期待对方作出让步，谈判对手也相信在谈判过程中他们能够左右对方的行为而使对方最终作出让步。谈判对方对谈判争议点的不同价值取向，为条件交换创造了机会。这里所谓的条件交换源于谈判双方从不同经济角度或非经济角度来看待各自的得失。例如，有些谈判者着眼于未来而并不看重眼前的利益或成本；而另一些谈判者将和平相处看得很重，而这种东西对对方来说根本无须实际付出便可给予。条件交换实际上是对某一谈判选择及其组合进行价值与利益评估，最终作出能获得对双方都最为有利的决策的过程。

每一次让步都有一定的理由因而显得合理而稳固，这种稳定性对于谈判者陈述自己的立场非常重要。每一次让步的实质内容和顺序都是为一个或一组争议点设定的，谈判者还必须清楚在每一个争议点之间是否存在允许条件交换的内在联系。在一场各个争议点之间存在潜在条件交换的多项议题谈判中，计划好所有的让步和条件交换还有以下几个作用。

（1）通过设计好一些谈判者并不十分看重的表面让步来达到其条件交换的目的。例如，谈判者故意就一个无关痛痒的争议点作出让步，从而为在下一个真正有价值的争议点上要求对方作出让步打下基础。

（2）有助于谈判者在一些小的利益方面作出让步而在谈判关键问题上不让步。

（3）有助于谈判者为每一个潜在立场考虑好充分的理由，而这些往往是在真正的讨价还价过程中难以顾及的。

（4）有助于事先对潜在条件交换进行价值评估。预先计算要比在谈判中当场计算更有效。在作出让步前，你必须清楚对方所努力争取的价值要求。

本 章 小 结

1. 谈判人员准备就是组建谈判班子,它包括谈判班子的规模、谈判人员应具备的素质、谈判人员的配备和谈判班子成员的分工与合作等内容。

2. 根据谈判对知识方面的要求,谈判班子应配备的人员有专业人员、法律人员和翻译人员等。

3. 谈判者的信息搜集是了解对方意图、制订谈判计划、确定谈判策略及战略的基本前提。

4. 情报收集时应注意以下问题:要注意资料来源的真实性、可靠性,要对资料进行科学的分析和整理,要根据所掌握的信息对谈判方案和谈判策略作适当的调整。

5. 谈判计划的要求、内容、谈判地点、场景的布置是谈判工作准备的重要内容。

6. 谈判方案是指在谈判开始前,对谈判目标、议程、对策预先所做的安排。谈判方案是指导谈判人员行动的纲领,在整个谈判过程中起着重要的作用。

7. 成功谈判者应具备的素质有崇高的事业心、责任感、坚韧不拔的意志、以礼待人的谈判诚意和态度、良好的心理调控能力等。

本章思考题

一、选择题

1. 商务谈判小组成员以( )人为宜。

　　A. 3　　　　　　　B. 4　　　　　　　C. 5　　　　　　　D. 6

2. 谈判小组的人员构成原则不包括( )。

　　A. 知识具有互补性　　　　　　　　B. 性格具有互补性

　　C. 选用高学历人才　　　　　　　　D. 分工明确

3. ( )是商务谈判人员必须坚守的最后一道防线。

　　A. 最低目标　　　B. 可接受目标　　　C. 最高目标　　　D. 期望目标

4. 只供己方使用,具有保密性的是( )。

　　A. 通则议程　　　B. 细则议程　　　C. 谈判时间安排　　D. 都不是

5. (多选)商务谈判的组织准备工作主要包括( )。

　　A. 组织成员的结构　　　　　　　　B. 组织成员的规模

　　C. 组织成员的性别　　　　　　　　D. 组织成员的学历

　　E. 组织成员的籍贯

6. (多选)商务谈判小组最好包括( )。

　　A. 商务人员　　　B. 技术人员　　　C. 财务人员　　　D. 法律人员

　　E. 翻译人员

7. (多选)商务谈判方案的制订,应该( )。

　　A. 简明扼要　　　B. 明确　　　　　C. 具体　　　　　D. 富有弹性

E. 及时

8.（多选）以下哪些方法可以用于背景调查？（　　　）

A. 印刷媒体　　　　　B. 访谈法　　　　　C. 观察法　　　　　D. 知情人士

E. 问卷法

9.（多选）谈判准备阶段一般包括（　　　）。

A. 谈判信息的搜集　　　　　　　　B. 谈判会谈

C. 谈判目标的确定　　　　　　　　D. 确定谈判的策略

E. 谈判反馈

10.（多选）谈判环境调查包括调查（　　　）等内容。

A. 政治环境　　　B. 人口比率　　　C. 宗教信仰　　　D. 地理环境

E. 社会习俗

二、简答题

1. 社会环境各种因素对商务谈判会产生哪些影响？

2. 具备什么条件的客商有合法谈判资格？

3. 背景调查有哪几种方法？

4. 谈判人员怎样培养良好的心理素质？

5. 谈判人员应具备哪些能力？

6. 谈判组织的构成原则和人员配备方式是什么？

7. 高层领导怎样对谈判过程进行宏观管理？

8. 如何确定谈判目标？选择谈判时间的长短应考虑哪些因素？

9. 谈判通则议程与细则议程有何异同点？

10. 如何认识模拟谈判的必要性？模拟谈判方式有哪些？

三、根据如下资料请以天地公司业务主管身份起草一份谈判计划书

A. 我是一个连锁超市的老板，我的超市都开在居民区内，每个超市的面积有 1 000 平方米左右。开业三年了生意状况还可以。现在已经有了三家店，但竞争越来越激烈。我一直在想有什么办法能赢过周围的竞争者，在某些方面比他们做得更好。当然，如果有更多的厂家能支持我就更好了。所以如果再有厂家与我谈判，我一定要好好利用他们的支持把附近的生意都吸引过来。

天地公司的业务人员来找我谈了几次，我想从他们那里得到更多的支持，我觉得他们应该是有钱的公司。上次我跟他提出交 2 000 元进场费、500 元的摊位费，再给我提供有吸引力的促销品在总店做促销。反正最少要他们交 800 元进场费，再花 500 元买一个展位做促销。当然促销品是肯定要的。

B. 我是负责这个区域的业务人员，现在有一家连锁超市的老板跟他谈了几次都没有谈进去。他现在已经有三家店，规模还可以，每家都在 1 000 平方米左右。如果谈下来对我的销量会有很大的帮助。

前几次去谈他都开口要 2 000 元的进场费、500 元的摊位费，还要我提供促销品，给他

做一个月的促销。可公司现在顶多给他 1 000 元进场费、500 元的摊位费在总店做促销，还要我越低越好，不知道行不行。

C. 我是公司的业务主管，负责管理大卖场的销售工作，手下有 5 个业务人员，但是似乎每个人都让我操心，每次有什么麻烦的事情都要我来办，特别是这些卖场的谈判工作。不过这些卖场也确实难缠，总是没完没了地提要求。真想有什么办法能让他们也来做做我们的工作，我们去做买手。

这个月已经过了 2/3，可我这个部门的业绩只完成了 1/2，目前是最后一名。本来，我想在这个卖场花 2 000 元/月要一个展位，做一下促销活动（特价），只要效果好，完成这个月的目标应该没有问题，而且对下个月的销售也有很大帮助，可是业务人员去谈了好几次都没有结果。偏巧对方说这个月是他们周年庆典，要我们赞助 1 万元，如果不答应这个条件其他免谈，还威胁我们说如果不交钱就停止供货。这个卖场的销售额占我销量的 30％，真是要命。

衡量一下，像这样的卖场周年庆典的费用，公司一般控制在 3 000 元，如果加上促销的摊位费 2 000 元，可以花 5 000 元解决这件事，如果能少一点就更好，实在不行，向经理请示一下，再增加 1 000 元，总之一定要把这件事搞定，不然在业务员面前多没面子。经理也会对我有想法，业绩就更不用谈了，简直是惨不忍睹。不过，如果谈好了，促销就能上了，销量也没问题了。当然，如果能加强一下客情关系，调整一下产品的陈列位置，就更好了。

今天，来找买手谈判，约好了 9 点钟的，现在都 10 点了，真是急死人了。这件事情不落实我吃饭都不香，这些人真拽！

D. 我是一个卖场的买手，每天都有很多厂商来找我，刚开始我还很有耐心，可时间一长我就开始对他们厉害了一些。不过这样好像效果更好一些，更容易从他们那里得到更多的支持，特别是一些经验不足的业务人员，只要吓唬一下就把主管叫来，主管一来，好像什么都好谈了。

这个月是周年店庆，公司给了我 20 万元的目标，平均每个厂商要收 2 500 元，最低的收 2 000 元，当然多多益善。不过，我对每个厂商都开口要 1 万元，就算他们砍一半，还有 5 000 元。反正完成这个月的目标应该是没有问题。

今天，天地公司的主管要来跟我谈。上次，吓唬了一下他们的业务人员，主管马上就来了。他们还想做促销，除非先答应交赞助费。然后我再收他们 2 000 元的摊位费，还有特价产品。收了他们的钱，还要让他们感激我。

我先让他们等一个小时，让他们先着急着急！"不拽怎么做买手"，这是经理告诉我的！

四、案例分析

LIQU 公司收购其他企业谈判方案策划

背景：LIQU 公司是广西桂林的一家生产快速消费品的中型股份制企业，年生产能力达 30 万吨，销售量 25 万吨，销售额 5 个多亿，利润 5 000 万元。其主要产品销售区域

在广西。目前该公司在广西的市场份额达到 70%,另 30% 的市场份额由广西南宁的
WANL 公司(20%)和国内其他几家大型公司共同瓜分。近几年随着市场竞争的日趋激
烈,竞争对手特别是国内几家大型公司在广西区内的销售投入越来越大,使 LIQU 公司
感受到极大的竞争压力。另外,随着企业的发展,公司也感到产能不足,想另外投资增加
公司的产能。为此,有人提出收购或控股 WANL 公司。经初步接触了解到,WANL 公司
也有被收购的意向。

通过案例分析,给出下列问题的答案。

(1) 为了更好地设计谈判策略,需要哪些信息资料?

(2) 在本案例中还有哪些可能的争议点?

(3) 通过对本案例的研究,设计一个收购谈判策略。

五、综合题

如果你是谈判小组的负责人,关于影响货物销售或购买的贸易谈判中,从语言艺术的
角度,你会如何制订谈判的方案? 收集有关资料并进行说明。

第七章

商务谈判开局策略

学习目标

- 了解开局在谈判中的重要作用。
- 了解开局前的接触和礼仪。
- 明确开局的目标和基本任务。
- 掌握商务谈判开局策略和技巧。

开局谈判是谈判双方进入面对面谈判的第一阶段。这一阶段,谈判双方对谈判还没有实质性的感性认识,各项工作千头万绪,由于实践的复杂多变,无论准备工作做得如何充分,都会遇到新的情况和问题。这个阶段主要是见面、介绍、寒暄,以及就谈判内容以外的话题进行交谈,一般不进行实质性的谈判。开局谈判从时间上来看,只占整个谈判过程的很小部分,但定下了整个谈判的基础,对整个谈判起着相当重要的影响和制约作用。

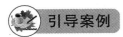 引导案例

新海集团(以下简称 A 公司)进驻移动超市青岛—济南列车段(以下简称 B 公司)的谈判过程及启示

一、公司介绍

A 公司是一家做全国零售、连锁的食品生产加工、销售为一体的集团化民营企业。它成立于改革开放的中期,属于食品加工企业领域内地域品牌的代表,至今已有近 30 年的历史,涉及养殖、研发、生产、销售等。目前有自营超市、联合经营超市、加盟商、代理商、医药连锁超市、社区体验店的经营业态,属于当地特色旅游商品生产、销售企业。

B 公司是一家拥有地域性销售平台、服务于人民群众的国有企业。它成立于 2013 年,隶属于国有企业的投资公司,下设 C 个分公司、D 个经营部。

二、背景及谈判双方分析

2013年,中共中央开始在全国推进全面从严治党,深入推进党风廉政建设和反腐败斗争,坚持反腐败高压态势,对反腐败工作采取无禁区、全覆盖、零容忍,坚持重遏制、强高压、长震慑,严肃查处违纪违法案件。在这种环境下,B公司发生了高层人事变动,同时,牵扯出了商业利益的案件,B公司决策层立即对现经营的业主进行约谈、解约,重新进行招商引资。解约期间,正值中国的农历春节前夕,B公司采取什么样的措施既能保证服务好人民群众,又能实现原业主和新招商业主平稳交接,这是摆在B公司眼前需要立即解决的难题,主要表现在以下三个方面。

(1) 如果采用国有企业惯用的招商模式公开招标,时间来不及,会发生春节期间人民群众服务的空档期,有损B公司母公司的形象,会引起社会的广泛舆论和关注。

(2) 如果不采取公开招标,责任谁来承担? 会不会再次发生不正当竞争、滋生腐败的事情?

(3) 地域性有能力的业主怎么选择? 标准怎么确定?

三、A、B公司情况分析

A公司在5年前曾经在B公司管辖范围内经营过商铺,因高层变动原因,商铺实行统一招投标,A公司失去了商铺的经营权。A公司对B公司管辖商铺的情况比较了解,包括经营时间、结算方式、经营产品。A公司一直在寻找新的营销渠道,一直关注B公司的商铺经营权问题。

(1) 新的公司总经理刚上任。

(2) 对商铺的地理位置、经营业态不熟悉;要熟悉的话,时间来不及。

(3) 原有的管理团队,因为高层变动原因,都不愿意承担责任。

(4) 总公司要求:不能因为商铺更换影响对人民群众的服务,要树立良好的社会形象,实现零投诉、零反馈,商铺经营权要平稳过渡。

四、谈判双方准备

A公司当时的组织架构有11个部门:生产中心、营销中心、大数据中心、采购部、财务部、研发部、质量管理部、企划部、国际贸易部、人力资源部、综合管理部。招商部属于营销中心的一个部门,招商部得知信息后,立即上报给营销总监,同时上报给分管集团副总经理,A公司成立了以集团副总经理为组长的谈判对接小组,具体分工如下。

M部长负责整理谈判时的资料、数据汇总、汇报材料确认;

N经理负责关注B公司的招商情况,搜集B公司招商的最新动态;

O经理负责现场实地考察每个商铺的地理位置、面积、现有时段的客流情况;

P经理负责搜集现在经营业主经营的产品种类、生产厂家、代理商信息;

Q经理负责假如招商成功后,所有商品区域统一划分、产品品相数量、进货渠道、返利、进货成本的核算。

组长规定:每天上午7:50召开一次20分钟的项目沟通会议。

B公司召开中层领导以上干部会议,会议纪要中记录:由运营部全权负责此次招商及经营权变更,变更的原则为实现B公司利益最大化以及多赢的结果;更换过程要公开、清晰、透明。运营部团队由公司分管副总、运营部部长、副部长、业务经理、财务负责人

5 人组成。

接触 3 家以上在当地有意向、有名气的业主,寻求有合作意向者,筛选优质客户,抛出橄榄枝。

五、A 公司与 B 公司的第一轮谈判

目的:互相探求底线。

（一）A 公司谈判开局技巧

1. 心态调整

所有参与考察沟通的人员都放松心态,微笑面对所有的来访者。

2. 沟通技巧

安排专人汇报 B 公司想要听到的信息,表明 A 公司的态度和经营方案。

3. 切入时机

在沟通中寻找切入谈判的点。

4. 达成共识

第一次考察的印象和态度很重要,让 B 公司随行人员对 A 公司产生好感。

（二）A 公司准备的参观路线

（1）B 公司随行人员的行程总共只有四个小时。A 公司先带 B 公司全部考察人员对 A 公司经营的自营店、联营店、生产流水线、研发室、检验中心、厂区进行了实地考察,让 B 公司对 A 公司的经营范围、公司规模、公司实力进行了实地接触,重点体现 A 公司的“专业”,也让 B 公司在考察其他公司时有个比较,时间为 1.5 个小时。

（2）安排招商部专业人员进行“切入主题”的汇报,重点针对现有的商铺布局、产品陈列、销售策略、营销模式等方面,以方便人民群众、提高服务水平、体现 B 公司的社会价值为出发点,汇报时间为 0.5 个小时,中间休息 15 分钟。

（3）会议休息期间,安排了新研发产品试吃环节,让 B 公司考察人员亲口品尝 A 公司的产品,包括原味、孜然、微辣、中辣、麻辣等适合不同年龄段消费者口味的产品。

（4）双方交换意见总计 1 小时 15 分钟,A 公司副总经理用 15 分钟作了本次考察谈判的总结,B 公司部长对此次考察活动作总结。

（三）谈判会晤

A 公司知道 B 公司要在考察后的 10 天内完成店铺交接,其中包括很多在售商品的交接,牵扯到谈判接受价格、装修店铺的资金、店铺现有的设备、人员的安置问题。为此,A 公司当日召开了临时会议,为双方第二次谈判做准备（因为从 B 公司工作人员口中了解到,此次参与竞争的对手有两家,其中一家是商贸公司,没有自生产产品;另一家有生产车间,但是综合实力、自营店铺面积都不如 A 公司）。A 公司由此判断,考察团在短时间内还会要求进行第二轮谈判,谈判地点的选择尤为重要。

六、A 公司与 B 公司的第二轮谈判

目的:探出对方商品、设备、装修交接的价格。

1. 时间的选择

B 公司回到驻地的第二天,接到 A 公司电话,要求 B 公司抓紧时间确定商铺接手的公司名称。言外之意,A 公司很有诚意接手。

2. 地点的选择

因为 A 公司打电话给 B 公司，B 公司也在试探 A 公司是否能接受上一个业主的一些请求；A 公司目的很明确，第二次谈判地点就是要选择在 A 公司驻地会议室进行。

3. 谈判前的准备

A 公司准备：

(1) 安排专人对每个商铺的面积进行了实地考察和不露声色地丈量，对装修风格和设备进行了记录，当日核算出所有的装修成本价格，按照会计要求，把固定资产进行按年份分摊，计算出折旧后的价格，也是第二轮谈判的底线。

(2) 公司提前储备好了人员，抽调各个系统和部门的经理，确保可以利用一个晚上的时间盘点完所有店铺的商品。

B 公司准备：

(1) 要求跟原有的业主解约（合同不到期），原有的业主对装修费用、设备费用要的转让价格较高。

(2) 要求原有业主提供库存商品数量及进货价格、进货代理商名称。

第三天，B 公司原班谈判人员如期到达 A 公司会议室，双方就装修费用、设备费用、折旧费用、人员薪资、人员保险、商品库存、商品价格进行了第一次协商。期间谈崩了两次，因为装修费用过高的原因（后期经调查，在装修期间，原有业务负责基建的副总经理个人从中作梗），经过 B 公司从中协调，装修和设备的结算按照合同和发票的 60% 计算。

第二轮谈判历时一天，初步达成了装修、设备价格、人员薪资、人员设备的谈判。

七、A 公司与 B 公司的第三轮谈判

目的：确定商品的转交时间、盘点数量、进货价格，签约。

A 公司准备：

(1) 提前跟经销商和代理商谈判，确定其仓库备货数量，确定其进货价格，确定其结款方式；

(2) 对价值高的产品进行进价估值；因前期管理不善，有很多临期商品，计划是不要这些临期商品。

B 公司准备：

跟原业主确认交接时间、商品转交数量、转交价格。

谈判地点：

A 公司会议室，双方对货物交接达成了一致，签订了转让协议。

八、启示

谈判从本质意义上来说，是一种沟通、对话，只是这种沟通、对话赋予了要作出判决的使命，从而显得庄严、隆重。谈判中的"谈"是一个过程，而"判"是一个结果，在"谈"的过程中一定要做到以下 7 个方面的工作。

1. 谈判中要时刻体现"利他主义"思想

"利他"并不是"损己"，而是通过彼此之间的深度了解、深度促进、深度接纳、深度融合的方式，自然形成一种新的价值创造观点，让谈判双方、相关利益者以及更广阔层面的社会价值、自然环境都能体现各自的价值，把谈判的"行业""事业"打造出一个新的高度、新的境界、新的模式。"利他"的核心是为了增加自己的谈判筹码。

2. 善于学会"倾听""记录"

谈判中一定要做到耐心地听取任何人的发言,记录发言的要点,这是一种尊重,也是一种态度。不要随意、刻意地打断对方的发言,从中了解对方想要表达的意思和想要传递的信息,要做到边听、边想、边分析,增加谈判的筹码。倾听不但可以挖掘对方的动机,而且可以找到问题的真相,从而调整自己的应变策略。对于模糊的语言要记录在册,认真向对方咨询,同时,要注意咨询的角度、深度、广度以及语言的组织和表述方式。

3. 做好谈判前的各项准备工作

(1) 要做到"知己解彼":在谈判过程中,谈判者一定要了解公司、部门、自身情况,谈的过程中要去轻避重;要通过各种信息渠道了解谈判对手的情况,预想对方可能握在手中的"底牌""底线"是什么,包括对手的现状、地位、过去的业绩、荣誉等信息,同时要了解谈判人员的工作风格、喜好等。

(2) 牵扯到公司的大项目运作谈判一定要进行部门内部的模拟谈判。从公司内部不同部门选调精英骨干(新入职员工、入职 2 年以上的员工、部门负责人)作谈判对手,公司专人负责公司介绍、项目介绍、优势分析,根据模拟谈判对方提出的问题,进行汇总、归类,专人回答不同层面的问题,体现谈判方的"专业"。

4. 制定不同阶段的谈判策略

(1) 本案例是典型的商务谈判中的"合作"谈判,谈判的基础就是,在哪一种方式、模式、条件下都能够让多方受益。谈判初期要自我梳理、知己解彼;谈判中期要综合分析、寻求契机;谈判后期要利益共享、风险共担。

(2) 谈判中最忌讳的就是"态度"。态度过于强势,对方会感觉到谈判方没有诚意,容易伤及对方,导致谈判关系破裂;态度过于软弱,对方会感觉到谈判方不自信,容易受制于人。一般的商务谈判要采取"刚柔相济"的策略。

(3) 谈判中要运用好"见招拆招、自建自拆、拆招见招"的谈判方式。一般在谈判中期,谈判团队中要有"黑脸""白脸"的角色。"黑脸"角色要直面对方的敏感地方、不留情面,即使面红耳赤也坚决不予让步;"白脸"角色要态度和蔼、语言温和,但不失原则,处处留有余地,一旦出现僵局,能从中回旋,挽回局面。

(4) 谈判过程中即使自己能立即答应和回复对方提出的要求,也要有缓和的时间点,要答应对方大部分的事项和要求,在没有正式签订合同之前,留有讨价还价的余地。

5. 要寻求有一定影响力的"中间人"

在双方谈判中陷入"僵局",谁都不愿意第一个作出让步和妥协的情况下,发挥"中间人"的作用,同时,要根据自己的实力和对方的关键焦点找不同的"中间人"。一般的"中间人"能影响或者左右对方人员的决定。

6. 谈判都是从"废话"开始

所谓的"废话"是为了营造一个和谐、宽松的谈判环境。谈判过程中,要向对方阐述自己的实施方案、意愿、方法、立场等观点,不谈与主题关系不相关的事情,最好做到有实际证明材料,其中数字表达一定要准确,一般情况下要精确到小数点后一位数,一定不能使用"可能、也许、大概、差不多"等中性词语。

7. 参与谈判的人员要目标一致

(1) 在每次谈判之前的沟通会议上，所有参与谈判的人员要达成一致的意见，这也是公司谈判的目标，所有问题的回复、迂回问题的阐述都要围绕这个目标、这个中心不动摇，要坚守好自己谈判的底线。

(2) 在回答对方问题的时候，要把握必须合作、利益分享的原则。要向对方阐明，对方接纳了自己的意见，将会有什么样的利弊得失，说服对方是为了尊重和坦诚，如果接受了这个建议，双方从中会有什么样的收益。要时刻记住：谈判是一种充满挑战的特殊交际活动，要合理地应用社交中的谈判技巧。

第一节　开局的意义

鬼谷子曰："智略计谋，各有形容，或圆或方，或阴或阳，圣人谋之于阴故曰'神'，成之于阳故曰'明'，所谓主事成者，积德也。"鬼谷子认为：计谋，有阴谋和阳谋之别，在任何情况下，人们都不可轻视对方，因为事件、环境、情报都有假的，所以圣人应该高深莫测。所谓"阴"，是谋之于阴成之于阳。

一、开局是谈判成功的前提条件

俗话说，"良好的开端是成功的一半"。有经验的谈判人员都知道，虽然整个谈判过程十分复杂，所包含的内容也非常繁多，但最终要取得谈判的成功必须从谈判开局阶段入手。从某种意义上讲，谈判的开局比其他阶段更为重要。

(1) 谈判刚开始时，人的精力最为充沛，注意力也最为集中。在刚开始谈判的几分钟里，所有人都会全神贯注地专心倾听别人的发言，理解其讲话的内涵；但过不了多久，人的注意力和精力随着时间的延长而递减，注意力开始分散，对发言内容取舍不一，甚至忽略其中非常重要的内容。

(2) 谈判的格局在开始几分钟内就基本确定了，而且一经确定之后，就很难更改。

(3) 在开局谈判阶段，双方都从对方的行为、举止中观察与判断对方的特点，以此确定自己的行动方式。在这个阶段，谈判人员对于对方的谈判特点、个性特点等都可作出一个基本判断从而为后面的谈判定下基调。

二、开局决定着谈判质量的高低

商务谈判的质量取决于谈判的各个阶段，但开局阶段对谈判质量的影响极为重要。开局阶段对谈判质量的影响可以从以下几个方面得到反映。

(1) 对谈判全过程的影响。譬如说，在谈判一开始，如果卖主就让步，那么买主就会只注意卖主让步的尺度，即使那已经是一个很大的让步，买主仍会觉得不够，而向卖主提出更多的要求。

(2) 对妥协范围的影响。谈判是妥协的艺术，但妥协对于双方都是有一定范围和界限的。如果谈判一开始就一味迁就对方，进行不必要的妥协，那么，谈判将会朝着不利于自己的方向发展下去。因此,作为谈判者,必须清楚妥协的范围(即买主估计卖主所能接受的最低限度和卖主估计买主所愿付出的最高限度之间的差距)。在谈判的开始阶段,谈判双方都应设法尽力改变对方的过高期望和估计,从而使妥协范围朝着有利于自己的方向改变。

(3)对于争取谈判主动权的影响。在谈判的开始阶段就进行重点攻击,有助于谈判质量的提高。其实谈判开始阶段在合理范围内"漫天要价,坐地还价"是有利于掌握谈判的主动权的。另外,在谈判中,买方应该注意到,即使对货物各个方面都比较满意,也不要表露出来,而要尽力挑剔产品的缺陷,以便在谈判中掌握主动权。至于其他的次要问题,晚些再谈也不迟;因为一个精明的卖主是不会因为次要问题而失去整笔交易的。

三、开局决定着谈判双方的合作程度

开局决定着谈判双方的合作程度,具体表现在以下几个方面。

(1)谈判双方的态度对于谈判能否顺利进行下去,是至关重要的。不难想象,如果谈判的一方兴趣较大,而另一方态度冷漠,那么谈判是难以维持下去的,即使勉强进行下去,最终也不会达成协议。影响谈判双方态度的因素很多,有时一个微小的举动、某一场合的措辞都会产生影响。因此,作为谈判人员,如果你想使谈判成功,达到自己的目的,从谈判开始,就必须端正自己的态度,并尽力营造良好的谈判气氛。

(2)任何一方,都必须用诚恳的态度来对待对方。谈判过程不仅仅是讨论问题或者签订合同的过程,实际上,谈判者往往还会利用这个机会去判断对方的能力和品质。在谈判中,诚恳是很关键的。如果一方诚恳,另一方也诚恳,那么谈判进程就会顺利,同时对于价格也会有很大的影响。诚恳是不可能用智慧、能力或者严谨的法律条文来取代的。即使是一次对双方都有利的谈判,倘若双方或者有一方缺少诚意,仍然不能达成令人满意的协议。判断对方是否具有诚意,就要看对方从谈判一开始是否具有很高的价值感、共同解决困难的决心,以及履行合约内容的责任感。如果对方缺乏这份诚意,你就没有必要与他进行后面的谈判。

(3)谈判的开局阶段还决定着双方的合作态度。作为谈判者,卖主要用自己的观点去说服买主,同样,买主也有自己的一套想法。无论是买主还是卖主,要想向对方宣传自己的观点,并希望自己的观点能有效地说服对方,必须注意一些要领;否则,把自己的观点强加于对方会影响对方的接受程度。这些要领有如下几点。

① 如果对方希望表现自己,就尽量保持沉默,只是倾听,等你发表意见时,他也会欣然聆听;

② 在对方说话时,尽量不要插话,因为经常插话会打乱对方的思路,以致阻碍意见的交流;

③ 如果你不是以严厉、嘲笑的态度说话,而是以温和而有节制的态度待人,则对方将会比较愿意和你商谈。说话态度温和的人,可以使得别人以相同的态度回报;

④ 最好让对方先表明观点,然后再说出你自己的观点。人们都喜欢你保持合作态度,而不愿意彼此冲突和对峙。

从以上分析可以看出,谈判的开局在整个谈判过程中举足轻重,它决定着正式谈判的基调。俗话说"千里之行,始于足下",做每一件事,需从第一步开始认真做好。商务谈判是一个复杂的过程,为使谈判顺利进行下去,谈判双方必须在思想上正确认识开局的意义,在行动上采取适当的对策。

第二节　开局礼仪

一、开局前的接触

开局前的接触是指进入正式谈判前的通信、联系、迎接、会面、介绍、交谈等社交活动,它能为开局阶段创造一个良好的前提与基础。

开局前接触的双方都想既能表达合作的愿望、了解对方的意图、隐藏己方的目标条件,又能揭示合作存在的最大障碍与克服的可能性。开局前接触需要清楚对方的资信状况,了解对方的谈判目标,以及掌握对方谈判人员的个人情况,在充分了解对方之后进行谈判。谈判人员可以通过信函、电报、电传、电话等非面晤形式以及面晤形式与对方进行接触。

开局前的接触是"投石问路"的过程,应注意以下几个问题。

(1) 提问题要恰当。如果提问题的方式对方能够接受,那么这个问题就是一个恰当的问题,反之就是一个不恰当的问题。例如,在经济合同的谈判过程中,买方与卖方在交货问题上激烈辩论;卖方晚交货两个月,同时只交了一半的货。买方对卖方说:"如果你们再不把另一半货物按时交来,我们就向其他供货商订货了。"卖方问:"你们为什么要撤销合同? 如果你们撤销合同,重新订货,后果是不堪设想的,这些你们明白吗?"在这里卖方提出你们为什么要撤销合同,这是一个不恰当的问题,因为这个问题隐含着一个判断,即买方要撤销合同。这样,买方不管怎样回答,都得承认自己要撤销合同。这就是强人所难、逼人就范,谈判自然不欢而散。所以,谈判必须准确地提出争论的问题,力求避免包含着某种错误假定或有敌意的问题。

(2) 提问题要有针对性。在谈判中,一个问题的提出要把问题的解决引导到交易能否做成这一方向上去,并给予足够的时间使对方尽可能详细地正面回答。为此,谈判者必须根据对方的心理活动运用各种不同的方式提出问题。例如,当买方不感兴趣、不关心或犹豫不决时,卖方应问一些引导性的问题:"你想买什么东西? 你愿意付出多少钱? 你对于我们的消费调查报告有什么意见? 你对于我们的产品有什么不满意的地方?"。提出这些引导性问题后,卖方可根据买方的回答找出一些理由来说服对方,促使买卖成交。

(3) 尽量避免暴露提问的真实意图,不要与对方争辩,也不必陈述己方的观点。

二、开局前的礼仪与公关

开局要注意以下几个方面的礼仪。

首先,双方要对谈判人员进行介绍,以便相互了解参与谈判人员的有关背景。正确的介绍顺序是:先把主方成员介绍给客方;先介绍身份等级高的或长者。介绍时要落落大方,介绍完毕要相互握手致礼。如果对方是外商,要尊重对方的习惯和风俗;作为客方,也要注意入乡随俗。

其次,不要急于切入正题,需要一些中性话题开头。

优秀的谈判者总会利用谈判技巧,创造出轻松、诚挚、愉快的开局气氛,引起对方的合作兴趣。如谈一些有关气候和季节的话题,谈谈关于体育、文艺、新闻等共同爱好方面的话题。若对方是熟悉的客户,则可以回顾以往愉快的合作、成功的经历等。这些话题具有积极向上、令人愉快的特点,容易被人接受,有利于消除陌生感和尴尬的心理。开局时切忌离题万里地夸夸其谈,也要避免伤害对方自尊的言辞和行为。应注意的是,开头的寒暄不能时间过长,以免冲淡谈判的气氛。

最后,谈判要及时切入正题。双方应各自说明自己的基本意图和目的。说明己方的观点时应简明扼要,突出重点,要让对方感到己方的坦率和真诚,不要拐弯抹角地绕圈子,应选择恰当的词句,恰如其分地表达自己的想法和态度,尽量不要引起对方的不满和不安。在对方陈述时,要认真倾听,并注意记录和分析。不能漫不经心,左顾右盼。认真倾听是对对方的尊重,同时,在投石问路、探听虚实的阶段,应特别谨慎留心。认真倾听,还可以在获取对方信息资料的同时,给对方造成一种心情愉快、乐意继续讲述的气氛。为此,可适当采取一些点头之类的肢体语言,以表示对对方讲述的理解和赞同。陈述时间不宜太长,一般两三分钟即可。若要连续陈述,一般需征得对方的同意。发言的时间双方要平分秋色,切不可挟地主之便造成独霸江山的局面。谈判的语气要轻松愉快,要尽量满足对方的合理需要,创造一致感,为继续谈判奠定基础,不能在这一阶段就显现出分歧。

第三节 开局心理、目标与策略

一、开局心理

问题:初次见到谈判对手,你会从哪些方面来评价对方的实力?

讨论题 1:来看你的人身穿裁剪美观大方的名牌套装,手戴劳力士金表,脚蹬名贵皮鞋,你对他身份的评价是哪一个?

A. 低   B. 高   C. 不能肯定

讨论题 2:一个人牵了 6 头骆驼来到一处绿洲找水喝,在泉眼旁站着一个人,旁边竖着一块告示板——"水管够,价钱一头骆驼!"你认为谁更有力量?

A. 牵骆驼的   B. 站在泉眼旁的   C. 难说

小智囊:关于力量的判断

力量是谈判过程中最本质的东西,谈判者就是根据对双方力量的判断来指导自己的行动。

力量完全是主观的,谈判中双方力量的对比没有固定的计算公式,它完全取决于彼此的主观看法。存在于人的头脑之中,就像风一样,看不见,摸不着,只能凭感觉感知。

在谈判中,人们无法肯定自己对于处境的设想是否真符合实际。如果对方的看法和你截然不同,你就搞不清对方的态度是如实地反映了双方力量,还是虚张声势想施压让你改变立场。

在谈判中切记:采取一些策略或举动,影响对方对双方力量对比的看法,如果你能更有技巧、更有效地影响他的看法,则你在谈判中所获得的机会也会更多。不要在失去影响力的时候向对方提要求。只要对方认为你有力量,你就有力量,可以在谈判中占有优势;反过来,你如果认为对方更有力量,那力量就属于他,而你也将为此付出更多的代价。

在现实中,人们往往认为生活标准高是成功的象征,在国外有游艇、飞机、别墅,国内有汽车、宽敞的房子、名牌服饰等都是财富的证明。所以,拥有这些东西的人一定会腰缠万贯、事业成功。而事实可能并非如此。实际上,已经破了产的人经常搭乘飞机的头等舱,住星级宾馆,这使得债权人误以为此人必定财力雄厚,而不急于向他要债。商业上使用道具可以加强你在对方心目中的力量。人们在交易中一直都在对对方的形象作判断,而且都习惯于把这种判断等同于对方力量强弱的象征。

二、开局目标与任务

(一)开局目标

1. 开局目标的定义

谈判开局目标是一种与谈判的终极目标紧密相连而又相互区别的初级目标。

客观上,要求谈判双方人员在开局之初就作出共同的、积极的努力,创造出一种有利于谈判进展的建设性的谈判气氛。因此,通常情况下,谈判者都把力求实现双方坦诚合作、互谅互让、积极创造和维护融洽的谈判气氛作为谈判开局目标设计的方向。总的来说,友好、积极的谈判气氛通常表现出诚挚、合作、轻松和认真的特点。所谓诚挚,就是要有达成交易的迫切愿望,有同对方做成生意的诚意;合作,就是双方为实现各自的目标,相互配合,相互支持;轻松,就是双方谈判者处于不拘谨、不对立、应对自如的状态;认真,就是以严肃负责的态度,积极主动地搞好商务谈判,力争实现交易。

宗旨是"谋求一致",为谈判双方朝着互利互惠的方向努力,为达成合作建立融洽和谐的气氛,创造良好条件。

2. 分析开局目标的形成

大量统计观察发现,形成谈判气氛的关键时间往往是双方开始接触之初的短暂几分钟,甚至几秒钟。双方在开始接触之前彼此获得的对于对方的间接印象,也会对建立谈判气氛产生影响。但"百闻不如一见",在开始接触时的第一印象,会比见面前的印象强烈得多,甚至会很快取代过去的印象。

注意：谈判者要防止刚建立起来的良好谈判气氛因沟通不及时或不恰当而转化为抵触气氛。

谈判气氛一经形成，就会对双方产生情绪上的惯性，甚至立场上的微妙影响。良好的谈判气氛有助于形成良好的双边关系，恶劣的谈判气氛则有助于强化敌对的双边关系。常见的谈判气氛类型有：严肃、认真、平静；紧张、对立、冷峻；热烈、友好、和谐；松懈、散漫、持久。

（二）开局阶段的任务

开局阶段的基本任务包含以下几个方面。

（1）建立适当的谈判气氛。开局话题适当，以中性话题确保良好沟通，避免过分闲聊，离题太远；舒适的谈判环境，即谈判场所的位置、房间位置、设施等都给人舒适的感觉。

（2）塑造良好形象。谈判人员讲究礼仪，规范得体，相互尊重。

（3）进行谈判通则的协商，阐明注意事项、双方在谈判中必须遵守的原则。

（4）开场陈述和报价。参与谈判的各方分别把己方的基本立场、观点和利益向对方阐述，相互了解对方的谈判目的和谈判风格，然后根据开场的陈述进行报价。

三、开局策略

在谈判的开局阶段最重要的不是承诺性地表态，而是试探了解对方的真实目的，以及对方为达到这些目的准备采取的措施。

谈判者彼此都希望对方把情况讲透、条件谈够，但自己却不愿意把话讲死。

（一）开局阶段应把握的原则

原则：均等的发言机会；提问与表述尽量简洁；合作协商；求同存异，善于接受对方的意见；留有余地。

（二）几种情况的处理

（1）开始由对方提出一份书面的交易条件时：

① 对每一个条件都认真查问，并请对方说明为什么这样做。

② 表现出一无所知的样子，让对方自己证明其意见的正确性。

③ 记下对方的回答，并保留自己的意见。

④ 不追究对方的理由。

⑤ 表现出聪明过人的样子把那些应该由对方回答的问题拿来自己回答。

⑥ 马上就同意对方的要求。

⑦ 务必要把每一个要点都搞清楚，即使再三询问也不要紧。

⑧ 极力试探出对方对每一项交易条件的坚定性究竟如何，以便在以后的磋商中可以有的放矢地进行讨价还价。

⑨ 听到似乎对本方有利的交易条件或者某个解释，就马上同意。

⑩ 对任何一个交易条件都进行讨价还价。

⑪ 注意本合同与其他合同的内在联系。

⑫ 表现极为冷静和泰然自若。

⑬ 随时注意纠正对手某些概念性错误。

⑭ 只注意目前所谈的合同内容。

⑮ 对于对方的言行,表现时而愤怒,时而惊奇,时而高兴。

⑯ 只是在对本方不利的情况下才来纠正对方的错误。

（2）开始由本方提出一份书面的交易条件时：

① 尽量不要多回答对方提出的问题,让对方多发言。

② 试探对方反对意见的坚定性。如果本方不作任何相应的让步,对方是否同意撤回其反对意见？

③ 详尽地说明自己的动机。

④ 在全部交易条件还没有磋商完毕时,就先作出让步或妥协。

（3）双方都没有提交过书面形式的文件时：

① 在会谈时明确所有要谈的内容。

② 把每一个问题都谈深、谈透,以便彼此明确各自的立场。

③ 尽量使谈判留有充分的磋商余地。

④ 避免谈漫无边际地东拉西扯。

⑤ 只把精力集中在某一个问题上,忽视了这个问题与其他问题之间的关系。

⑥ 立即就把自己处于明确地承担义务的地位。

（三）掌握正确的开局方式

谈判人员在开局时切忌过分闲聊、离题太远。开局阶段的话题主要集中在以下几个方面。

1. 人物介绍

人物介绍应该大方自然,并给本方谈判人员以足够的地位和身份。这样可以引起对方的重视,使本方谈判人员在正式谈判中讲话更有分量。如果一开始就谦虚地说"这是小王,刚参加工作,经验不足,请多关照"等,那么,小王在以后的谈判中就会显得"人微言轻"。

2. 寒暄

适度的寒暄是缓解谈判紧张气氛的好方法。谈判双方可根据双方以前的交往状况选择一些共同感兴趣的问题进行简短交流,如重大新闻、体育比赛、旅途趣闻、风土人情等中性话题。如果双方有一定的友谊基础,还可对家庭成员状况进行介绍。进行寒暄时间不可太长,所选话题也不可引起冲突。

3. 计划

计划包括日程安排和议题顺序的约定。计划一般由主场方负责具体安排,客场方一般应客随主便,但应注意防止主场方利用计划控制谈判进程。计划安排应该紧凑而富有弹性。

（四）理想的开局方式

最为理想的开局方式是以轻松愉快的语气先谈一些双方容易达成一致意见的话题,

如"咱们先确定一下今天的议题,如何?""先商量一下今天的大致安排,怎么样?"这些话题从表面上看似无足轻重、分量不大,但这些要求往往最容易引起对方肯定的回答,因此比较容易创造出一种"谈判就是要达成一致的意见"的气氛,有了这种"一致"的气氛,双方就能比较容易地达成互利互惠的协议。

(五)怎样避免一开始就陷入僵局

商务谈判有时会因为彼此的目标、对策相差甚远而在一开局就陷入僵局。这时,双方应努力先就会谈的目的、计划、议程和人物达成一致意见,这是掌握开局过程的基本策略和技巧。若对方因缺乏经验而表现得急于求成,即一开局就喋喋不休地大谈实质性问题,这时,就要巧妙地避开他的要求,把他引到谈判目的、计划、议程和人物等基本内容上来,这样气氛就缓和,也更合拍了。当然,有时候谈判对手出于各种目的在谈判一开始就唱高调,那么我方可以毫不犹豫地打断他的讲话,将话题引向谈判的目的、计划等问题上来。总之,不管处于哪种情况,谈判者应有意识地创造出"一致"感,以免造成开局便陷入僵局的局面,努力创造良好的开局气氛。

(六)开局时间比例的掌握

开局阶段所用时间比例的长短要根据谈判性质和谈判期限的长短来区别对待。一般来讲,控制在谈判时间的5%之内比较合适。比如长达5个小时的谈判,用15分钟开局就足够了。

(七)开局阶段应考虑的因素

不同内容和类型的谈判需要有不同的开局策略与技巧与之对应。结合不同的谈判项目,采取恰当的策略与技巧进行开局,需要考虑以下几个因素。

1. 谈判双方企业之间的关系

根据谈判双方之间的关系来决定建立怎样的开局气氛、采用怎样的语言及内容进行交谈,以及采取何种交谈姿态。具体有以下四种情况。

(1)双方企业过去有过业务往来,而且关系很好,那么,这种友好关系应该作为双方谈判的基础。这种情况下,开局阶段的气氛应该是热烈的、友好的、真诚的、轻松愉快的。开局时,本方谈判人员在语言上应该是热情洋溢的;内容上可以畅谈对方过去的友好合作关系,或两企业之间的人员交往,亦可适当地称赞对方企业的进步与发展;在姿态上应该是比较轻松、自由、亲切的。可以较快地将话题引入实质性谈判。

(2)双方企业过去有过业务往来,但关系一般,那么,开局的目标仍然是要争取创造一个比较友好、随和的气氛。但是,本方在语言的热情程度上应该有所控制;在内容上可以简单地聊聊双方过去的业务往来及人员交往,亦可说一说双方人员在日常生活中的兴趣爱好;在姿态上,可以随和自然。在适当的时候,己方自然地将话题引入实质性谈判。

(3)双方企业过去有过业务往来,但本企业对对方企业的印象不佳,那么,开局阶段的气氛应该是严肃凝重的。语言上,在注意讲礼貌的同时,应该是比较严肃的,甚至可以带一些冷峻;内容上可以对双方过去业务关系表示出不满意、遗憾,以及希望通过本次交易磋商能够改变这种状况,也可谈论一下途中见闻、体育比赛等中性的话题;在姿态上,应该是充满正气,并注意与对方保持一定的距离。在适当的时候,可以慎重地将话题引入实质性谈判。

（4）双方企业在过去没有进行任何业务往来,本次为第一次业务接触,那么,在开局阶段,应力争创造一个友好真诚的气氛,以淡化和消除双方的陌生感,以及由此带来的防备甚至略含敌对的心理,为实质性谈判奠定良好的基础。因此,在语言上,应该表现得礼貌友好,但又不失身份;内容上,多以途中见闻、近期体育消息、天气状况、业余爱好等比较轻松的话题为主,也可以就个人在公司的任职情况、负责的范围、专业经历等进行一般性的询问和交谈;姿态上,应该是不卑不亢,沉稳而不失热情,自信但不骄傲。在适当的时候,可以巧妙地将话题引入实质性谈判。

2．双方谈判人员个人之间的关系

谈判是人们相互之间交流思想的一种行为,谈判人员个人之间的感情会对交流的过程和效果产生很大的影响。如果双方谈判人员过去有过交往接触,并且结下了一定的友谊,那么在开局阶段即可畅谈友谊地久天长。同时,也可回忆过去交往的情景,或讲述离别后的经历,还可以询问对方家庭的情况,以增进双方的个人情感。实践证明,一旦双方谈判人员之间发展了良好的私人情感,那么,提出要求、作出让步、达成协议就不是一件太困难的事。通常还可以降低成本,提高谈判效率。

3．双方的谈判实力

就双方的谈判实力而言不外乎以下三种情况。

（1）双方谈判实力相当时,为了防止一开始就强化对方的戒备心理和激起对方的敌对情绪,致使这种气氛延伸到实质性阶段而使双方为了一争高低,造成两败俱伤的结局,在开局阶段,仍然要力求创造友好、轻松、和谐的气氛。本方谈判人员在语言和姿态上要做到轻松而不失严谨、礼貌而不失自信、热情而不失沉稳。

（2）本方谈判实力明显强于对方时,为了使对方能够清醒地意识到这一点,在谈判中不抱过高的期望值,从而产生威慑作用,同时又不至于将对方吓跑。在开局阶段,在语言和姿态上,既要表现得礼貌友好,又要充分显示本方的自信和气势。

（3）本方谈判实力弱于对方时,为了不使对方在气势上占上风,从而影响后面的实质性谈判,开局阶段,在语言和姿态上,一方面要表示友好,积极合作;另一方面要充满自信,举止沉稳,谈吐大方,使对方不至于轻视本方。

 **案例7-1**

一次迟到的开局

日本一家著名汽车公司刚刚在美国"登陆",急需找一个美国代理商来为其推销产品以弥补他们不了解美国市场的缺陷。当日本公司准备同一家美国公司谈判时,谈判代表因为堵车迟到了,美国谈判代表抓住这件事紧紧不放,想以此为手段获取更多的优惠条件。日本代表发现无路可退,于是站起来说:"我们十分抱歉耽误了您的时间,但是这绝非我们的本意。我们对美国的交通状况了解不足,导致了这个不愉快的结果,我希望我们不要再因为这个无所谓的问题耽误宝贵的时间了。如果因为这件事怀疑我们合作的诚意,那么我们只好结束这次谈判。我认为,我们所提出的优惠条件是不会在美国找不到合作伙伴的。"

日本代表一席话让美国代表哑口无言,美国人也不想失去一次赚钱的机会,于是谈判顺利进行下去了。

思考:

1. 美国公司的谈判代表在谈判开始时试图营造何种开局气氛?

2. 日本公司谈判代表采取了哪种谈判开局策略?

3. 如果你是美方谈判代表,应该如何扳回劣势?

本 章 小 结

好的开局是谈判成功的基础,开局决定着谈判质量的高低,要重视开局在商务谈判中的重要作用。充分了解商务谈判的心理,对对方的力量有准确的判断,不要被商业道具迷惑。在谈判前,需要与对方充分接触,进行有效沟通,了解谈判目标。谈判开局的目标是力求实现双方坦诚合作、互谅互让,积极创造和维护融洽的谈判气氛。基本任务是建立适当的谈判气氛、塑造良好形象、遵守谈判原则、根据开场陈述进行报价。理想的开局方式是开始就创造出"谈判就要达成一致"的气氛,准确运用各种开局策略以及技巧,以应对不同形势下的谈判开局。

本 章 思 考 题

1. 谈判开局阶段,谈判者应该如何营造特定的谈判气氛?

2. 你手头有一批货物可供外销。你认为若能卖到 100 000 美元,则感到十分满足。某外商提议以 200 000 美元的现汇购买这批货物,此时,你最明智的做法是什么?

A. 毫不犹豫地接受该客商的建议

B. 告诉他一星期后再做答复

C. 跟他讨价还价

3. 你是某零件的供应商。某日下午你接到某买主的紧急电话,要你立即赶赴机场去和他商谈有关其大量采购的事宜。他在电话中说,他有急事前往某地不能在此处停留。你认为这是一个难得的机会,因此在他登机前 15 分钟抵达现场。他向你表示,假若你能以最低价格供应,他愿意同你签订一年的供需合约。在这种情况下你的做法是( )。

A. 提供最低价格

B. 提供稍高于最低价的价格

C. 提供比最低价高出许多倍的价格,以便为自己留下更大的谈判余地

D. 祝他旅途愉快,告诉他你将与他的部下联系并先商谈一下零件的价格,希望他回到此地后能与你联系

4. 一段精彩的开场陈述

A 公司代表：我公司的情况你们可能已经了解了一些,我公司是合资创办的,经济实力雄厚,近年来在房地产开发领域业绩显著,在你们市区开发的××花园收益不错,听说你们的周总也是我们的买主。你们市的几家公司正在谋求与我们合作,想把其手里的地皮转让给我们,但我们没有轻易表态。你们这块地皮对我们很有吸引力,我们准备拆迁原有的住户,开发一片居民区。前几天,我们公司的业务人员对该地区的住户、企业进行了广泛的调查,基本上没有什么阻力。时间就是金钱,我们希望以最快的速度就这个问题达成协议,不知你们的想法如何?

B 公司代表：很高兴能有机会与你们合作。我们之间以前虽没有打过交道,但对你们的情况还是有所了解的,我们遍布全国的办事处也有多家用的是你们的房子,这可能也是一种缘分。我们确实有出卖这块地皮的意愿,但我们并不急于脱手,因为除了你们公司外,兴华、兴运等一些公司也对这块地皮表示出了浓厚的兴趣,正在积极地与我们接洽。当然了,如果你们的条件比较合理,价格可接受,我们还是优先愿意与你们合作的,可以帮助你们简化有关手续,使你们的工程能早日开工。

问题：请分析 A 公司代表和 B 公司代表的开局好在哪里。

第八章

商务谈判磋商策略

学习目标

- 理解磋商阶段的思维活动、策略、原则与基本内容。
- 掌握报价的基础、原则、形式并掌握其策略。
- 掌握价格解释的含义及技巧。
- 了解价格评论的意义和策略。
- 熟练运用讨价还价的策略及技巧。
- 还价的依据、还价方式的选择及技巧。
- 掌握让步的策略及方式,明确拒绝策略的选择。
- 掌握谈判僵局的类型、产生原因及化解僵局的策略。

　　谈判开局阶段的任务完成以后,各方将开始就实质性事项进行磋商,即进入谈判的磋商阶段。磋商阶段是谈判的实质性及实践性阶段,在此阶段,各主体将根据对方在谈判中的行为,来调整己方的谈判策略、修改己方的谈判目标,以逐步确立谈判协议的基本框架。所以这一阶段不仅是谈判主体间实力、智力和技术的具体较量阶段,而且也是谈判主体间求同存异、谅解让步的阶段。同时,磋商阶段也是谈判各主体间通过互相交流各种信息及物质条件对利益与需要进行分割的过程。其中,关于价格的沟通、磋商及其中所涉及的僵局处理是这一过程的核心。

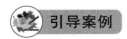 引导案例

工会为加薪举行的商务谈判

　　一位工会职员应造酒厂员工的要求就加薪一事向厂方提交了一份书面请求,一周后,厂方约他就新的劳资合同进行谈判。令他吃惊的是,一开始厂方就花很长时间向他详细

介绍销售及成本情况,这样反常的开头令他措手不及。为了争取时间考虑对策,他便拿起会议材料看了起来。最上面一份是他的书面要求。一看他才明白,原来是在打字时出了差错,将要求增加工资12%打成了21%,难怪厂方会如此郑重其事。他心里有了底,谈判下来,最后以增资15%达成协议,比期望值高了3个百分点。看来,他原来的要求太低了。

资料来源:盖温·肯尼迪. 谈判是什么[M]. 北京:中国宇航出版社,2004.

思考:

1. 为什么谈判最终结果比工会职员的预期还要好?

2. 本案例对我们有何启发?

第一节   磋商阶段的思维活动、策略、原则与基本内容

一、谈判过程思维活动的分析

根据谈判过程不同阶段的特点,谈判者的思维活动大致可分为两类,一类是在进入实质性谈判之前的"前期思维活动",另一类是在进入实质性谈判之后的"临场思维活动"。

凡是在与谈判对手正式相遇前或初始接触时,本方根据对对手的分析和本方谈判目的所进行的信息分析、方案制订、交易条件的设定与评估等思维活动都是"前期思维活动"。磋商阶段谈判者根据在前期思维活动中确立的对策和在实质性谈判阶段中双方情势的变化而进行的思维调整性活动都是"临场思维活动"。前期思维活动是临场思维活动的基础,临场思维活动是根据事实和需要对前期思维活动的完善。

二、商务谈判磋商阶段的策略调整

前期思维活动具有相当大的主观性,产生的谈判策略和向对方提出的条件都有一定的理想成分,它们与现实的差距只有在双方的实质性谈判开始之后才会真正地反映出来。

磋商阶段是谈判过程的实质阶段,也是关键阶段,谈判各方在这之前所进行的初始接触,更多的是试探性的,是为开出交易条件作准备的。也就是说,在此之前,各方的行为几乎都是姿态性的,并不是决定性的,只有进入磋商阶段,双方才正式地以决定性的态度来调整各自的谈判策略和要求。

三、策略调整的关键

磋商阶段的重点是对过去制订的谈判策略的调整,它带有极强的战术性。这个阶段,谈判者的临场观察能力、分析能力和应变能力,谈判小组内部成员之间的配合默契程度和对外交流的统一性将受到严峻的考验,有以下两点需要注意。

(1)注意辨别所获信息的真伪。

(2)在策略调整过程中,真正的困难在于本方谈判成员对调整的必要性在认识上的差异。

注：本方内部有意见和认识上的分歧是正常的，但如果将这些分歧公开在谈判桌上就不正常了。

四、商务谈判磋商的原则

商务谈判磋商应遵循以下原则。

（1）不轻易给对方讨价还价的余地。调查表明：在价格上拥有灵活权利的推销员与没有获得授权的推销员卖掉的商品数量没有明显差别。

（2）没有充分准备的情况下应避免仓促参与谈判。这里所说的"充分准备"，不仅指市场调查、对对手资料的收集与分析、对策的制订、本方谈判人员的组成及必要的培训和演练，还意味着在正式与对手谈判前，先做一些削弱对手谈判实力的铺垫。

（3）设法让对方主动地靠近你，你在保持某种强硬姿态的同时，应通过给予对方心理上更多的满足感来增强谈判的吸引力。

（4）给自己在谈判中的目标和动机幅度留有适当余地。

（5）不要轻易暴露自己已知的信息和正在承受的压力。

（6）谈判中应多听少说，能问不答，能说不写；别人问你时，转成问句返回去让对方答。

（7）要与对方所希望的目标保持接触。

五、商务谈判磋商的基本内容

（一）标的

标的是指谈判双方或多方当事人权利义务所共同指向的对象。标的包括有形财产、劳务、工程项目、无形财产等。

（二）质量

质量是指标的的内在素质和外观形态。

（三）数量

数量是指标的在量方面的限度、标准、尺度。其条款包括计量单位、数量指标、计量方式、计量方法、正负尾差等。若是国际贸易，应注意各国计量单位、方式、方法、溢缺等的不同含义和解释，熟悉其计算内涵，并能对比换算，尽量采用国际通用的标准方法，避免争议。还需注意谈判对方对某些数字的忌讳。

（四）价款

价款是指合同谈判中获得标的物所有权或使用权的当事人向转移标的所有权或使用权的当事人支付的等价量的货币。价款包括使用哪一种货币、货币单位、单价、总金额等。

（五）酬金

酬金是指获得服务或技术带来经济利益的当事人向提供劳务、技术成果的当事人偿付等价报酬的金额。酬金应根据国家规定执行，做到计算有依据、收费要合理。

（六）履行期限

履行期限是指谈判各方为享有权利、履行义务而限定的时间界限。履行期限包括双方履行义务的期限，分批、分阶段履行义务的期限，双方享受权利的期限，分部、分项享受权利的期限，应标明起止年月日。

（七）履行地点

履行地点是指谈判各方履行义务和接受履行义务的空间地理位置的界定。履行地点是谈判标的转移、交接、服务的具体地点。

（八）履行方式

履行方式是指谈判各方要履行谈判约定的义务所选择的方式。履行方式可以是一次性履行方式，也可以是分期履行方式。

（九）违约责任

违约责任是指当事人一方或几方由于过错造成不能履行或不能完全履行谈判订立的条款时，应当承担的法律责任。违约责任分为两部分：合同履行中可能出现的违约情况；发生了违约情况后，责任方应承担什么责任。违约责任的范围：法律有规定的按规定执行；法律没有规定的，由当事人谈判协商解决。

（十）解决争议的方法

关于解决争议的方法，谈判中有约定的，按约定处理。没有约定的可以通过当事人自行协商解决，或通过第三者进行调解，申请仲裁机构仲裁，向法院起诉，通过审判司法解决。

第二节　报　价

关于价格的沟通、磋商及其中所涉及的僵局处理是报价与价格解释阶段的核心。虽然价格不是谈判的全部，但有关价格的讨论依然是谈判的主要组成部分。在任何一次商务谈判中，关于价格的协商通常会占据整个谈判过程 70％以上的时间。其中，报价是价格谈判过程中非常关键的一步，它将给谈判双方带来第一印象，也是能否引起对方兴趣的前提。报价得当与否，对实现经济利益具有举足轻重的意义。报价掌握得好，就会把对手的期望值限制在一个特定的范围内，在以后的讨价还价过程中占据主动地位，从而直接影响到谈判的最后结果。所以，谈判方在报价时要持慎重的态度。

一、报价的基础

商务谈判报价是指谈判一方向对方提出的有关整个交易的各项交易条件，包括标的物的质量、数量、价格、包装、运输、保险、支付、商检、索赔、仲裁等，其中价格条款是核心部分。在报价环节，谈判人员最根本的任务就是要准确地表明自己的立场和所追求的利益。

（一）影响价格形成的因素

商品价格是商品价值的货币表现，是在市场交换过程中实现的。对于具体的商品来说，影响价格形成的直接因素主要有：商品本身的价值、货币的价值以及市场的供求状况。上述每一种因素本身是由许多因素决定的,而这些因素又处于相互联系、相互制约和不断变化之中,这就造成价格形成的复杂多变和具体把握价格问题的困难。从商务谈判的角度看,至少有以下一些影响价格的因素需要认真考虑。

1. 顾客的评价

某一商品是好是坏,价格是贵还是便宜,不同的顾客会有不同的评价标准。例如,一件款式新颖的时装,年轻人或以年轻人为主的销售对象认为,穿上这样的衣服潇洒、气派、与众不同,价格高一点也可以接受;而老年人则偏重考虑面料质地如何,是否结实耐穿,并以此来评价价格是否合适。

2. 需求的急切程度

当"等米下锅"时,人们就不大计较价格。所以,如果对方带着迫切需要某种原材料、产品、技术或工程项目的心情来谈判,那么,他首先考虑的可能是交货期、供货数量以及能否尽快签约,而不是价格高低的问题。

3. 产品的复杂程度

产品越复杂、越高级,价格问题就越不突出。因为产品结构、性能越复杂,档次越高,其制作技术就越复杂,生产工艺就越精细,核算成本和估算价值就较为困难。

4. 交易的性质

大宗交易或一揽子交易比那些小笔生意或单个买卖更能减少价格水平在谈判中的阻力。几万元在大宗交易中可能只是个零头,而在小本生意中却举足轻重。

5. 销售的时机

旺季畅销,淡季滞销。畅销时可以卖个好价钱,滞销时则往往不得不削价贱卖,以免造成积压,影响资金流动。

6. 产品或企业的声誉

企业、产品的声誉以及谈判者的名声信誉都会对产品价格产生影响。一般来说,人们都愿意花钱买好货,或与重合同、守信誉的企业打交道,对优质名牌产品的价格或声誉良好的企业的报价有信任感。

7. 购买方所得到的安全感

销售方向购买方显示产品的可靠性或承诺提供某种保证或服务时,如能给对方一种安全感,则可以降低或冲淡价格问题在其心目中的重要性。

8. 货款的支付方式

商品买卖或其他经济往来中,货款支付方式很多,按分类方式不同可分为:现金结算、支票使用、信用卡结算或产品抵偿;一次性结清贷款、赊账、分期付款、延期付款等。不同的货款支付方式对价格产生的影响有一定的差异。

9. 竞争者的价格

从卖方角度看,如果竞争者的价格比较低,买方就会拿这个价格作为参照和讨价还价的条件,逼迫卖方降价;反之,如果买方竞争者出价较高,则会使卖方在价格谈判中处于有利地位。

(二) 报价的有效性

报价决策不是由报价一方随心所欲制定的,报价时需要考虑对方对这一报价的认可程度,即报价的有效性。报价的有效性首先取决于双方价格谈判的合理范围,同时还受市场供求状况、双方利益需求、产品复杂程度、交货期要求、支付方式、市场竞争等多方面因素的制约。

在商务谈判中,谈判双方应处于对立统一体中,他们既相互制约又相互统一,只有在对方接受的情况下,报价才能产生预期的结果。遵循以下原则有助于提高报价的有效性:通过反复比较和权衡,设法找出报价者所得利益与该报价所能接受的成功概率之间的最佳组合点。

(三) 报价形式的选择

报价的形式一般来说有书面报价和口头报价两种。

1. 书面报价

书面报价主要有以下两种形式。

(1) 书面报价,不作口头补充:谈判一方提出书面交易条件的同时必须为报价准备较详尽的文字材料、数据和图表等,将己方愿意承担的义务表达清楚。采用这一方式基本上否定了谈判双方磋商的可能。

(2) 书面报价,作口头补充:这一方式较前一种要灵活一些。它的优点是提供书面材料能使谈判安排得更为紧凑;能使对方仔细考虑己方提出的要点;有利于应对较复杂的条款。

书面报价的缺点是书面材料将成为己方言行的永久性记录,从而限制了己方在谈判后期的让步和变化;同时书面材料使对方掌握了己方准备作出让步的更多信息,增加了对方在谈判中的主动性。

2. 口头报价

口头报价是不提交任何书面形式的文件,而只以口语方式提出交易条件的报价方式。与书面报价方式相比,口头报价具有更大的灵活性,谈判者可以根据谈判的进程,来调整和变更自己的谈判战术,能够先磋商后承担义务,没有义务约束感。察言观色、见机行事,建立某种个人关系来缓和谈判气氛是这种报价方式最大的长处。

口头报价的缺点是对方可以从己方的言行中推测己方所选定的最终目标以及追求最终目标的坚定性;一些复杂要点,如统计数字、计划图表等难以用口头阐述清楚,容易因没有被真正地理解而产生误会;容易偏离主题而转向枝节问题。此外,由于对方事先对情况一无所知,就有可能一开始很有礼貌地聆听企业的交易条件,然后退出谈判,直到准备好了如何回答才回来谈判,从而影响了谈判的进度。

为了克服口头报价的不足,应在谈判前准备一份印有己方交易重点、要点、某些特殊要求、各种具体条件的谈判大纲,以供谈判时有大致的纲要可循。

(四) 对价格的合理性解释

当我们身处谈判之中时,对"合理"价格的理解,既与我们的身份(买方或卖方)有关,又与我们的感觉有关。

买方:心理和行为都认为价格比对方声称的水平更低一些,究竟低多少,取决于我们在与对方打交道时的感觉。

卖方：心理和行为都认为我们开出的价格水平就是合理的水平，这种合理性的程度会受对方认知的影响，对方的反应是否强烈，会影响到我们感觉的稳定性。

结论：合理的价格估计常常存在于行为分析领域之中，而不是存在于对费用的精确测算上。

二、报价的原则

报价应遵循以下原则。

（1）卖方在对方没有对交易产生兴趣时不要提出价格意向

在对方尚未真正了解到交易内容及其给他带来的好处时，他对交易是不会有兴趣的。谈判者如果在这样的情况下提出价格意向，极可能向对方暴露己方的某种愿望。

假如对方对交易最终不感兴趣，你提出这种价格意向就是徒劳。

假如对方对交易最终产生了兴趣，由于你的价格意向已经提出，往往也很难由于对方的强烈兴趣而卖一个好价。

（2）在讨价还价之前，谈判者要尽可能地给对手没有任何商量余地的印象

谈判者只要给了对手一种有让步可能性的印象，其结果便不只是被迫要作出让步，而且还由于对手尚不知你的底价，向你拼命施加压力，从而导致你的让步不能轻易地停下来。要么做成一笔无利可图的生意，要么就因自己再无退路而致使谈判破裂。留有余地并不意味着你一定要告诉对方价钱可以降低。

（3）卖方第一次出价要高，且不要表现有商量的余地

经验证明：谈判者首次开出的价格条件越低，对自己在未来谈判中地位的影响就越不利。

例如：

——我们最多只能让 10 元左右。

我们最多只能让 10 元。

——这产品卖 458 元，你真想买的话还可以再优惠。

这产品仅卖 458 元。

之后可以强调出价高的原因，说明为什么报出这个价格，并努力使对方觉得价格便宜。可以从如下几个方面说明：

① 强调产品质量、性能等方面的使用价值；

② 不同的购买批量、不同的购买时间、不同的付款方式采取不同的价格；

③ 灵活处理买方的支付方式；

④ 提供各种附加服务；

⑤ 价格比较；

⑥ 价格分割。

（4）报价应考虑当时的谈判环境和与对方的关系

如果对方为了自身的利益而向己方施加压力，则己方就必须以高价向对方施加压力，以维护己方的利益；如果双方关系比较友好特别是有过较长时间的合作关系，报价就应当稳妥一些，出价过高会有损双方的关系；如果己方有很多竞争对手，就必须把要价压低到至少能受到邀请而继续谈判的程度，否则就会被淘汰出局失去谈判的机会。

三、报价的策略

（一）报价先后策略

价格谈判时，面临的第一个问题就是先报价还是后报价的问题。商务谈判的实践证明，先报价与后报价各有利弊。

1. 先报价的利弊

在谈判中，不管是出于自愿、主动，还是应对方的请求，总有一方要先报价。先报价有以下有利点。

（1）先报价的交易条件为以后的谈判划定了一个框架或基准线，最终协议将在这个范围内达成。

（2）先报价如果出乎对方的预料和设想，往往会打乱对方的原有部署，甚至动摇对方原来的期望值，使其失去信心。

总之，先报价可以占据主动、先施影响，并对谈判全过程的所有协商行为发挥持续性的作用。

先报价也有不利之处，当己方对市场行情及对手的意图没有足够了解时，贸然先报价，会产生限制自身期望值的负面影响。对方听了己方的报价后，可根据其中的数据、材料和所掌握的各种信息，调整期望值，从而获得他本来不敢想、不敢想或估计很难得到的一些好处。

2. 后报价的利弊

后报价的利弊正好和先报价相反。其有利之处在于：对方在明处，自己在暗处，可以根据对方的报价及时地修改己方的谈判方案，以争取更大的利益。后报价的弊病也很明显，即被对方占据了主动，而且必须在对方划定的框框内谈判。

3. 先后报价的选择

既然先后报价都有利有弊，而且"利"与"弊"都和一定的条件相联系，关于先后报价孰优孰劣要根据特定条件和具体情况灵活掌握。通常在评估先后报价的利弊时，要考虑以下几点。

（1）如果本方的谈判实力强于对方，或者与对方相比在谈判中处于相对有利的地位，则本方先报价是有利的。尤其是当对方对本次交易的行情不太熟悉的情况下，先报价的利更大。

（2）如果通过调查研究，估计到双方的谈判实力相当，谈判过程中一定会竞争得十分激烈，那么，同样应该先报价，以争取更大的影响。

（3）如果本方谈判实力明显弱于对手，特别是在缺乏谈判经验的情况下，应该让对方先报价。因为这样做可以通过对方的报价来观察对方，同样也可以拓宽自己的思路和视野，然后再确定应对本方的报价作哪些相应的调整。

（4）如果双方的谈判是在友好合作的背景下进行，则先后报价无实质性区别。

此外，商务谈判中就谁先报价形成了一些惯例：发起谈判者与应邀者之间，一般应由发起者先报价；投标者与招标者之间，一般应由投标者先报价；在货物买卖业务的谈判中，一般卖方应先报价。

 案例 8-1

意想不到的 50 万美元专利转让费

有一个跨国公司的高级工程师,他的某项发明获得了发明专利权。一天,公司总经理派人把他找来,表示愿意购买他的发明专利,并问他愿意以多少的价格转让。他并不清楚自己的发明到底值多少钱,心想只要能卖 10 万美元就很不错了。可是他的妻子却事先告诉他说至少要卖 30 万美元。等他到了公司总经理的办公室,一是因为怕老婆,二是怕价格太高经理不接受,所以一直支支吾吾,不愿先正面说出自己的报价,而是说:"我的发明专利在社会上有多大作用,能给公司带来多少价值,我并不十分清楚,还是先请您说一说吧!"这样无形中把球踢给了对方,让总经理先报价。总经理只好先报价了:"50 万美元,怎么样?"这位工程师简直不敢相信自己的耳朵,直到总经理又说了一遍,他才认识到这是真的,经过一番假模假样的讨价还价,最后就以这一价格达成了协议。

资料来源:聂元昆,主编. 商务谈判学[M]. 北京:高等教育出版社,2009.

思考:从这个案例中可以看出后报价有哪些好处?

(二)报价起点策略

报价起点策略,也称"开价要高,出价要低"的策略。即卖方报价起点要高,要开最高的价;买方报价起点要低,要出最低的价。这一做法已成为商务谈判中的惯例。这是因为,从心理学的角度来看,人们都有一种希望得到比他们预期更多的心理倾向。

买方采取出价要低策略的原因主要有以下几点。

(1)买方的报价是向对方表明自己的要求标准。虽然谈判各方知道报价水平将随谈判进程而会有所调整,但报价低会给对方一定的心理压力。

(2)买方报价低能为此后谈判中的价格调整与让步留出较大的余地。

(3)报价的高低在一定程度上反映了买方的期望水平、自信与实力。

卖方采取开价要高策略的原因主要有以下几点。

(1)报价起点,即开盘价给卖方的要价确定了一个最高的限度,也为谈判最后的结果确立了一个终极上限。在谈判中,除特殊情况外,要尽量避免报价之后重新报价的情况,况且对方也不会接受卖方报价之后的提价。

(2)卖方采取开价高的策略,可以为其在此后谈判中的让步留有较大的空间,有利于其在必要的情况下作出妥协,打破僵局。

(3)报价的高低影响谈判对方对己方潜力的评价。

(三)报价时机策略

在商务谈判中,何时报价是一个策略性很强的问题。一般而言,应首先让对方充分了解商品的使用价值和能为对方带来的收益,待对方对此产生兴趣后,再谈价格的问题。掌握报价的时机是一门艺术,注意以下几点会帮助谈判者在谈判时抓住最合适的报价时机。

（1）对方对产品的使用价值有所了解。不管一方的报价多么合理,价格本身并不能使对方产生成交欲望,对方注重的首先是商品自身的使用价值。所以,谈判报价时,应先谈产品的使用价值,等对方对产品的使用价值有所了解以后,再谈产品的价格问题。

（2）对方对价格兴趣高涨。谈判中报价的最佳时机应是对方对价格兴趣高涨的时候,因为这时候己方报价是水到渠成的事情,可以减少谈判的阻力。

（3）价格已成为最主要的谈判障碍。此时,对方坚持要求马上答复价格问题,再拖延就是不尊重对方的行为。谈判者应当建设性地回答价格问题,比如把价格和使用寿命联系起来回答,或者把价格与达成协议可得的好处联系起来。

（四）报价表达策略

报价无论采取口头还是书面方式,报价表达都要坚定、明确、完整,不加解释和说明,要做到"不问不答,有问必答,避实就虚,能言不书"。在应用中,一般有以下基本要求。

（1）先粗后细：先报总体价格,在必要时,再报具体的价格构成。

（2）诚恳自信：报价的态度要诚恳、自信,以得到对方的信任。

（3）坚定果断：报价要坚定、果断,不能有任何犹豫动摇的表示。这样才能使对方相信己方对谈判抱着认真和坚定的态度。

（4）明确清楚：报价要明确、清晰而完整,以使对方能够准确了解己方的期望。报价时的含糊不清往往使对方产生误解,从而扰乱己方既定计划,对己不利。

（5）不加解释：在对方没有提出问题或要求做解答和说明时,报价一方不要主动解释或说明,否则会产生"此地无银三百两"的感觉,甚至让对方察觉己方关注的问题或心有顾虑之处。

（五）报价差别策略

同一商品,因客户性质、购买数量、需求急缓、交易时间、交货地点、支付方式等方面的不同,会形成不同的购销价格。这种价格差别,体现了商品交易中的市场需求导向,在报价时应重视运用。例如,对大批量购买的客户或老客户,为建立稳定的交易联系或巩固良好的客户关系,可适当实行价格折扣;对于新客户,有时为开拓新的、有潜力的市场,可适当给予折让;对某些需求弹性较小的商品,则可适当实行高价策略。

（六）报价对比策略

价格谈判中,使用报价对比策略,往往能增强报价的可信度和说服力。报价对比可以从多方面进行。例如,将本商品的价格与另一商品的价格进行比较,以突出相同使用价值的不同价格;将本商品及其附加各种利益后的价格与可比商品不附加各种利益的价格进行对比,以突出不同使用价值的不同价格;将本商品的价格与竞争者同一商品的价格进行对比,以突出相同商品的不同价格等。

（七）报价分割策略

报价分割策略是一种心理策略,主要是为了迎合对方的求廉心理,制造买方心理上的价格便宜感。价格分割包括两种形式。

1. 用较小的单位报价

用较小的单位报价,即将商品的计量单位细分化,然后按照最小的计量单位报价。这是报价分割策略中最常用的形式。用小单位报价比大单位报价会使人产生便宜的感觉，更容易使人接受。如，将大米每吨 1 000 元报成每斤 0.5 元。又如，巴黎地铁公司的广告"每天只需付 30 法郎，就有 200 万旅客看到你的广告"。

2. 用较小单位商品的价格进行比较

例如："每天少抽一支烟，每天就可订一份报纸。""使用这种电冰箱平均每天只需 0.5 元电费，而 0.5 元只能够吃 1 根最便宜的冰棍。"用小商品的价格去类比大商品的价格会给人以亲近感，拉近与消费者之间的距离。

（八）报价方式策略

在国际商务谈判活动中，有两种比较典型的报价策略，即西欧式报价和日本式报价。

1. 西欧式报价

西欧式报价的一般模式：首先提出留有较大余地的价格，然后根据买卖双方的实力对比和该笔交易的外部竞争状况，通过给予各种优惠，如数量折扣、价格折扣、佣金和支付条件上的优惠（如延长支付期限、提供优惠信贷等）来逐步接近买方的条件，最终达成成交的目的。

2. 日本式报价

日本式报价的一般模式：将最低价格列在价格表上，以求首先引起买方的兴趣。这种低价格一般是以对卖方最有利的结算条件为前提的，而且在这种低价格交易条件下，各个方面都很难全部满足买方的需求，如果买方要求改变有关条件，则卖方就会相应提高价格。因此，买卖双方最后成交的价格往往高于价格表中的价格。

综上两种报价，虽说日本式报价较西欧式报价更具有竞争实力，但它不适合买方的心理，因为一般人总是习惯于价格由高到低，逐步降低，而不是不断地提高。因此，对于那些谈判高手，会一眼识破日本式报价者的计谋，而不会陷于其制造形成的圈套中。

四、价格解释

（一）价格解释的含义

在卖方报价后，买方可要求卖方作价格解释。价格解释是指卖方就其商品特点及其报价的价值基础、行情依据、计算方式等所作的介绍、说明或解答。价格解释的内容，应根据具体交易项目确定。同时，价格解释的内容应层次清楚，最好按照报价内容的次序逐一进行解释。

（二）价格解释的技巧

价格解释的技巧主要有：不问不答、有问必答、答其所问、简短明确。

"不问不答"是指对方不主动提及的问题不要回答，不能因怕对方不理解而作过多的解释和说明，以免造成"言多有失"的结果。"有问必答"是指对对方提出的所有相关问题，都要一一作出回答并且要迅速、流畅。如果回答问题吞吞吐吐、欲言又止，则容易引起对方的疑虑，甚至会提醒对方注意，从而穷追不舍。"答其所问"是指在回答时仅就对方所提问题作出解释说明，不作画蛇添足式的多余答复。"简短明确"就是要求卖方在进行价格解释时做到简明扼要、明确具体，以充分表明自己的态度和诚意，使对方无法从陈述中发现漏洞。

报价和解释

2013 年,日本某电机公司出口其高压硅堆的全套生产线,其中技术转让费报价 2.4 亿日元,设备费 12 亿日元,服务(培养与技术指导)费 0.09 亿日元。谈判开始后,营业部长松本先生解释道:技术费是按中方工厂获得技术后,生产的获利提成计算出来的。取数是生产 3 000 万支产品,10 年生产提成是 10%,平均每支产品价 8 日元。设备费按工序报价,清洗工序费用为 1.9 亿日元;烧结工序费用为 3.5 亿日元;切割分选工序费用为 3.7 亿日元;封装工序费用为 2.1 亿日元;打印包装工序费用为 0.8 亿日元;技术服务费是按培训费报价的,12 人到日本培训一个月 250 万日元;10 个技术指导人员的费用为 650 万日元。

评析:本案例中,卖方解释做得较好,讲出了报价计算方法和取数,给买方评论提供了依据,使买方满意。但又在谈判过程中细中有粗,给自己谈判留了余地,符合解释的要求。卖方采用的是分项报价、逐项解释的方式。

第三节　价格评论与讨价还价策略

一、价格评论

(一)价格评论的含义

买方对卖方的价格即通过解释了解到的卖方价格的贵贱性质作出批评性的反应就是价格评论。也即买方通过对卖方的解释予以研究、寻找报价中的不合理点,并通过对这些"虚头""水分"在讨价还价之前先"挤一挤",就好比总攻前的"排炮",扫一扫路障,打掉一些明碉暗堡。

(二)价格评论的策略

价格评论不同于平常工作中人与人之间提意见,这里包含了利害冲突、经济利益得失问题。因此,要有一定的策略,主要有以下几点。

1. 针锋相对,以理服人

价格评论既要猛烈,又要掌握节奏。猛烈,指准中求狠,即切中要害、猛烈攻击、着力渲染,卖方不承诺降价,买方就不松口。掌握节奏,就是对问题逐一发问、评论。

价格评论还要重在说理、以理服人。对于买方的价格评论,卖方往往会以种种理由辩解,而不会轻易就范认输。所以,买方若想要卖方俯首称臣,就必须充分说理、以理服人。

2. 严密组织,边听边议

在价格谈判中,虽然买方参加谈判的人员都可以针对卖方的报价及解释发表意见、加以评论,但是,鉴于卖方也在窥探买方的意图,寻找买方的"底牌",所以,绝不能每个人想怎么评论就怎么评论,而是要事先精心谋划、"分配台词",然后在主谈人的暗示下,其他人员适时、适度发言。

3. 评论中再侦察,侦察后再评论

买方进行价格评论时,卖方以进一步的解释予以辩解,这是正常的现象。对此,买方不仅应当允许其辩解并注意倾听,而且还应善于引导,以便侦察其反应。实际上,谈判需要"舌头",也需要"耳朵"。买方通过卖方的辩解,可以了解更多的情况,以便调整进一步评论的方向和策略;若又抓到了新的问题,则可使评论增加新意,使评论逐步向纵深发展,从而有利于赢得价格谈判的最终胜利。

二、讨价策略

(一)讨价的定义和作用

讨价,是在一方报价之后,另一方认为其报价离己方的期望目标太远,而要求报价一方重新报价或改善报价的行为。这种讨价要求既是实质性的,即迫使价格降低;也是策略性的,其作用是引导对方对己方的判断,改变对方的期望值,并为己方的还价作准备。

(二)讨价的方式

讨价的方式一般可以分为全面讨价、分别讨价和针对性讨价三种。

1. 全面讨价

全面讨价常用于价格评论之后对于较复杂的交易的首次讨价。主要是指讨价者根据交易条件全面入手,要求报价者从整体上改变价格,重新报价。这种讨价方式可以根据情况多次使用。

2. 分别讨价

分别讨价常用于复杂的交易,对方第一次改善报价之后,或不方便采用全面讨价方式时,讨价者分别针对交易条件中的不同条款,向报价方提出不同的要求。

3. 针对性讨价

针对性讨价常用于在全面讨价和分别讨价的基础上,有针对性地从交易条款中选择某些条款,要求报价者重新报价。这些条款往往是明显不合理和水分较大的部分。

(三)讨价的基本方法

讨价的基本方法包含以下几种。

1. 举证法

举证法亦称引经据典法。为了增加讨价的力度,谈判者应以事实为依据,要求对方改善报价。引用的事实可以是当时市场的行情、竞争者提供的价格、对方的成本、过去的交易惯例、产品的质量与性能、研究成果、公认的结论等。总之引用的事实必须是有说服力的证据,是对方难以反驳或难以查证的。

2. 求疵法

讨价往往是针对对方报价条款的缺漏、差错、失误而开展的。有经验的谈判者,都会以严格的标准要求对方,对其报价的条款加以挑剔以寻找对方的缺陷,并引经据典、列举旁证来降低对方的期望值要求对方重新报价或改善报价。

3. 假设法

假设法以假设更优惠条件的语气来向对方讨价。如以更大数量购买、更宽松的付款条件、更长期的合作等优惠条件来向对方再次讨价,这种方法往往可以摸清对方可以承受的大致底价。假设条件因其是假设,不一定会真正履行。

4. 多次法

讨价一般是针对对方策略性虚拟价格的水分、虚头进行的,它是买方要求卖方降价、卖方向买方要求加价的一种表示。不论是加价还是降价,一般都不可能一步到位,都需要分步实施。只要每一次讨价的结果都会使交易条件得到改善,即使对方的理由并不都合乎逻辑只要对己方有利都应表示欢迎。

三、还价策略的运用

(一)还价的定义

还价指针对卖方的报价买方作出的反应性报价。还价,也称"还盘",指针对谈判对手的首次报价,己方作出的反应性报价。还价以讨价为基础。在一方首次报价以后,另一方通常不会全盘接受,但也不至于完全推翻,而是根据对方的报价并伴随价格评论,在经过一次或几次讨价之后,估计其保留价格和策略性虚报部分,推测对方可妥协的范围,并按照一定的策略与技巧提出自己的反应性报价,即作出还价。

在还价过程中,首先要明确还价的依据,以此确定还价的起点和幅度。还价的起点和幅度的高低直接关系到己方的利益,也反映出谈判者的水平。因此,还价的总体要求是,既要力求使自己的还价给对方造成压力,影响或改变对方的判断,又要接近对方的目标,使对方有接受的可能性。这就要求谈判人员掌握还价的依据。

(二)还价的依据

还价的依据主要包含以下几个方面。

1. 对方的报价

在还价之前必须充分了解对方报价的全部内容,准确了解对方提出条件的真实意图。要做到这一点,还价之前就必须设法摸清对方报价中的条件哪些是关键的、主要的;哪些是附加的、次要的;哪些是虚设的、诱惑的;甚至哪些仅仅是交换性的筹码。为了摸清对方报价的真实意图,要逐项核对对方报价中所提出的各项交易条件,探询其报价根据或弹性幅度,注意倾听对方的解释和说明。

2. 己方的目标价格

己方的目标价格是己方根据自身和他人利益需要及各种客观因素制订的、并力图经过讨价还价达成的成交价格。因此,对方的每一份报价,己方都会拿它与自己的目标价格相比较,然后,根据差距决定下一步的行动。对方报价离自己的价格目标越远,其还价起点越低;对方报价离自己的价格目标越近,其还价起点越高。

3. 己方准备还价的次数

己方准备还价的次数是确定如何还价的第三项依据。在每次还价幅度已定的情况下,当自己准备还价的次数较多时,还价的起点就较低;当准备还价的次数较少时,还价的起点就应较高。

4. 交易物的实际成本

所交易物品的实际成本是决定还价起点的一个重要因素,因为交易价格必然以成本为起点,再加上合理的利润,这部分利润取决于谈判双方的讨价还价能力。

(三)还价前的筹划

由于报价具有试探性质,即报出一个价格看一看对方的反应如何,然后再调整自己的讨价还价策略。因此,通常情况下,当一方报价以后,另一方不要马上回答,而应根据对方的报价内容调整自己事先的想法,并准备好应对方案后,再进行还价,以实现"后发制人"。要想达到"后发制人"的目的,就必须在还价前作出周密的筹划。

1. 确定还价的突破口和依据

在还价前,要根据对方对己方讨价所作出的反应和自己所掌握的市场行情及商品比价资料,对报价内容进行全面的分析,从中找出对方报价虚头最大、己方反驳论据最有力的部分作为突破口,同时也要找出报价中相对薄弱的环节,作为己方还价的筹码。

2. 制订还价的相应策略

在还价前,要根据所掌握的信息对整个交易通盘考虑,估量对方及己方的期望值和保留价格,制订出己方还价方案中的最高目标、中间目标和最低目标,另外,还要设计出相应的对策,以保证还价时自己的设想、目标按计划有序实施。

3. 设计并评估备选方案

在还价前,要根据己方的目标设计出几种不同的备选方案,以保证发生不同的情况时都有相应的方案应对。这样才便于保持己方在谈判立场上的能动性,使谈判协议更易于在己方接受的范围内达成。

四、还价方式的划分

谈判者要确保己方的利益要求,就必须采用不同的还价方法。按照不同的标准,还价可分为不同的方式。

(一)按还价的依据分类

1. 可比价还价

可比价还价指以搜集相同或相近的贸易业务价格为依据,参照给予还价。比价法的关键在于所选择用于对比的产品是否具有可比性,只有比价合理才能使对方信服。这种方式的优点是既便于操作,又容易被接受。

2. 成本还价

成本还价指己方根据成本构成的资料计算出所谈产品的成本,然后以此为基础再加上一定百分比的利润作为依据进行还价。这种还价方式的关键是所计算成本的准确性,成本计算得越准确,谈判还价的说服力越强。

(二)按还价项目的多少分类

1. 总体还价

总体还价,又叫一揽子还价,是指不分报价中各部分所含的水分差异,均按同一个百分比还价。

2. 分组还价

分组还价是指把谈判对象划分成若干项目,并按每个项目报价中所含水分的多少分成几个档次,然后逐一还价。对不同档次的商品或项目采用区别对待、分类处理的办法。

3. 单项还价

单项还价是指对主要设备或商品以及其他各交易条款逐项逐个进行还价。如对包装费、运输费、工程设计费逐项还价;对成套设备,按主机、辅机、备件等不同的项目还价。

五、还价方式的选择

商务谈判中,选择和应用还价方式,应结合谈判中的具体情况,本着哪种方式在当时更具有说服力,就采用哪种方式的原则。

具体来看,两种还价方式的选取决定于手中掌握的比价材料。如果比价材料丰富而且完备,应按比价还价;反之就用成本分析还价。在选定了还价的性质之后,再来结合具体情况选用具体技巧。

如果报价方价格解释清楚,成交有诚意,并且也有耐心及时间,同时还价方手中比价材料丰富,采用单项还价对还价方有利,对报价方也充分体现了"理"字,报价方也不会拒绝,他可以逐项防守。

如果报价方价格解释不足,有成交的信心,但性急或时间较紧,同时还价方掌握的价格材料少的情况下,采用分组还价的方式有利于双方此后谈判进程的顺利进行。

如果报价方报价时较粗,且态度强硬或双方相持时间较长,但有成交愿望,在报价方已做过一两次调价后,还价方也可针对其交易条款中水分较大的几部分进行还价。不过,在还价时要注意"巧",既要考虑对方改变报价的态度,又要注意掌握报价方的情绪,留有合理的妥协余地,做到在保护己方利益的同时,又要使报价方感到还有获利的希望,而不至于丧失成交的信心而放弃谈判。

六、还价技巧

在还价时可以采用以下技巧。

1. 吹毛求疵:鸡蛋里挑骨头

在价格磋商中,还价者为了获得较理想的成交价格,常常采用吹毛求疵的策略,即买方针对卖方的商品,千方百计寻找缺点,本来满意之处,也非要说成不满意,为自己的还价制造借口。吹毛求疵可以动摇卖方的信心,迫使卖方接受买方的还价,从而使买方获得较大的利益。需要注意吹毛求疵不能过于苛刻。否则,卖方会觉得买方缺乏诚意。

2. 积少成多

积少成多是指为了实现自己的利益,通过耐心地一项项谈、一点点取,达到积沙成塔、集腋成裘的效果。因为人们常常对微不足道的事情不太计较,比如对区区蝇头小利不太在乎,也不愿意为了一点点利益的分析而伤害了彼此间的交易关系。这样,买方可以根据这种心态,对总体交易进行分解,然后逐项分别进行还价,通过各项获得的似乎微薄的利益,最终实现自己的目标。诱因细分后的项目因其具体、容易寻找还价的理由,使自己的还价具有针对性并且有理有据,从而易于被对方接受。使用这一策略的另一种方式就是将目标分解后,进行对比分析,这非常有说服力。

3. 最大预算

运用最大预算的技巧,首先是在价格中一方面对卖方的商品及报价表示出感兴趣,另一方面又以自己的最大预算为由迫使卖方最后让步和接受自己的报价。例如,在买衣服的时候,看到一件衣服款式特别新颖、颜色亮丽,属于自己喜欢的类型,但是卖家的开价是200元,经过初次协商之后价格为150元,但是这个还不是自己的预期交换价格,就对老板说,"这衣服着实很喜欢,也特别想买,但是身为学生的我没有那么多钱,身上只有125元钱,若是老板肯以这个价格成交的话,我下回还来你这里光顾,同时还给你带生意来"。这样,买方以最大预算来实现了交易。这种还价技巧运用时要注意还价的时机。经过多次的价格交锋,卖方报价中的水分已经不多,因此,以最大预算激发还价,乃是最后一次价格交锋,迫使卖方作出最后的让步。

其次,要准确判断卖方的意愿。一般卖方成交心切,就易于接受买方的最大预算的还价。否则卖方会待价而沽,少一分钱也不卖。

最后,要准备变通办法。如果卖方不管你最大预算真假如何,坚持自己的原来立场,买方必须有变通的方法。一是固守最大预算,对方不让步,自己也不能让步,只好以无奈为由中止交易;二是维护最大预算,对方不让步,自己作出适当的让步。

4. 最后通牒

当谈判进入最后阶段,谈判双方争执不下,对方不愿作出让步来接受己方的交易条件时,为了逼迫对方让步,己方可以向对方表示,如果对方在某个期限内不接受己方的条件,己方将宣布谈判破裂并退出谈判,这就是最后通牒策略。

在谈判过程中,谈判人员总是寄希望于未来能有更多的利益,因而不愿放弃讨价还价。此策略的使用,可以打破对方的幻想,迫使正在犹豫的谈判对手尽快下决心。运用最后通牒策略必须注意以下几点。

(1) 谈判人员处于强有力的地位,特别是该笔交易对对方的重要性超过了己方。

(2) 谈判的最后阶段或关键时刻才宜使用最后通牒策略。经过旷日持久的谈判,对方已花费大量人力、物力、财力和时间,一旦拒绝己方的要求,这些成本将付诸东流,对方会因考虑失去这笔交易所造成的损失而被迫达成协议。

(3) "最后通牒"的提出必须非常坚定、明确、毫不含糊,不让对方存有任何幻想。己方也要做好对方真的不让步而退出谈判的思想准备,不至于到时候惊慌失措。

　案例 8-3

一出精彩的挑剔还价法的喜剧

美国的谈判专家罗切斯特有一次去买冰箱,营业员指着他要的那种冰箱说:249.5美元一台。罗:这种型号的冰箱一共有几种颜色? 营:共有32种颜色。罗:可以看看样品本吗？营：当然可以。罗边看边问：你们店里现货中有几种颜色？营：现有二十几种，请问你要哪一种？罗指着样品本上有而店里没有的颜色说：这种颜色与我的厨房墙壁相配。营：非常抱歉，这种颜色现在没有。罗：其他颜色同我的厨房墙壁颜色都不协调，颜色不好，价格还这么高，便宜一点吧，要不我就去其他的商店了。营：好吧，便宜一点就是了。罗：这台冰箱有点小毛病，你看这。营：我看不出什么。罗：什么？这一点毛病虽小，但冰箱外表有毛病，通常不都要打点折扣吗？罗打开冰箱门，看了一会儿说：这冰箱有制冰器吗？营：这个制冰器每天 24 小时为您制冰块，一小时才 2 美分电费。罗：这可太糟糕了，我的孩子有哮喘病，医生说他绝对不能吃冰块，你能帮我把它拆下来吗？营：制冰器无法拆下来，它和整个制冷系统连在一起。罗：可是这个制冰器不仅对我根本没用，现在要花钱把它买下来，将来还得为它付电费，这太不合理了。当然，价格再降低一点的话……结果罗切斯特以相当低的价格——不到 200 美元买下了他十分中意的冰箱。

思考：谈判专家罗切斯特是如何讨价还价的？

小智囊：

买方绝对不能接受卖方的第一次要价。一般来讲，卖方往往不会给买方讨价还价的余地，卖方的姿态会做得很强硬。买方还价应注意：搞清卖方有没有价格减让的权利，如果有就应抓住价格问题不放松。

买方做姿态的目的，不只是向对方做亮相的表示，也不只是为了抵抗对方的压力，还应争取激发卖方对你的兴趣。尽可能找理由挑剔对方，有些是实际存在的，而有些却只是虚张声势。

只要不把价格视为谈判中的唯一主要问题，就可以做成很多对双方都有益的交易。一宗交易里所有可供交换的条件全都可以用来促进谈判进程，并维护双方利益。卖方运用这些办法对付砍价，对方就必须考虑坚持砍价的后果。他在价钱上固然可能有所得，但在其他方面就必然有所失。买方运用这种办法砍价总能有所收获。如果对方在价格上要挟你，就和他们谈质量；如果对方在质量上苛求你，就和他们谈服务；如果对方在服务上挑剔你，就和他们谈条件；如果对方在条件上逼迫你，就和他们谈价格。即遵循：

价格→质量→服务→条件

这一办法强调谈判者在遭遇价格压力时要善于灵活处事，积极调动与价格相关的因素来改善自己的价格条件。谈判者不能死守一方，不知进退，要善于跳出问题看问题，跳出圈圈看圈圈。要想在价格谈判中占据优势，功夫在价格之外。

第四节　让步策略与拒绝策略

商务谈判本身是一个讨价还价的过程，也是一个理智的取舍过程。一个高明的谈判者应该知道在哪里放弃。对于存在利益差异关系的谈判双方来说，在资源有限的条件下，为达成一致而作出让步是不可避免的。

一、让步策略

让步是指谈判双方向对方妥协,退让己方的理想目标,降低己方的利益要求,向双方期望目标靠拢的谈判过程。让步的实质是对谈判者己方利益的一种割让,是为了达成一致的协议而必须作出的选择。

让步本身就是一种策略,它体现了谈判者用主动满足对方需要的方式来换取自己需要得到满足的实质。把让步作为谈判中的一种基本技巧和手段加以运用,是让步策略的基本意义。

谈判双方在谈判过程中要正确地对待让步。由于每次让步都是以牺牲自己的利益使对方得到某方面的满足,因此,以最小让步换取谈判的成功,以局部利益换取整体利益是己方让步的出发点。如果向对方作出让步承诺,那就应该争取对方在其他交易条件方面向自己作出让步。理想的让步是互惠、双向的让步。

（一）让步的类型

让步按照不同的标准可分为不同的类型。

1. 按照让步的姿态分类

（1）积极让步,是指以某些谈判条款上的妥协来换取主要或其他方面的利益的让步。在以下情况时,可采用积极让步:谈判的一方具有谈判实力的优势;搜集掌握了充分的资料,并拥有谈判相对比较准确的数据;通过事先安排,制订合理科学的让步计划和幅度。

（2）消极让步,指谈判双方中一方单纯地退让部分利益以达成交易的让步。在以下情况时,会采用消极让步:谈判一方有求于人;急于达成交易;报价的水分、虚头被揭开;在谈判中明显处于劣势。

2. 按照让步的实质分类

（1）实质让步,是在利益上的真正让步,旨在以己方的让步换取对方的合作与让步。

（2）虚质让步,这种让步只是一种形式,而没有任何实质内容。虚质让步并不是真正的让步,此方式可以分散谈判对手的注意力而拖延谈判时间,是对抗谈判对手的让步压力的一种较好方式。

（3）象征让步,是指在双方僵持不下时,一方作出让步,但除降低利益的要求,还要有非利益要求的补偿,即以同等价值的替代方案换取对方立场的松动,使对方心理上得到满足,从而达成贸易的成交。

3. 按照让步的主次分类

（1）主要让步。主要让步是在谈判最后期限之前作出,以便让对方有足够的时间来思考。

（2）次要让步。次要让步一般是安排在最后时刻作出的让步,有时当谈判进展到最后,双方只是在最后的某一两个问题上尚有不同意见时,需要通过最后的让步才能求得一致,签订协议。

（二）让步遵循的原则

（1）不要让对方轻易从己方获得让步的许诺,要使对方感到让步是很艰难的;

（2）让步要有明确的利益目标；

（3）把握"交换"让步的尺度；

（4）在重要的关键性问题上要力争使对方先作出让步；

（5）不要承诺作出和对方同等幅度的让步；

（6）让步要有明确的导向性和暗示性；

（7）要注意使己方的让步同步于对方的让步；

（8）一次让步的幅度不宜过大，让步的节奏也不宜过快；

（9）要避免让步失当；让步之后发现不妥，可以寻找合理的理由推倒重来。

（三）让步的方式

让步的方式可以分为以下 8 种。

1. 强硬型

这种方式在开始就给人态度强硬、立场坚定的感觉，直到谈判的最后时刻才一次让步到位。如果对方比较软弱，己方有可能得到很大利益。采用这种方式时，应注意两个问题：第一，对方在再三要求让步遭到拒绝的情况下，可能等不到最后，就会离开谈判桌；第二，最后一次让步的幅度过大可能会鼓励对方进一步纠缠，且攻势会更猛烈。这种让步通常比较少，且特殊场合使用，由于要冒很大的风险，应该慎重使用。

2. 均值型

这种方式每次让步的幅度是一个均值，以求均匀地满足对方的需求，并赢得对方的好感。应该注意的是，采用这种方式时必须让对方认识到己方所作出的最后让步是最低的价格，否则容易鼓励对方争取进一步的让步，在无任何暗示且让步幅度比较大的情况下，不再让步，较难说服对方，有可能使谈判陷入僵局。

3. 刺激型

这种方式让步幅度具有递增的趋势，一方面逐渐让步会让对方看到己方的成交诚意，但是也会刺激对方寻求进一步的让步，而且胃口越来越大，最终可能使谈判陷入僵局，难以收场。

4. 希望型

这种方式让步的幅度具有递减的趋势，比较符合常理，显示出让步态度越来越强硬，但是不利于向对手施加成交压力，而很容易让其产生"应该还能再让一次"的推断。

5. 稳妥型

这是一种比较稳妥的让步方式，同时表现出强烈的妥协性和艺术性。它一方面告诉对方我们已经尽了最大努力让步，表现了强烈的合作意愿。另一方面又暗示对方：让步的幅度已经基本到了极限，不能再让，最后成交的时机已经到来。

6. 风险型

这种方式的风险体现在：前两次让步幅度太大，势必会大大提高对方的期望值，而第三次突然坚决不让步则会使对方难以接受，最后又给予了小小的让步，表达了成交的诚意，但是可能会因为难以满足对方过高的期望值而使谈判陷入僵局。

7. 虚伪型

这是一种虚伪的让步，先在前两次使让步的幅度达到极限，使对方欣喜，但是第三次让步时突然宣称由于某种原因(如计算错误、市场价格变化等)提高报价,这显然很难让对方接受,甚至会使对方误解和气愤,第四次又纠正前面的"失误",提供一个小小的让步,可能会使对方得到一点安慰,从而达到最初的交易目标。

8. 坦诚型

这种方式在一开始就把所有的让步幅度都给了对方,目的是尽快达成协议,提高谈判效率,争取时间。但是,这种方式会带来很大的风险:使对方逼迫你再作出让步,怀疑你的坦诚。所以,这种方式适用于双方有比较良好亲密的合作关系的谈判。

在实际谈判中,第四种和第五种方式,步步为营,使买方的期望值逐渐降低,符合常理,让人比较容易接受,第七种和第八种方式在使用时需要有较高超的艺术技巧和冒险精神,如表 8-1 所示。

表 8-1　让　步　方　式

让步方式	让步尺度	第一次	第二次	第三次	第四次
强硬型	60	0	0	0	60
均值型	60	15	15	15	15
刺激型	60	8	13	17	22
希望型	60	22	17	13	8
稳妥型	60	26	20	12	2
风险型	60	49	10	0	1
虚伪型	60	50	10	−1	1
坦诚型	60	60	0	0	0

知识拓展

在谈判开始就要顾及时间的限制;让步频率越高的一方,谈判结果对其就越不利。由于双方都意识到时间限制对于对方的压力,极可能在彼此谈判之初,双方都不作任何让步,或仅仅只作姿态性的让步。由于双方都意识到时间限制对于各自有压力,极可能在谈判的最后时限之前的某段时间,双方都积极地寻求达成交易的可能性并作出某些实质性的让步。谈判实力较弱的一方,在最后的时限到来之前,会感受到巨大的压力,除非其不想成交,最后的结果往往是全盘接受对方的交易条件。

谈判双方的谈判实力越是彼此相当,则双方作出让步的时间就越迟。双方既不会过早地作出让步,也不会拒绝作出任何让步;适时的让步对双方都很重要,甚至有的让步会直到最后时限之前的几分钟才作出。

如果时间限制太短,以致双方均未将有关通信联系、与第三方接洽、交通条件等方面的困难因素考虑进去,则时间限制在战略上的作用反而会丧失。

二、掌握本方让步策略

没有让步,也就没有谈判的成功。在许多情况下,谈判双方常常要作出多次让步,才能逐步地趋于一致。但何时让步、在哪些方面作出多大让步,却又是极为复杂的问题。有经验的谈判人员总是能掌握让步的条件、时机、原则,以灵活的让步方法、微小的让步幅度,换取对方较大的让步。因此,谈判中的让步是每个谈判人员都必须面对的棘手问题,要确定本方让步的条件。

(1)列出让步磋商的清单。在详细分析谈判形势后,确定哪些条件是必须坚持的,哪些条件是可以适当让步的,并尽可能正确地预测让步的程度。

(2)考虑让步后对方的反应。在作出让步决策时,谈判人员要结合谈判前和谈判开始后对对方的观察了解,考虑本方在某些方面的让步会引起对方怎样的反应。一般来说,对方的反应有以下三种。

① 对方很看重我方所作出的让步,并感到心满意足,甚至会在其他方面也作出让步作为回报。这是我方最希望的结果。

② 对方对我方所作的让步满不在乎,因而在态度或其他方面没有任何改变或让步的表示。

③ 我方的让步使对方认为,我方的报价中有很大的水分,甚至认为只要他们再加以努力,我方还会作出新的让步。

后两种反应及结果都是我方所不愿意看到的。在让步时考虑对方的反应是非常重要的。有些谈判人员仅从我方角度考虑,认为有些让步对自己是微小的、不足惜的。但殊不知,有些对我方微小的让步却正是对方需要的重大价值所在,是谈判中对方希望获得的重大利益。因此,在谈判中,谈判人员若能时时处处考虑我方让步后对方的反应,就能加重我方赢得对方重大让步的砝码。否则,我方的让步只会被对方装作"视而不见",进而要求我方作出更多、更大的让步。

三、迫使对方让步策略

谈判是一项互惠的合作事业,谈判中的让步也是相互的。但在现实的谈判活动中,谈判双方又各有其追求的目标,在许多情况下,谈判者并不会积极主动地作出退让,双方的一致是在激烈的讨价还价中逐步达成的。所谓迫使对方让步策略就是谈判一方运用诱导或施压等手段迫使对方作出让步,从而为己方争取尽可能多的利益。诱导就是通过给予好处引诱对方让步;施压就是施加各种压力迫使对方让步。以下就是迫使对方让步的几种策略。

1. 制造竞争策略

制造竞争和利用竞争永远是谈判中逼迫对方让步的最有效的武器和策略。当谈判的一方存在竞争对手时,其谈判的实力就大为减弱。买方把所有可能的卖方请来,同他们讨论成交的条件,利用卖方之间的竞争各个击破,为自己创造有利的条件。有的时候,对方实际不存在竞争对手,但谈判者仍可巧妙地制造假象迷惑对方,以此向对方施压。

2. 虚张声势策略

在有些谈判中,双方一开始都会提出一些并不期望能实现的过高要求,随着时间的推移,通过让步逐步修正这些要求,最后在两个极端之间的某一点上达成协议。谈判人员可能会将大量的条件放进谈判议程中,其中大部分是虚张声势,或者是想在让步时给对方造成一种错觉,似乎他们已经作出了巨大牺牲,但实际上只不过是舍弃了一些微不足道的东西。

谈判人员要学会演戏。例如,为了使出浑身解数压低价格,谈判人员虚张声势:"看起来不错,不过我要先向董事会汇报一下,这样吧,我明天给你最终答复。"第二天,该谈判人员告诉对方:"天啊,董事会真不好对付。我原以为他们会接受我的建议,可他们告诉我,除非你们能把价格再降200元,否则这笔生意恐怕是没希望了。"其实谈判人员根本没有向董事会汇报,对手却往往心甘情愿地让步。

3. 最后期限策略

在谈判双方争执不下,对方不愿作出让步以接受己方交易条件时,为了逼迫对方让步,己方可以向对方发出最后期限的通知。

在多数情况下最后期限是一个非常有效的策略。在谈判中人们对时间是非常敏感的,特别是在谈判的最后关头,双方经过长时间紧张激烈的讨价还价,在许多方面已经达成一致或接近的意见,只是在最后的一两个问题上相持不下。这时如果一方给谈判规定了最后期限,另一方就必须考虑自己是否准备放弃这次机会,牺牲前面已投入的巨大谈判成本,权衡作出让步的利益牺牲与放弃整个交易的利益牺牲谁轻谁重,以及坚持不做让步、打破对方的最后通牒而争取达成协议的可能性。运用最后期限策略来逼迫对方让步,必须注意以下几点。

(1)己方的谈判实力应该强于对方,特别是该笔交易对对手来讲比对己方更为重要,这是运用这一策略的基础和必备条件。

(2)最后期限策略只能在谈判的最后阶段或最后关头使用。因为这时对方已在谈判中投入了大量的人力、物力、财力和时间,花费了很多成本,一旦谈判真正破裂,这些成本也将付诸东流,这样可以促使对方珍惜已花费的劳动,使之欲罢不能。同时,只有在最后关头,对方才能完全看清楚自己通过这笔交易所能获得的利益。

(3)最后期限的提出必须非常坚定、毫不含糊,不让对方存留幻想。

小智囊:遇到对方"最后期限"的处理方法

(1)分析和判断对方的"最后期限"是真还是假。

(2)将对方的最后期限暂搁一边,改变交易的其他交易条件,试探对方的反应,在别的条件上与对方谈判。

(3)对方的"最后期限"可能是真的,此时认真权衡一下作出让步达成协议与拒绝让步失去交易的利弊得失,再作决策。

资料来源:张秋林.商务谈判理论与实务[M].南京:南京大学出版社,2008.

四、拒绝策略

拒绝就是不让步,谈判中实施拒绝策略不是宣布谈判破裂,而是否定对方的进一步要求,蕴含着对以前商议或让步的肯定。

一般在以下情况中我们可以明确地对对方说"不":我方在攻防力量对比中明显占上风;当竞争者大量存在时。

为了在谈判中争取到对自己有利的谈判地位,我们常常需要对对方说"不",又不能因此而导致谈判的破裂,这时就需要一定的策略,主要有以下几种。

(一)权力有限

谈判中,当对方进攻有理、己方无理反驳时,己方可以以因为某种客观理由或条件的制约而无法满足对方的要求为由,阻止对方的进攻。而对方就只能根据己方所有的权限来考虑这笔交易。

案例8-4

委托人缺席的谈判

尼尔伦伯格在《谈判的艺术》中讲述了这么一件事:他的一位委托人安排了一次会谈,对方及其律师都到了,尼尔伦伯格作为代理人也到场了,可是委托人自己却失约了。这三位到场的人就先开始谈判了。随着谈判的进行,尼尔伦伯格发现自己正顺利地迫使对方作出一个又一个承诺,而对方提要求时,他却以委托人不在、权力有限为由而加以拒绝。结果,他为委托人争取到对方很多的让步而本方却没有相应地让步。

评析:当遇到这种情况,即对方进攻有理而己方无力反驳时,可以运用例如权力、资料、环境、时间等限制因素的制约,因此不能满足对方的需求为借口。在受限的环境下,谈判者更容易说"不"。

(二)疲劳战术

这种战术是通过许多回合的拉锯战,使锐气十足的谈判者疲劳生厌,逐渐失去锐气;同时也扭转己方在谈判中的不利地位,待到对方筋疲力尽时,己方再主动出击,促使对方接受己方条件。

(三)休会

休会也是谈判人员比较熟悉并经常使用的基本策略。它是指在谈判进行到某一阶段或遇到障碍时,谈判双方或一方提出中断会议、休息一会儿的要求,以使谈判双方人员有机会恢复体力、精力和调整对策,推动谈判的顺利进行。实际上,休会已成为谈判人员缓和气氛、控制谈判进程的策略。

休会的提出一般是在会谈接近尾声,或者出现低潮、僵局时,这时提出休会对双方的策略调整和气氛改善都是有益的。从国际惯例来看:东道主提出的休会,客人出于礼貌很少会拒绝。

休会要注意的问题：说明休会的必要性；确定休会时间；避免提出新异议。

（四）以退为进

这种策略从表面上看，是谈判一方妥协退让，但实际上退让是为了换取更大的目标。通常在实际谈判中运用较多的是：谈判一方故意提出两种不同的条件，然后迫使对方接受其一。

（五）亮底牌

该策略是在谈判进入让步阶段后实行的，一般在本方处于劣势或双方关系较为友好的情况下使用。使用这种策略时，谈判者开始就露出实底，容易感动对方，让对方感受到强烈的信任和合作气氛，给对方留下坦诚相见的良好印象。但是这样做，不免会让对方觉得还有利可挖，继续讨价还价，而且也不利于己方讨价还价。

第五节　僵局与化解策略

一、僵局策略

僵局策略是指一方有意识制造僵局，给对方造成压力而为己方争取时间和创造优势的拖延性策略。

心理实验表明：

（1）当陷入僵局时，弱的一方往往会有挫折感，实验结束后他们仍会继续讨论企图使意见一致，他们对对方、对队友、对自己都不满。

（2）一个人处于僵局时，最怕的是被孤立。于是人们常常避免与别人搞僵，有时甚至宁愿丧失原则、歪曲事实，也不愿和朋友失和。

僵局形成后应积极地对对方人员施加影响，在僵局期间充分借用外部形势或时间的有利影响，重点突破对方的薄弱之处。

二、僵局的类型和产生僵局的原因

（一）僵局的类型

谈判僵局指商务谈判过程中出现难以再顺利进行下去的僵持局面。在谈判中，谈判双方各自对利益的期望相差太大或对某一问题的立场和观点存在分歧，而又都不愿向对方让步时，谈判就有可能陷入僵局。

谈判僵局对谈判各方的利益和情绪都有不良影响，会产生两种后果：打破僵局继续谈判或谈判破裂。后一种结果是双方都不愿看到的，因此，谈判者必须了解僵局出现的原因，以尽量避免僵局出现。如果僵局出现，谈判者也应学会运用科学有效的策略和技巧打破僵局，使谈判重新进行，取得有利的结果。

广义的谈判僵局分为协议期僵局和执行期僵局。协议期僵局是双方在磋商阶段产生了分歧而形成的僵持局面；执行期僵局是在执行项目合同过程中因双方对合同条款理解不同而产生的分歧，或出现了双方始料未及的情况而把责任有意推给对方，或者一方未能严格履行协议而引起另一方的严重不满,由此而引起的责任分担不明确的争议。

狭义的僵局包含初期僵局、中期僵局、后期僵局三种。谈判初期,双方处于彼此熟悉了解、建立融洽气氛的阶段,双方对谈判都充满了期待,初期一般不会出现僵局,除非出现误解或者双方准备不充分而伤害到对方感情的情况。谈判中期,是谈判的实质性阶段,双方需要就技术、价格、合同条款等进行详尽讨论、协商,合作背后的利益分歧可能会使谈判朝着双方难以统一的方向发展,形成中期僵局。谈判中期的僵局往往会反反复复、此消彼长。有些僵局可以通过双方沟通解决,有些则因双方的不退让,而使谈判长时间悬而未决。所以,中期僵局纷繁多变,容易导致谈判破裂。谈判后期是双方达成了协议,在解决了技术、价格等关键要素后,还有项目验收、付款条件等执行细节的进一步磋商,特别是合同条款的措辞、语气等容易引起争议的项目的商讨。后期僵局只要双方作出些让步就可以顺利结束谈判,但是也要加以小心,有时仍会出现重大的问题,甚至前功尽弃。

(二)产生僵局的原因

谈判过程中,僵局在任何时候都有可能发生,且任何主题都有可能使双方形成分歧与对立。一般而言,僵局产生的原因主要有以下几个方面。

1. 谈判一方故意制造谈判僵局

谈判的一方为了试探出对方的决心和实力而有意出难题,搅乱视听,甚至引起争吵,迫使对方放弃自己的谈判目标而向己方目标靠拢,使谈判陷入僵局。其目的是使对方屈服,从而达成有利于己方的交易。

2. 谈判双方立场对立引起僵局

这是谈判实践中最常见的一种产生僵局的原因。在讨价还价的谈判过程中,如果双方对某一问题坚持自己的看法和主张,产生意见分歧时,越是坚持各自的立场,双方之间的分歧就会越大。这时,双方真正的利益会被这种表面的立场所掩盖,于是,谈判变成了一种意志力的较量,从而陷入僵局。

3. 成交底线的差距较大

在许多商务谈判中,即使双方都表现出十分友好、坦诚与积极的态度,但如果谈判方案中所确定的成交底线差距太大,而这种差距很难弥合时,谈判就会陷入僵局。

当然,因成交底线的差距导致谈判就此暂停乃至最终破裂不是绝对的坏事。谈判的暂停以使双方都有机会重新审视、回顾各自谈判的出发点,既能维护各自的合理利益,又有利于挖掘双方的共同利益。如果双方经过思考都认为弥补现在的差距是有价值的,并愿采取相应的有效措施,将有可能促进谈判进程更顺利地进行。而谈判破裂的结局也不一定是不欢而散。双方通过谈判,即使没有成交,但彼此之间加深了了解,增进了信任,这为日后的有效合作打下了良好基础。所以,在双方条件相距甚远的情况下,一场未达成协议的谈判也可能带来意外收获。

4. 谈判人员素质较低

俗话说:"事在人为。"人的素质因素永远是引发事由的重要因素。在商务谈判中,谈判人员素质的高低往往成为谈判进行顺利与否的决定性因素。无论是谈判人员工作作风不好,还是知识经验、策略技巧不足或失误等方面的原因,都可能导致谈判陷入僵局。

5. 沟通障碍

沟通障碍就是谈判双方在交流彼此情况、观点,协商合作意向、交易的条件等的过程中,可能遇到的由于主观与客观的原因所造成的理解障碍。

由于谈判本身主要就是靠"讲"和"听"来进行信息沟通,不但要求真实、准确,而且还要求及时。在实践中,即使一方完全听清了另一方的讲话内容并予以正确的理解,而且也能够接受这种理解,但这并不意味着就能够完全把握对方所要表达的思想内涵。谈判双方信息沟通过程中的失真使双方之间产生误解而出现争执,并因此陷入僵局的情况经常发生。

商务谈判中的沟通障碍主要表现有:文化差异、职业或受教育程度不同以及心理原因等。

6. 外部环境发生变化

谈判中因环境变化,谈判一方不愿按原有的承诺签约,也不愿直接说明,而采取不了了之的拖延,使对方忍无可忍,造成僵局。比如,市场价格突然变化,如按双方已洽谈的价格签约,必然会给一方造成较大的损失,若违背承诺又担心对方不接受,此时便故意拖延,形成僵局。

三、化解谈判僵局的策略

(一)僵局的处理原则

1. 理性思考

谈判陷入僵局后,谈判气氛也随之紧张,这时双方都不可失去理智、任意冲动,以防止和克服过激所带来的干扰。双方必须明确冲突的实质是双方利益的矛盾,而不是谈判者个人之间的矛盾;同时应设法建立一项客观的准则,即让双方都认为是公平的,又易于遵守的办事原则、程序或衡量事物的标准。谈判双方要充分考虑双方的利益到底是什么,从而理智地克服一味地希望通过坚持自己的立场来"赢"得谈判的做法。

2. 协调好双方利益

当双方在同一问题上观点分歧较大,并且各自理由充足,既无法说服对方,又不能接受对方的条件时,就会使谈判陷入僵局。这时,双方应认真分析各自的利益所在,寻求双方利益的平衡点,最终达成谈判协议。

3. 欢迎不同意见

不同意见,既是谈判顺利进行的障碍,也是一种信号,它表明实质性的谈判已开始。谈判双方能就不同意见互相沟通,最终达成一致意见才能促进谈判顺利进行下去。因此,作为一名谈判人员,对不同意见应抱着欢迎和尊重的态度。只有这样,才会心平气和地倾听对方的意见,掌握更多的信息和资料,同时也体现了一名谈判者应有的宽广胸怀。

4. 避免争吵

争吵无助于矛盾的解决,只能使矛盾激化。如果谈判双方出现争吵,就会使双方对立情绪加重,从而很难化解僵局、达成最终协议。即使一方在争吵中获胜,另一方无论从感情上还是心理上都很难接受这种结果,这对此后的谈判仍然会形成重重障碍。所以,谈判人员应是据理力争，而不是和对方大声争吵来解决问题。

5. 正确认识谈判僵局

谈判人员应该认识到：僵局的出现对双方都不利。如果能正确分析问题、恰当处理矛盾，会变不利为有利。虽然谈判人员不应把僵局视为一种策略，运用它胁迫对手妥协；但也不能一味地妥协退让。我们应相信：只要具备勇气和耐心，在保全对方面子的前提下，灵活运用各种策略和技巧，僵局就能化解。

（二）僵局的化解策略

谈判僵局对每一个谈判者来说都有正反两方面的作用：一方面，谈判者可以利用制造僵局给己方带来更大的收益；另一方面，僵局如果没有解决好会导致谈判破裂。为了避免出现后一种情况，我们可以采用下面的策略和技巧处理好僵局。

1. 劝导法

当双方在某个问题上发生分歧，且各自理由充足，互不妥协，陷入僵局时，可采用劝导法。如建议双方从各自的目前利益和长远利益的结合上看问题，从而以这样的方式协调双方利益，保证双方利益的实现。劝导法是通过双方采取合作态度共同打破僵局的。

2. 横向式的谈判

当谈判陷入僵局，经过协商毫无进展，双方的情绪均处于低潮时，可以采用避开话题的办法，换一个新的话题与对方谈判。横向谈判是回避低潮的好办法。具体做法是：先撇开争议的问题，再谈另一个问题，等到该问题谈得差不多了，再回头谈僵持的问题。这时，因为话题和利益之间的关联性，其他话题取得成功时，再谈僵持问题就容易多了。

3. 寻找替代方案

商务谈判中僵局的出现是不可避免的，如果这时候谁能够创造性地提出可供选择的方案，谁就掌握了主动权。试图在谈判初期就确定唯一一套最佳方案，往往会阻止其他许多可选择的方案的产生。在谈判初期，构思更多的相关备选方案有利于推动谈判顺利进行下去。

4. 休会

谈判出现僵局时，双方的情绪都比较激动、紧张。这时，休会是个好的缓和办法。休会一般在谈判出现低潮、会谈出现新情况，或者出现僵局以及谈判进入尾声时采用。

休会一般由一方提出，经对方同意后才能进行。争取对方的同意，首先，要把握好时机，看准对方态度变化，适时提出。其次，提出要求时要清楚、委婉，但是也要让对方明白无误地知道问题所在。

5. 更换谈判人员或领导出面

有时，谈判中的僵局是由谈判人员引起的，由于其不能很好地区分对人与对事的态度，从而引发个人矛盾。这时，可以在征得对方同意的情况下，及时更换谈判人员，缓和紧张气氛，打破僵局，以便与对方保持良好的合作关系。

有时，更换谈判人员是出于自我否定的需要，用调换谈判人员表示：以前己方提出的某些条件不能算数，原来谈判人员的主张欠妥，因而在这种情况下调换人员也蕴含了向对方道歉的意思。

6. 有效退让

达成谈判目的的途径多种多样。有时在谈判双方对某一方面的利益分割僵持不下时,轻易让谈判破裂的做法是得不偿失的。事实上,在某些问题上的让步能争取到更好的其他条件。例如,在购买国外设备的谈判中,当价格僵持,而其他方面诸如设备功能、交货时间、运输条件、付款方式等都没涉及时就中止谈判,是不明智的。这时,不妨考虑接受稍高的价格,在购货条件、付款方式等方面提出更多的要求。综合考虑得失后,以较小让步换取较大的利益。当促使合作成功带来的利益大于谈判破裂的好处时,有效退让是应该采取的策略。

7. 场外沟通

场外沟通是非正式的谈判,双方可以无拘无束地交换意见,达到沟通交流、消除僵局的目的。

选择场外沟通,主要有以下几种情况:第一,僵局双方有心求和,但碍于面子,下不了台;第二,双方碍于身份,不宜在谈判桌上打破僵局;第三,谈判对手在正式场合严肃、傲慢、自负等,在非正式场合与其沟通,则有可能打破僵局;第四,谈判对手喜好郊游、娱乐,那么在郊游、娱乐场合有可能谈判成功。

场外沟通时要注意两点:第一,谈判不只限于谈判桌,场外沟通也是谈判的一部分;第二,不管是否出现僵局,场外沟通都是必要的,这样,有利于促进交流、融洽的合作关系,提高谈判效率。

8. 硬碰硬

当对方制造僵局对己方施压时,妥协退让已无法满足对方的欲望,应采取以硬碰硬的方法向对方反击,让对方放弃过高的要求。这样做,有些谈判对手便会自动降低自己的要求,使得谈判进行下去。

谈判实际上谈的是利益如何分割,谈判成功的一个必要条件是双方的利益要求差距不超过合理限度。只有在此条件下的谈判才有可能成交,利益差距太大的谈判只能导致谈判破裂。

具体谈判中,最终采取何种策略应该由谈判人员根据谈判背景和形式来决定。不同的谈判环境、不同的谈判人员组成,以及不同的谈判阶段都会导致谈判有着不同的特点,相应的谈判策略选择也会不同。谈判策略的选择关键还在谈判人员的素质、谈判能力、己方的谈判实力,以及实际谈判中的个人及小组的力量发挥等。

本 章 小 结

磋商谈判是商务谈判的实质性及实践性阶段,在整个谈判的流程中具有重要地位,该阶段的表现将直接影响到成交时的签约价格及后续服务。在这一阶段,谈判各方将根据对方在谈判中的行为,来调整己方的谈判策略、修改谈判目标,以逐步确立谈判议题的基本框架。谈判磋商阶段主要包括:报价与价格解释、价格评论、讨价还价、让步、拒绝以及僵局的处理等主要环节和关键点。各个环节都有相应的步骤和技巧,通过对这些内容的学习,旨在更好地了解如何处理磋商阶段中各主要环节的关键问题,并在实践中加以运用和掌握。

本章思考题

一、选择题

1. 吹毛求疵策略最适合在商务谈判的哪个阶段运用?(　　)

 A. 谈判开局阶段　　　　　　　　　B. 谈判磋商阶段

 C. 谈判结束阶段

2. 声东击西策略最适宜处于哪种地位的谈判者?(　　)

 A. 平等地位　　　　　　　　　　　B. 被动地位

 C. 主动地位

二、简答题

1. 报价应遵循哪些主要原则?

2. 报价的方式和策略有哪些?

3. 谈判僵局的处理有哪些策略?

4. 商务谈判中可以采取哪些策略迫使对方退让? 哪些策略可以帮助我们有效地阻止对方的进攻?

5. 在谈判过程中,当己方遇到"不合作型"谈判对手时,应采取哪些策略?

第九章

商务谈判的签约与履约策略

学习目标

- 掌握签约阶段判定与基本策略。
- 掌握履约前、中、后谈判三个阶段的内涵及策略。
- 掌握签约与履约谈判各个环节的内容。
- 理解索赔谈判的特点与目标。
- 掌握索赔谈判的原则、策略及技巧。

　　签约与履约谈判是商务谈判过程的重要谈判内容之一。本章从介绍如何判定终结阶段开始，重点讨论签约与履约谈判的策略、索赔策略，旨在执行已谈成的交易，从而明确和巩固谈判过程所取得的成果。

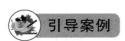 引导案例

一批电动车的问题

　　小刘所在的 A 公司向小秦所在的 B 公司订购了一批电动车，但是这批电动车出现了不少问题。此时，小刘知道有其他的供货商很乐意向他们提供电动车，但是小刘顾虑到与小秦建立起来的良好供给关系，不忍心去破坏。

　　然而，小秦并没有在金钱上给予小刘补偿的权限，唯一能做的就是提供换货服务。小刘不得不把事情告知小秦：由于采购了质量不好的电动车，已经给公司造成了很大的损失，尤其是导致公司的名誉受损，换货并不足以补偿。小秦听后，并未作出什么承诺或表示。

　　第二天，小刘预订了一张机票，将在三个小时后起飞。小秦获悉后，来到他下榻的酒店房间进行沟通。然而，小刘发现小秦滔滔不绝只是为了拖延时间，再顾及礼貌自己也得

不到任何好处,于是生气地站起来,转身离开了房间。小秦感到非常尴尬,但又不想叫他回来,以免失了颜面。

以后小刘所在的公司再也没有与小秦所在的公司发生任何业务往来。

思考:

1. 小刘与小秦最好的谈判结果是什么?

2. 为什么小刘所在的公司再也没有与小秦所在的公司发生任何业务往来?

第一节　签约谈判的策略

签约是商务谈判的当事人用文字形式把各方权利、义务加以肯定并依法签署商务合同的行为。签约是一项繁杂的工作任务,涉及的内容相当广泛,不仅要求谈判者具备国内外有关法律法规方面的知识,也要求谈判者审时度势,准确把握谈判结束的时机。

一、签约阶段的判断

商务谈判何时终结?是否已到终结的时机?这是商务谈判结束阶段极为重要的问题。谈判者必须正确判定终结时机,只有如此,才能运用好结束阶段的策略。关于收尾的时机,匆匆忙忙,对方感觉你占便宜了,导致"煮熟的鸭子飞了";拖拖拉拉,国际市场变化很快,行情变化很快;既不拖拉也不匆忙是很重要的。错误的判定将导致丧失成交机遇。谈判是一门科学,更是一门艺术。

(一)谈判终结阶段判定的依据

1. 从谈判涉及的交易条件来判定

这个方法是从谈判所涉及的交易条件解决状况来分析判定谈判是否进入终结阶段。谈判的中心任务是交易条件的洽谈,在磋商阶段,双方进行多轮讨价还价,临近终结阶段要从以下三个方面考察交易条件,并因此判定谈判是否进入终结阶段。

(1)考察交易条件中尚余留的分歧

从数量上看,如果双方已达成一致的交易条件占据绝大多数,所剩的分歧数量仅占极小部分,就可以判定谈判已经进入终结阶段。因为量变会导致质变,当达成共识的问题数量已经大大超过分歧数量时,谈判的性质就已经从磋商阶段转变为终结阶段或是成交阶段了。从质量上看,如果交易条件中最关键、最重要的问题都已经达成一致,仅余留一些非实质的、无关大局的分歧点,就可以判定谈判已进入终结阶段。谈判中关键性问题常常会起决定性作用,也常常需要耗费大量的时间和精力,谈判是否成功,主要看关键问题是否达成共识。如果仅仅在一些次要问题上达成共识,而关键问题还存在很大差距,是不能判定进入终结阶段的。

(2)考察谈判对手交易条件是否达到己方的最低目标

最低目标是指己方可以接受的最低交易条件,是达成协议的下限。如果对方认同的交易条件高于己方下限,谈判自然进入终结阶段。因为已经出现高于双方最低限度的局面,只有紧紧抓住这个时机,继续努力维护或改善这种状态,才能实现谈判的成功。当然己方还想争取到更好一些的交易条件,但是已经实现的可以接受的成果又无疑是值得珍惜的,也是不能轻易放弃的。如果能争取到更多的优惠条件当然更好,但是考虑到各方面因素,此时不可强求最佳成果而重新形成双方对立的局面,而错失有利的时机。因此,谈判交易条件已达成己方的最低目标时,就意味着终结阶段的开始。

(3)考察双方在交易条件上的一致性

如果谈判双方在交易条件上全部或基本达成一致,而且对个别问题如何作技术处理也达成了共识,就可以判定终结阶段的到来。首先,双方在交易条件上达成一致不仅指对价格已达成共识,而且包括对其他相关问题所持的观点、态度、做法、原则都达成共识。其次,双方也要认可个别问题的技术处理。因为个别问题的技术处理如果不恰当、不严密、有缺陷、有分歧,就会使谈判者在协议达成后提出异议,使谈判重燃战火,甚至使达成的协议被推翻,从而使劳动成果付诸东流。因此,在交易条件基本达成一致的基础上,个别问题的技术处理也达成一致意见时,才能判定终结的到来。

2. 从谈判时间来判定

谈判的过程必须在一定的时间内终结,当谈判时间即将结束,即进入终结阶段。受时间的影响,谈判者调整各自的战术方针,抓住最后的时间作出有效的成果。谈判时间的判定有三种依据。

(1)双方约定的谈判时间

在谈判之初,双方一起确定整个谈判所需的时间,谈判进程完全按约定的时间安排,当谈判已接近规定的时间时,自然进入谈判终结阶段。双方约定谈判时间的长短要依据谈判规模的大小、谈判内容的多少、谈判所处的环境形式以及双方政治、经济、市场的需要和本企业的利益。如果双方实力不是差距很大,利益不是很悬殊,双方有好的合作意向并且能够紧密配合,就容易在规定的时间内达成协议,否则就比较困难。按约定时间终结谈判对双方都有时间的紧迫感,能促使双方提高工作效率,避免长时间地纠缠一些问题而争论不休。如果在约定时间内不能达成协议,一般也应该遵守约定的时间将谈判告一段落,或者另约时间继续谈判,也可宣布谈判破裂,双方再重新寻找新的合作伙伴。

(2)单方约定的谈判时间

由谈判一方限定谈判时间,随着时间的终结,谈判随之终结。在谈判中占有优势的一方,或是出于对本方利益的考虑需要在一定时间内结束谈判,或是还有其他可供选择的合作者,因此请求或通知对方在己方希望的时限内终结谈判。单方限定谈判时间无疑对被限定方具有某种约束,被限定方可以服从,也可以不服从,关键要看交易条件是否符合己方谈判目标,如果认为条件合适,又不希望失去这次交易机会,可以服从,但要防止对方以时间限定向己方提出不合理的要求。另外,也可利用对手对时间限定的重视性,向对方争取更优惠的条件,以对方优惠条件来换取己方在时间限定上的配合。如果以限定谈判时间为手段向对方施加不合理要求,那么就会引起对方的抵触情绪,破坏平等合作的谈判气氛,从而造成谈判破裂。

(3)形势突变的谈判时间

本来双方已经约好谈判时间,但是在谈判进行过程中形势突然发生变化,如市场行情突变、外汇行情大起大落、公司内部发生重大事件等,谈判者就会突然改变原有计划,比如要求提前终结谈判。谈判的外部环境总是在不断发展变化,谈判进程不可能不受这些变化的影响。

3. 从谈判策略来判定

（1）最后立场策略

最后立场策略是指谈判双方经过多次磋商之后还是没有结果,一方阐明最后立场,声明只能让步到某种程度。如果对方不接受,谈判即宣布破裂;如果对方接受该条件,该策略可以作为谈判终结的判定。这种策略可以作为谈判结束的判定。一方阐明自己的最后立场,成败在此一举,如果对方不想使谈判破裂,只能作出让步,表示接受该条件。如果双方并没有经过充分的磋商,还不具备进入结束阶段的条件,此时一方提出最后立场就含有恐吓的意思,让对方俯首听从,这样并不能达到预期目标,反而会过早地暴露己方最低限度条件,使己方陷入被动局面。

（2）折中进退策略

折中进退策略又称为折中态度策略,是指将双方的交易条件存在的差距之和取中间条件作为双方共同前进或妥协的策略。例如,谈判双方经过多次磋商互有让步,但还存在余留问题,而此时已经消耗了太多的谈判时间。为了尽快达成一致的意见,一方提出一个比较简单易行的方案,即双方都以同样的幅度作出让步,如果对方接受此建议,即可判定谈判结束。折中态度策略在双方都很难说服对方、各自坚持己方立场的情况下,也不失为寻求尽快解决分歧的一种方法。其目的就是化解双方矛盾的差距,比较公平地让双方分别承担相同的义务,避免在遗留问题上耗费过多的时间和精力。

（3）总体条件交换策略

双方谈判临近预定谈判结束时间或阶段时,以各自的条件作整体一揽子的进退交换以求达成协议。双方谈判内容涉及许多项目,在每个项目上已经进行了多次磋商和讨价还价。经过多个回合的谈判后,双方可以将全部条件通盘考虑,作"一揽子交易"。例如,涉及多个内容的成套项目交易谈判、多种技术服务谈判、多种货物买卖谈判,可以统筹全局,总体一次性地进行条件交换。这种策略从总体上展开一场全军性磋商,使谈判进入终结阶段。

（二）谈判终结技巧

1. 分段决定

为了避免谈判在定局时产生大的矛盾和阻力,可以把谈判的定局工作分段进行,即把需要决定的较大规模的买卖或重要的条件分成几部分,让对方分段决定。

在大型和高级谈判中,把重大原则问题和细节问题区别开来,上层领导洽谈基本原则,中、低级人员洽谈具体、辅助事项,进行原则的落实、确切的说明和精确的计算,也是分段决定法的一种表现形式。

2. 循循善诱

这是运用严密的逻辑思维,提出一系列问题,诱导对方对问题作出肯定回答,最后成功地达成交易的技巧。

3. 诱导反对

当谈判的一方对交易发生了浓厚的兴趣,但仍犹豫不决时,心中必有某种反对意见。

另外,当谈判接近尾声时,成交的一方往往总是要提出某种反对意见,或增加谈判筹码,或作为一种成交前的表示。因此,对于另一方来说,只有及时启发,诱导他们尽早说出这些意见,才有可能解决问题,促成交易。诱导反对应用时机有以下几种。

(1) 对方对交易无任何肯定意见或否定意见,并明确表示暂缓交易。

(2) 对方对交易有肯定意见,已产生兴趣,但仍表示要"等一等"。

(3) 对方象征性地再次提出以前谈判中提出过或已经基本解决的反对意见。

(4) 对方提出自己权力有限,不能决定,要向上级请示。

4. 利益劝诱

谈判的一方可以通过许诺,给对方以某种利益来催促对方接受定局。

(1) 强调这种利益的许诺是与最后定局紧密联系的,以对方同意定局为条件,通常应安排在最后时刻作出。

(2) 注意这种利益许诺的尺度,一般不宜过大,要使对方感到这是谈判讨价还价之后的优惠。

(3) 对方管理部门的重要高级人员出面谈判时,采用这种技巧,效果可能更佳。

5. 分担差额

在谈判的最后时刻,双方如果对一些重要条件仍有分歧,且分歧较难统一时,谈判双方都可以采用"分担差额"的技巧来解决最后的难题。

"分担差额"并不一定是从正中分开,也可以是其他比例。如果你首先提出这种解决办法的话,那么要确保你事先一定能得到对方的保证,同意以某种方式向你靠拢。

6. 结果比较

在定局阶段,一方可以为对方分析签与不签的利害得失,并强调现在的时机是有利的。

例如:卖方可以向买方分析物价即将上涨的背景,如果拖延时间,迟迟不能成交,这将会给买方或双方造成损失。

二、签约谈判的基本策略

经过漫长而艰苦的谈判之后,双方终于可以达成意向性协议。但这只能说是向前进了一大步,只有将所谈内容用合同形式定下来,才能对双方形成约束力。合同签订的过程就是当事人就合同内容进行反复磋商、并取得统一意见的过程。合同磋商过程从法律上讲,要经过要约和承诺两个步骤。这两个步骤既是签约的基本程序,也是签约谈判的基本策略。

(一) 要约

1. 要约具备法律效力的条件

合同签订的前提是发出要约,要约是希望和他人订立合同的意思表示。一项要约要取得法律效力必须具备一定的条件。

(1) 要约是特定的当事人所为的意思表示。所谓特定的当事人,是指通过要约的内容人们能够知道是谁发出的要约,发出要约的人为要约人,接受要约的人为受要约人。例如,某汽车贸易公司向某汽车厂发出一份传真,传真中载明:汽车贸易公司准备购买汽车厂生产的1.5吨中型柴油货车10辆。这份传真便是一份典型要约,要约人是汽车贸易公司,受要约人是汽车厂。

(2)要约必须具有与他人订立合同的目的。要约是一种意思表示,这种意思表示需有与要约人订立合同的真实意愿。其外在表现形式为要约人主动要求与受要约人订立合同。前例中的汽车贸易公司发出的要约表明了该公司准备与汽车厂订立汽车购销合同的真实目的。

(3)要约的内容必须具体、明确、全面。受要约人通过要约不但能明确了解要约人的真实意愿,而且还能知晓未来订立合同的主要条款。如汽车贸易公司向汽车厂发出的要约中明确注明了要购买汽车的型号、吨位、颜色、可以承受的价格、付款方式、提货时间地点。

(4)要约必须得到受约人承诺后才能生效。一旦受约人对要约加以承诺,要约人与受约人之间的合同即可签订。要约人自然受合同已成立的约束,例如,汽车厂在要约人约定的答复期内向汽车贸易公司作出了承诺,接受汽车贸易公司的条件,那么汽车贸易公司就不能变卦,而只能按自己发出的要约内容进行付款提货了。

2. 要约邀请

要约邀请,又称要约引诱,是希望他人向自己发出要约的意思表示,是当事人订立合同的预备行为,行为人在法律上无须承担责任。要约与要约邀请区别在于以下几点。

(1)要约是当事人自己主动愿意订立合同的意思表示,以订立合同为直接目的;要约邀请则是当事人表示某种意思的真实行为,是希望对方向自己提出订立合同的意思表示。

(2)要约必须包含合同的主要内容,而且要约人有愿意受到要约拘束的意愿;要约邀请则不含有当事人表示愿意接受要约拘束的意思。

(3)要约大多数是针对特定的人群,故要约往往采取对话方式和信函方式;而要约邀请一般针对不特定的多数人,故往往以电视、报刊等媒介为传递手段。根据新《经济合同法》规定,寄送的价目表、拍卖公告、招标公告、招股说明书、商业广告为要约邀请。其中,商业广告的内容若符合要约的规定,视为要约。

3. 要约中常见的陷阱及风险防范

由于要约和要约邀请具有不同特征,使一些利用合同进行欺诈的合同陷阱设置人在要约上大做文章。案例9-1、案例9-2分别从两个角度解释了要约中常见的陷阱及风险防范。

案例9-1

名为要约邀请,实为要约

某甲有一套处于闹市区的私房准备出售,他在报上刊登了售房公告。公告中明确写明了房屋位置、结构、面积、出售价格及某甲的联系电话。后某乙见报后迅速与某甲联系,表示愿意以某甲提出的价格购买这套房屋,并向某甲付了2万元定金。几天后,某丙找到某甲表示愿以更高价格买下该房。某甲因贪图钱财,便与某丙签订了卖房合同。某乙知道后认为某甲违约,要求其赔偿损失。但某甲却以自己刊登的是"要约邀请"而非要约为由拒绝赔偿损失,仅答应归还定金。这一例子便是以要约邀请的通常形式发出要约,当受要约的人明确承诺后,要约人却以要约即要约邀请为由逃避违约责任的典型案例。

这一类型的陷阱成因主要有两点。首先,法律条文明确将一般商业广告作为要约邀请,这便为许多并不准备恪守信用的要约人提供了可乘之机。他们往往以要约邀请的形式(如广告等)发出有明确具体内容的要约,以便在对方承诺时"可进可退",不像要约那样一旦对方承诺,自己便要受要约内容的约束。其次,接受要约的当事人合同观念淡薄。他们在作出承诺时往往以口头形式或以交付定金作为承诺的主要方式,而并未与要约人签订正式的合同并履行相应手续,一旦发生纠纷,由于缺乏相应有力的证据,往往容易使自己处于被动地位。

这一类型陷阱的防范对策有三条。首先,仔细审查是要约还是要约邀请。在确定对方发出的意思表示有明确、具体内容时再考虑是否作为要约予以接受。其次,一旦准备承诺对方发出的要约,应尽快与对方订立合同,履行完毕相应的法律手续。如前例陷阱中的某乙若在承诺后即与某甲签订房屋买卖合同并到房管机关登记过户备案,则某甲不可能再将房屋"一女二嫁"。最后,若承诺方预先给付了要约方定金,一旦要约方违约,还可以依法要求违约方双倍返还定金,作为惩罚;若因违约给承诺方造成损失,还可要求要约方予以赔偿。

案例9-2

"指鹿为马",强索赔偿

甲省某农业机械厂为召开秋季产品供货会,向全国各地几十家农机销售公司发出了邀请书,在邀请书上将该厂新出品的十多种新产品的性能、型号、价格列在其中,作为供货会的主要洽谈对象。乙省某农机公司一行数人在收到邀请后也前往甲省该农业机械厂所在地参加会谈。在供货会期间,双方进行多次洽谈,但终因乙省农机公司提出的价格太低,甲省农业机械厂未能接受。乙省农机公司工作人员在甲省开会期间开支很大,公司负责人认为这笔费用是因为对方提出要约后产生的,公司承担不划算。于是便以农业机械厂发出要约后拒绝为由,要求甲省农业机械厂承担违约责任并承担农机公司工作人员在甲省期间所花费的巨额费用。这一案例便是一方当事人为转嫁巨额费用,偷梁换柱,将要约邀请强谈成要约而产生的风险。

这一陷阱成因主要有两点。首先,乙省农机公司紧紧咬住甲省农业机械厂发出的邀请函,以函上载有该厂新产品的简介为由,认为农业机械厂发出的不是邀请函而是要约。其次,乙省农机公司在"要约"成立的前提下提出一个通常市场上难以接受的价格作为"承诺",若农业机械厂不接受,则甲省农业机械厂"违约";若农业机械厂迫不得已接受了,则乙省农机公司以非正常的低价购买了一批产品,已经赚了一笔。于是,这个两全其美的陷阱便挖好了。

这类陷阱的防范对策有两条。首先,发出要约邀请方应保证自己的要约邀请中没有可能被误解为要约的内容(如将要约邀请明确命名为价目表、拍卖公告、招标公告等),或明确在邀请中说明在对方当事人对邀请作出承诺时,邀请发出人仍有权拒绝该承诺。其次,要约邀请方在得到对方承诺时,应尽快给予对方相应答复,如向对方说明自己发出的仅是要约邀请,或对方的"承诺"条件自己无法接受等,以免被人恶意利用。

(二)承诺

1. 有效承诺的必要条件

承诺,是指受要约人同意接受要约的全部条件的意思表示。承诺必须具备以下条件。

(1)承诺须由受要约人向要约人作出;

(2)承诺的内容须与要约的内容完全一致,若受要约人在承诺时限制、变更或扩张了要约的内容,则不构成承诺,而是作为对原要约的拒绝而作出的新要约;

(3)承诺应当以明示方式作出,缄默或不行为不能视为承诺。

2. 承诺中常见的陷阱

承诺中常见的陷阱有以下两种。

(1)沉默并非承诺;

(2)改变履行方式的承诺无效。

 **案例9-3**

沉默并非承诺

甲县水泥厂生产的水泥因质次价高,销量一直不好。为打开销路,该厂向众多用户发去了《水泥购销意向书》。《意向书》上明确写了该厂水泥的生产批号、数量、价格、付款方式,最后还在《意向书》上写上这样的字样:"接到《意向书》的用户若在三日内不表示是否购买,则视为愿意购买。我厂将按《意向书》的内容发货。"某建筑公司收到《意向书》后认为该厂水泥质量不过关,不打算购买,也就未向该水泥厂作出答复。谁知三天后,几吨水泥便运到了建筑公司里面,水泥厂声称,建筑公司没有在三天内答复,根据《意向书》的规定,便是默认了《意向书》,所以应当买下这批水泥,否则就是违约,要赔偿水泥厂的运费并支付违约金。建筑公司无奈之下只得买下这批质次价高的劣质水泥。

陷阱成因:水泥厂设下的陷阱看似很巧妙,实际上稍有合同法常识的人便会发现,水泥厂正是利用许多当事人对"承诺"的不了解,设置了一套"沉默等于默认"的强盗逻辑,偷换了承诺的真实概念,制造了这一合同陷阱。其实,经济合同法明确规定:"承诺应当以通知的方式作出,但根据交易习惯或者要约表明可以通过行为作出承诺的除外。"可见,法律对"承诺"的规定是要求承诺人必须以积极的行动方式向要约人表示,包括书面或口头通知,也包括一定的行为,但是沉默却不是承诺的方式之一,即使要约人发出的要约中写明了诸如"不答复即视为承诺"的字样,对受要约人而言也是无效的,并不改变承诺的必备形式。由于我国《民法通则》中将默示作为一种接受的意思表示,因此,一些合同当事人为设置陷阱,便将这一规定移花接木运用到合同法的承诺中,使一些受要约人一旦疏于答复,又不了解合同法的有关规定,便不知不觉掉进了陷阱之中。

陷阱防范:首先,当事人应了解合同法中关于"承诺"的基本常识,作到心中有数,依法有理有据进行力争,戳穿对方的卑劣伎俩;其次,若当事人为了避免不必要的麻烦,也可以将计就计,在对方约定的时间内给他一个答复,以免对方进一步利用合同进行骚扰,干扰己方正常工作。

 案例9-4

改变履行方式的承诺无效

A地蔬菜公司向B地某农场订购2 000公斤"科丰"3号西红柿,单价每公斤Q元,要求由农场提供冷藏车负责运输。B地农场收到订货单后立即发电报答复蔬菜公司:"同意你方要求,用普通货车运输。"蔬菜公司收到农场回电后认为,普通货车运输西红柿易腐烂变质,遂改向其他农场订货而未答复B地农场。不料几天后B地农场却将2吨西红柿运到了蔬菜公司,由于天气炎热且未采用冷藏车运输,大部分西红柿已发生腐烂,蔬菜公司拒绝接受。B地农场则以自己作出承诺,合同已告成立,蔬菜公司拒收即违约为由要求蔬菜公司赔偿损失。这一案例的合同陷阱的关键便是B地农场是否作出了承诺。

风险成因:首先,经济合同法规定,合同在承诺生效时成立。因此,在经济生活中,一般认定受要约人接受要约的答复到达要约人时合同成立。本案中,B地农场在接到蔬菜公司订货要求后立即给予了接受要约主要内容的答复,并且答复到达了蔬菜公司,似乎符合"承诺应当在合理期限内到达"的要求。其次,B地农场对A地蔬菜公司发出的要约中标的数量、品种、价格均予以接受,看似满足了承诺的内容应当与要约内容一致的法律要求,而改变运输方式似乎并未对要约内容作出实质性变更。于是,基于这两个原因,B地农场便堂而皇之地宣称合同已告成立,不接收货物便是违约了。

风险防范:对于这类风险,首先合同当事人只需直接运用合同法的有关规定便可防范风险的发生。《经济合同法》中明确规定:"受要约人对要约的内容作出实质性变更的,为新要约。有关合同标的数量、质量、价款或报酬、履行期限、履行地点和方式、违约责任和解决争议方法的变更是对要约内容的实质性变更。"可见,受要约方的答复里单方面改变了要约中对履行方式的约定,显然已经不构成承诺,而是新要约了。而对于新要约而言,原要约人不作出答复并不意味着接受新要约,因此,所谓的合同也就不可能成立了。因此,A地蔬菜公司完全可以以B地农场的答复改变了原要约对履行方式的约定,其答复不是承诺而是新的要约为由进行反驳,严词拒绝B地农场的无理要求。其次,为了减少对方合同当事人因对承诺的不甚了解可能产生的风险,要约人在发出的要约中也可以加上若对方对我方提出的条件中的某几项进行更改,我方将不视为承诺的字样,以避免引起不必要的麻烦。

第二节　履约谈判的策略

履约谈判是合同执行中重要的谈判,尽管谈判双方在合同文本签约的细节上做到了完善、全面、准确、肯定和严密,然而还必须清晰地认识到世界上迄今没有一个能包罗万象的合同。在合同执行中总会有一些无法预料的情况发生,这时就要本着"相互了解、相互信任、互惠互利、长期合作"的信念,做好履约过程中每一阶段的谈判。

一、履约前的谈判

(一)履约前未能实施的原因

一般来说,签订的合约必须认真履行,不能履行的原因主要有以下三个方面。

1. 政策变化

一般来说,在商务谈判终结后就必须签订合同与协议,然后双方就必须履行合同。但是外部环境的不确定性可能导致事先签订的合同不能顺利履行,政策的变化带来的极大的不稳定性也可能会造成合同履约的困难。例如,在货物买卖中,买卖双方经过多次的磋商和谈判最后达成协议,商品的价格按 30 元/公斤成交。但是,由于国家为了调控经济而实行的价格限制政策,规定该商品的价格不能高于 28 元/公斤。因此双方在履行合约前必须考虑政策变化的因素。

2. 不可抗力事故

不可抗力又称人力不可抗拒。它是指在货物买卖合同签订以后,不是由于订约者任何一方当事人的过失或疏忽,而是由于发生了当事人不能预见和预防,又无法避免与克服的意外事故,以致不能履行或不能如期履行合同,遭受意外事故的一方,可以免除履行合同的责任或延期履行合同。不可抗力是合同的一项条款,也是一项法律原则。

3. 企业内部原因

由于企业信用缺失导致不能履约。合同是建立在信用基础上的经济活动,当履约方不能恪守信用时,必然导致不能履约;部分企业注册资本未到位、抽离出资、会计报表不实、资产负债率高等情况,都会致使一些企业合同履约能力低下,不能履约。另外,部分企业内部合同管理制度不完善,存在漏洞,也会使得已签订的合同不能如期执行。

(二)履约前的谈判策略

(1) 在履约前的谈判中,双方考虑到一些不可控因素可能会导致原合同的部分条款履行困难。但是,由于经过多次的磋商和谈判后所签订的合同可以给双方带来较大的经济利益,交易双方不愿意因为一些不可控的因素而撤销合同,因为这样只能是一无所获。因此双方协商维护原合同,变更部分合同内容。

(2) 如果交易双方觉得政策变化或是不可抗力事故带来的损失要远大于履行合同所带来的收益,那么双方可以划分责任,撤销原合同。例如,在货物运输的过程中,交易双方规定了到货时间。但是,由于考虑到海啸等不可抗力的发生,双方可以明确地划分清楚如有此类事故发生而影响交货,哪方应该负责,原合同是否还有效力。

（3）履约前的合同谈判中,要对合同订立的必要性、可行性进行必要的研究,充分运用约定的权利,使双方的义务权利平等公正。同时,也要考虑对方缔约能力、履行能力及信用,避免与一些空壳公司或信誉极差的企业签订合同。在履约时,若发现对方没有如期进行履约,要在约定期内向对方提出抗辩。为增加履约的可靠性,签约谈判可要求对方签订担保合同。另外,还要加强对自身合同文本的管理以避免文本丢失出现的违约或被骗的情况。

二、履约中的谈判

（一）履约后不能完全履行的原因

一般而言,合同履约中不能履行主要是由以下三方面原因造成的。

1. 货款支付与合同不符

支付违约反映在延迟支付或无理拒付上,也有买方多付而卖方不及时退款的情况。

（1）延迟支付。延迟支付分为有理延迟支付和无理延迟支付两种情况。

① 有理延迟是对合同支付条件的修改。如因客观原因,单证实际传递延误,卖方单证不符,买方因卖方的原因不能一时支付。这些情况下,卖方在谈判中应予以理解,使合同得以履行,但是要谈判新的支付期限并采取措施使支付能尽快履行。对于买方的原因延迟,则还要要求"利息"的偿付。实际情况中,利息的谈判已由银行的"付款通知单"解决,在该单上,银行已注上"某日起,已计息"。

② 无理延迟是沉默拖延和纠缠拖延支付,实属违约。有的买主既不付款也不说明理由,等"提示"后再应;有的是挑出单证或货物的任一差异来拖延,如"2 张支票,仅有 1 张","5 份发票只有 4 份";有的货到得比单快,买方先提货看货,发现"货符合合同,但是不符合实际需要",于是与卖方交涉,这一交涉就把支付延迟了。对此,卖方有两种反应:不理与论理。有的管理不善的企业,对延期付款不予查询、追究。而原则上应电传或电话提示,继而交涉谈判,根据询问所得的印象决定谈判态度。买方友善,则只重谈"支付期"及"利息";否则,要谈判"货物的扣押""货物的追还""民事起诉欺诈"等。这些不同层次的交涉中,其"论理"中的理由来自各国买卖合同及国际销售协议、贸易惯例,其中合同是关键。

（2）无理拒付。应该说,若正常、讲道理的人拒付均会事出有因。但若遇到无理拒付,卖方的谈判应果断:预告或实物扣押。若是鲜活时令货物则马上转卖并保留索赔权;若是机器设备,则在保留一段时间后还可以转卖并索赔可能的经济损失;若价格较高,则应派专人谈判,甚至可以找对方政府主管部门交涉,据理力争"履行支付、赔偿利息或是其他直接损失",也可以找其"担保人"或是"资力证明人"来履行支付收货的义务,最后则是诉诸仲裁或是民事诉讼。如某太阳能电池项目,买方已支付预付金近百万美元,由于买方内部经济调整,在预付金支付一年后,其他义务均未履行。卖方坚持合同支付条款——开余额的信用证,而买方则希望余额分两次开证。卖方已收汇一年多但未实际履约,觉得买方受损失也不小,同意考虑买方意见,但与律师商议后改变主意。买方谈判人员利用对方情绪、抑制律师纠缠致使洽谈失败。其实,卖方的这种行为极可能引起一场诉讼,如果买方认为百万美元的压力让他无法忍受而失去耐心时，会诉诸法律，卖方不仅会陷入声誉危机，还要为其律师支付高额的报酬，而按有关预付金和义务的法律去评判，也未必偏向卖方。

（3）多付或少付。由于单与货不同、工作中脱节、业务人员疏忽，会造成重复开单，重复付款，称为合同规定多付或少付的情况。

多付时，买方要交涉，因为作为卖方是不会着急退款的，除非个别外商出于信誉主动退款。一般情况下若是"明显是非"，无争议可言，仅及时"通告"退款即可，要注意时间限定，如果拖得很长、金额很大，或跨财政年度才发现，退款手续会很复杂。若是中间付款，则可洽谈后面的支付，利息损失自己承担。因为多付与买方工作疏忽有关，损失应自负。当多付在合同履行末期的时候，卖方为了保证自己安排收汇，多不同意退款，而让买方从保证金里扣除。这样，验收有争议时，被买方扣押的资金可以保留在最小限度内。当然若验收失败，买方还可以提条件来补偿。

少付时，可用电传交涉，一般买方应按理补付。谈判时，卖方可视该项是中期支付还是末期支付而制订策略：在中期，可以通告买方迅速补付，否则扣押后面未交付的货物和不履行服务的义务；在末期，则可以"备件和维护"为谈判筹码，也可以"减少或免除保证期"等扣押买方补付。如果是卖方过错造成，利息不补；若是买方的原因，则要求补偿利息。

2. 交货不符合合同

有的卖主交货数量短缺、规格型号不对，均违反了合同的构成要件。买方可以拒收货物、解除合同、要求损害赔偿，也可以退回货物要求退其价金，或留下货物经鉴定人评价后要求退回部分价款。对于"卖金子而交石头"的卖主，则纯属行骗，不只是违约，已构成犯法，应予以追诉。

谈判拒收货物时，应考虑价金问题及涉及违约的性质。若价款已支付，但仅是数量短缺，那么拒收对买方来讲弊大于利，此时宜收下已到的货物，只谈判补偿短缺的部分，可取消该部分合同并要求退款补偿或者附加某些补偿条件再继续执行短缺部分。如价金未付，也不宜拒收货物，除非来货对自己已无用处或无利可图，只附加补偿条件就可以执行。当违约性质为规格、型号与合同不符合时，则无论价款是否已支付，均可拒收货物，或者要求更换合同规定的货物，还可以提出一定的补偿条件，其间的一切费用均由卖方承担。在涉及进口货物时，还要配合海关部门。

作为中间商，会由于卖方的数量不足或型号不对，而影响自己与最终客户的合同履行，经济损失与错过商机在所难免，因此以合同成立与否和要求赔偿为谈判基调也属自然。总的来讲，数量不符属"部分违约"合同，不应解除全部合同，只能考虑短缺部分。就型号规格不符进行谈判时，要罗列费用及损失，如价金利息、使用价值、市场利润、销售费用、人工费、报关费、运输费、存储费，这些费用和损失应客观计算出来。

3. 合约理解不一致

在具体的合约履行中，因为条款不明确而导致对合约理解得不一致而产生争执也容易使得原合同不能顺利履行。在签订合同的时候，交易的双方没有仔细推敲合同的条款，使得合同的某些条款模糊其词、含糊不清。这就容易使双方对合同的理解产生分歧，在履行合同的过程中各行其是,最后导致合同不能顺利履行。

(二) 履约中谈判的策略

在合同履行中,由于以上种种原因导致合同不能顺利履行。但是,交易双方考虑到原合同如果能顺利、认真地实施,还是能给交易双方带来巨大的利益。况且,如果撕毁原合同所费成本很高,因为双方不可能在短时间内再找到比现在更合适的合作伙伴。在此情况下,交易双方可以在原合同条件不变的前提下谈判,这样可以减少成本,不必要再浪费时间和精力来重新寻找另外的企业谈判。这种做法不失为一种明智之举。

如果因为合同没有如实履行,给双方带来了巨大的损失。那么,交易双方要保持冷静的头脑,认真分析自己的不足,不要一味地责怪对方,而应仔细地思考应变的对策,把责任明确地划分出来,并尽可能寻找可谈判空间。往往这种情况出现后,交易双方都会从心理上排斥对方,能再次坐在谈判桌上的可能性很小,可周旋的余地也不大。

三、履约后的谈判

通常,合同在履约后不能履行的原因主要由两方面引起。

(1) 最终使用与合同不符。

商务谈判经过磋商后签订了合同,但这并不代表商务谈判就结束了。在双方履行合约后,如果发现合约没有如实履行,那么双方还必须谈判,这可能是由于最终使用与合同不符造成的。最终使用是指在合同中货物或是别的工具、物品的最终使用目的、用途。如果最终使用与合同中的规定不符,自然原合同的履行就大打折扣,从而会影响一方的利益。

(2) 售后服务条件未能保证。

尽管交易双方在合同的履行中都比较认真负责,但是售后服务的条件未能保证也算是一种变相的违约。例如,经过多次的商务谈判,交易双方签订了合同规定货物的交货日期、地点、时间。货物虽然按时交付了,但是其售后服务却非常差劲,从而导致了货物或是机器不能正常运作。这也是一种对合约的不负责任行为。

在履约后,交易双方因为最终使用与合同不符或是售后服务条件未能保证,而导致了合同没有顺利完整地履行。那么,作为己方应该寻求判断是非的依据——商检证明、权威机构检测报告等,通过这些客观的依据证明谁应该负责。然后,交易双方再坐到谈判桌上,摆出这些客观的证据进行再一次的谈判。

第三节　索赔谈判的目标、原则与策略

一、索赔谈判的特点及目标

索赔是指履约中受损害方向违约方提出赔偿要求。由于各种原因使所签合约不能如约履行,必定会造成经济损失。受损方必然会向违约方提出赔偿的要求,包括怎么赔偿、赔偿多少等问题。违约方当然也不会全面接受受损方的全部赔偿要求,这就要进行再次

的谈判与磋商。可见,索赔谈判是指合同义务不能履行或不完全履行时,合同当事人双方进行的谈判。

(一)索赔谈判的特点

索赔谈判在商务谈判中很常见,也是一种主要的谈判类型。与合约谈判相比较,这种谈判的显著特点有两点。

1. 谈判的态度和气氛不同

在多数情况下,索赔谈判是由于一方或双方违约造成损失,受损方要求对方赔偿的行为。由于给某一方造成损失,因此,在谈判的初始阶段,双方就会摊牌,受损方会提出具体的索赔要求,而另一方马上针锋相对,提出自己的立场。双方的这种较量不同于合约谈判,合约谈判是交易双方为了达成一致获得共同的利益而进行的谈判,是双方试探、摸底,以求最大限度满足己方要求的合作。谈判双方寻求一致的利益,其心情应该是很平和的,其态度也应该是颇为冷静的。而索赔谈判是遭受损害方向违约方提出赔偿要求的谈判,双方注重的是维护自身利益。受损方想获得更多的赔偿,而违约方则想方设法推卸责任。双方在感情和行动上都比较冲动,态度也比较强硬,谈判的气氛自然也比较紧张。由于谈判人员处在解决问题的对立面,因此达成赔偿的协议十分困难,场面也令人十分不快,这可以算是最艰难的谈判之一。

2. 谈判的内容和要求不同

合同谈判的目的是解决问题,实现求同存异,并最终协议达成一致。谈判的内容大多包括:商品的质量、标的、价格、运输方式、保险等。合同谈判多数注重双方共同获利。索赔谈判是分清责任和赔偿数量,索赔谈判主要是把"谁负责"的问题,以及具体的赔偿数量的问题解决好。索赔谈判更看重的是明确的责任、具体的赔偿数额。

(二)索赔谈判的目标与方式

由于索赔是一方向另一方提出赔偿要求,直接涉及双方的切身利益,因此双方在谈判的目标上事先都设置底线。一般来说双方各自设置的底线总会有差距,因此为尽量寻求双方都可以接受的条件,必须设置谈判的目标,并为实现这一目标选择恰当的谈判方式。

1. 索赔谈判目标

索赔谈判结果与设定的谈判目标有关,合理地确定索赔谈判目标是谈判人员必须关注的问题。以下分析了索赔谈判目标的三个层面。

(1)利益目标。索赔谈判是对发生的利益损害如何补偿而进行的谈判。客观上它存在三种可能,即让对方多赔点,从而有赚;让对方如实补偿,从而持平、不亏;让对方尽力而为,有可能亏。这三种可能视对方财力而定。即便对手有钱,那种谋利的做法也不可取。从实践看,欲通过索赔获利,弥补损失,只会引起谈判的复杂性,不会促进谈判迅速达成一致。

对于责任方,在索赔的事件中也许同是受害人,但也要予以赔偿。当然,赔偿可尽力而行,即考量当时之力和未来之力而行。在恪守信誉、诚恳处事的前提下"量力放利"的做法一般能够被对方接受。如若想尽力少放利,不顾对方的损失,既不合情也不合理。在责任方有一定能力赔付对方的情况下，不顾对方损失而尽量少赔，必然导致对方不满并作出强烈反应，也必然会使对方与责任方进行激烈的对抗，以求维护其权益。

（2）关系目标。关系目标是指当事人之间的关系状况。一般分为以下三种情况。

① 当索赔与业务发展有关时，两者应通盘考虑，即权衡索赔所得情况与其业务发展所得的综合效果。

② 当索赔与自然人有关时，与索赔有关的人对双方业务发展有促进作用，对其意见应予以关注，在索赔力度与清偿的时间上可适当放松。但因个人关系放弃索赔，或者不认真索赔是不可取的，这种不健康的人际关系对当事双方都有损害。

③ 当索赔与第三者有关时，第三者通常与索赔事项有连带责任或利益关系，第三者的态度对索赔谈判会产生影响。

（3）信誉目标。信誉目标是指当事人的商誉，它贯穿于索赔谈判，综合考虑第三者利益。

商誉是当事人在经营中长期积累起来的重要的无形资产，也是其追求的经营价值目标之一，对企业生存与发展具有重要的战略意义。在索赔涉及金额不大时，当事人可能更偏重于维护信誉。从表面上看，偏重于信誉似乎是虚的追求，但在实际谈判中也是实的追求。当事人在索赔谈判中重信誉，努力增加信誉度，实际上是考虑不因眼前利益而损失长远利益，为未来的发展夯实基础。故索赔者通过谈判弘扬信誉，促使对方恪守信誉，而将物质赔付置于其次，就是从长远角度考虑问题。这种情景多在协商式的索赔谈判中出现。被索赔者在谈判中应"不因小利而失大义"，追求诚信，恪守信誉。

2. 索赔谈判方式

一旦索赔产生后，可供选择的谈判方式有两大类。第一类为直接索赔，含协商索赔；第二类为间接索赔，含调解、仲裁、诉讼。

（1）索赔方式的分析

① 协商索赔。协商索赔是签约人之间直接交涉违约造成的损失或损害的补救办法的谈判形式。由于这种索赔在当事人之间进行，它有利用关系或维系关系的优点，故使用者也多。

② 调解索赔。调解索赔是由第三者出面协助当事各方解决合同违约（部分或全部）造成的损害赔偿的问题。第三者可以是自然人（如与索赔无直接责任或利益的上级领导或社会名人），也可是机构，如行业商会、仲裁庭、地方法院。

③ 仲裁索赔。仲裁索赔是由常设的仲裁机构或临时组成的仲裁庭替当事人各方裁定合同违约造成的损害赔偿方案。常设的仲裁庭有中国对外经济贸易仲裁委员会设立的仲裁庭、地方政府设定的委员会所属的仲裁庭。它们根据当事人之间达成的仲裁协议，以及当事人的仲裁申请，按其制定的仲裁规则进行仲裁。仲裁裁决是终局的，具有强制执行的效力。

④ 诉讼索赔。诉讼索赔是由法院对当事方的违约责任进行审理并对损害赔偿进行判决的索赔形式。

（2）索赔方式选择依据

选择索赔方式既要遵循索赔谈判目标，又要参考各种索赔方式的利弊，还要追求索赔谈判的高效与低本。鉴于此,正确选择索赔谈判方式尤为重要。选择依据有以下四点。

① 索赔金额。若涉及的份额较大,采用较复杂的谈判方式才值得;若份额较小,则处理方式一定要简单。

② 合同约定。合同对索赔及争议的处理规定,若已有明确规定,则依其规定而行;若无规定或不明确,则由简单形式逐步上升到复杂形式,这也是谈判成本渐增的控制原则。

③ 双方的关系。当贸易双方关系悠久良好,则尽量从简处理;若相反,则"公事公办",由第三者协助或"仲裁"。

④ 执行方式。当索赔结果易于执行,比如持有对方财物时,一般可以选用从简的索赔方式;当执行难度较大时,可选择用复杂方式或强行手段的索赔谈判形式。

二、索赔谈判的原则

无论是直接索赔谈判还是间接索赔谈判,均应注重"四重"原则,具体如下。

1. 重合同

以合同约定为依据来判定违约责任。合同已明确的,只要与法律不相违背,就是判定是非责任的标准;合同未明确的问题,才引证惯例与相关法律。

2. 重证据

违约与否除了依合同规定外,许多时候需要提供证据来使索赔成立。如质量问题,需要权威部门出具的技术鉴定证书;数量问题,要商检的记录,双方的往来函件也可以成为证据。证据是确立索赔谈判的重要法律手段。

3. 重时效

注重索赔期。索赔应及时,应在合同规定的时效范围内进行索赔,超过了该期限,交易人则可不负责任。任何合同签订时,都要注意合同中应有时效的明确规定。时效可以用时间表示,如索赔期应在交货后×天之内,也可以用地点表示,如货交×地之后等。如果合同无时效规定,谈判难度就大,结果的变数也多。

4. 重关系

索赔谈判时应注重利用和保持关系。利用双方当事人或与相关第三者之间的关系,可以加快谈判的速度,促进谈判朝着良好结局发展,保持关系,则可以兼顾双方当前与长远的利益。

三、索赔谈判的策略与技巧

(一)索赔谈判的基本策略

1. 掌握谈判时机

在经过多次商务谈判和磋商后,交易双方签订了合同。由于各种原因,签订的合同不能顺利如约履行,必然会导致一方利益受到损失。那么,双方自然要进行索赔谈判。在索赔谈判时应该注意谈判的时机,要在规定的时间内提出索赔要求,通常在货物到达后30～45天。如果相隔的时间较长,那么卖方就可以以时间问题为借口来推卸责任,受损方就会处于不利的境地。

2. 分清责任

买方在向卖方提出赔偿要求的时候，首先应该分清责任，再讨论索赔。也就是说，买方一定要弄清楚问题究竟出在哪里，责任到底是由谁负责。只有这样，才能做到"心中有数"，然后才能向卖方提出赔偿的要求。

3. 利用对方信誉

在确定责任的归属后，受损方向违约方提出赔偿的要求，并希望尽快解决。受损方可以利用对方的信誉，促使违约方尽快赔偿。一般有信誉的企业希望尽快解决争端，以免对其信誉产生恶劣的影响。

4. 避免诉诸法律

在对方出现违约事件后，受损方应该寻找比较合适的解决问题的办法。首先可以自行协商解决，也可申请调解和仲裁，尽量避免诉诸法律。因为，企业的公众形象十分重要，它是企业竞争力的一部分。把索赔事件诉诸法律，可能会把原本可以自行解决的问题扩大化，从而影响了企业的形象。在这种情况下，受损方也不可能顺利地得到希望的赔偿。

（二）索赔谈判的技巧

实践证明，在谈判中一味地采取强硬态度或软弱立场都是不可取的，都难以获得满意的效果，而采取刚柔结合的立场则容易收到理想的效果。既有原则性又有灵活性才能应付谈判的复杂局面，在谈判中要随时研究和掌握对方的心理，了解对方的意图；不要用尖刻的话语刺激对方，伤害对方的自尊心，要以理服人，求得对方的理解；要善于利用机会，因势利导，用长远合作的利益来启发和打动对方；要准备几套能进能退的方案，在谈判中该争的要争，该让的要让，使双方都能有得有失，共同寻求双方都能接受的折中办法；对谈判要有坚持到底的精神，要有经受各种挫折的思想准备，应相互考虑对方的观点共同寻求妥善解决分歧的办法；双方僵持不下的情况下，应及时终止谈判，留到合理的时间再次进行谈判。

案例 9-5

小龙潭发电厂的脱硫改造合同

云南省小龙潭发电厂，就 6 号机组脱硫改造项目于 2002 年跟丹麦史密斯穆勒公司签订了一系列脱硫改造合同，改造后检测结果为烟囱排放气体并未达到合同所承诺的技术指标。该发电厂于 2004 年又与史密斯穆勒公司为此事进行交涉，要求对方进行经济赔偿。

索赔谈判前，我方在确认对方的责任方面进行了大量调研和数据收集工作。首先，咨询清华大学、北京理工大学等国内该领域的知名专家，在理论上对这一问题有了清楚的认识。其次，对改造后烟囱排放气体进行采样分析以及数据计算。最后，对比分析对方提供的石灰品质以及脱硫效率。根据调研结果，对照 2002 年原合同中的条款和参数，我方最终认定是史密斯穆勒公司的责任。

在索赔正式谈判中，双方在责任问题上各执一词，谈判出现了僵局。史密斯穆勒公司采取了"打擦边球"的策略,试图推脱责任,把赔偿金额压到最低。合同要求脱硫率是90％,脱硫率瞬间值达到了这一指标,甚至还高于90％。但我方要求的是长期值而不是瞬间值,对方试图以瞬间值逃脱一定责任,而我方则以平均值说明问题。我方经过长期统计,平均值仅有80％左右,远远没有达到合同的要求。在脱硫剂石灰上,丹麦的国家制度规定石灰原料由国家提供,而我国则由企业自己提供。史密斯穆勒公司认为,脱硫效率低是我方未提供合适的石灰造成的,我方应负有一定责任。

　　双方最终达成协议:一方面,史密斯穆勒公司派遣相关人员继续进行技术改造,另一方面,对方就无法实现的合同中规定的技术指标进行赔偿。

　　思考:在上述谈判过程中出现了什么问题?是怎样解决的?

本 章 小 结

　　签约与履约谈判是商务谈判过程中的重要谈判内容之一。本章主要讨论签约与履约谈判的主要内容,旨在执行已谈成的交易,从而巩固谈判的胜利果实。

　　正确判定谈判的终结阶段,慎重选用终结谈判策略,有助于准确把握成交时机。合约的签订过程,就是当事人就合同内容进行反复磋商,并取得统一意见的过程。从法律上讲,须经过要约和承诺两个步骤。

　　合约执行过程中的违约现象是最常见的问题,需要进行索赔谈判解决。本章最后讨论了索赔谈判的特征与目标、可供选择的索赔方式、索赔谈判的原则与策略。

本 章 思 考 题

一、选择题

1. 最后成交的策略不包括(　　)。

　　A. 总体交换策略　　　　　　　　　B. 红白脸策略

　　C. 最后立场策略　　　　　　　　　D. 折中态度策略

2. 从(　　)不能判断成交时机。

　　A. 成交的最佳心理　　　　　　　　B. 成交的最佳生理

　　C. 所达成的谈判目标与条件　　　　D. 商务谈判约定的时间

3. 最好的成交技巧包括(　　)。

　　A. 感情攻势　　　　B. 庆祝与赞美　　　　C. 慎重对待协议　　　　D. 以上都是

二、简答题

1. 如何判定谈判的终结阶段?

2. 要约与要约邀请的区别是什么?如何防范要约陷阱?

3. 承诺有何特征?如何防范承诺陷阱?

4. 履约谈判有哪些?讨论各种履约谈判的原因及策略。

5. 索赔谈判有何特征?索赔谈判的原则、策略与技巧是什么?

附 录

商务谈判能力测试

1. 商务谈判(　　)。

(a) 是一种意志的较量,谈判双方一定有输有赢

(b) 是一种立场的坚持,谁坚持到底,谁就获利多

(c) 是一种妥协的过程,双方各让一步一定会海阔天空

(d) 是双方的关系重于利益,只要双方关系友好必然带来理想的谈判结果

(e) 是双方妥协和利益得到实现的过程,以客观标准达成协议可得到双赢结果

2. 在签订合同前,谈判代表认为合作条件很苛刻,按此条件自己无权做主,还要通过上司批准。此时你应该(　　)。

(a) 责怪对方谈判代表没有权做主就应该早声明,以致浪费这么多时间

(b) 询问对方上司批准合同的可能性,在最后决策者拍板前要留有让步余地

(c) 提出要见决策者,重新安排谈判

(d) 与对方谈判代表先签订合作意向书,取得初步的谈判成果

(e) 进一步给出让步达到对方谈判代表有权做主的条件

3. 为得到更多的让步,或是为了掌握更多的信息,对方提出一些假设性的需求或问题,目的在于摸清底牌。此时你应该(　　)。

(a) 按照对方假设性的需求和问题诚实回答

(b) 对于各种假设性的需求和问题不予理会

(c) 指出对方的需求和问题不真实

(d) 了解对方的真实需求和问题,有针对性地给予同样假设性答复

(e) 窥探对方真正的需求和兴趣,不要给予清晰的答复,并可将计就计促成交易

4. 谈判对方提出几家竞争对手的情况向你施压,说你的价格太高,要求你给出更多的让步,你应该(　　)。

(a) 更多地了解竞争状况,坚持原有的合作条件,不要轻易让步

(b) 强调自己的价格是最合理的

(c) 为了争取合作,以对方提出的竞争对手最优惠的价格条件成交

(d) 询问对方:既然竞争对手的价格如此优惠,你为什么不与他们合作?

(e) 提出竞争事实,说明对方提出的竞争对手情况不真实

5. 当对方提出如果这次谈判你能给予优惠条件,保证下次给你更大的生意时,你应该(　　)。

(a) 按对方的合作要求给予适当的优惠条件

(b) 为了双方的长期合作,将来得到更大的生意,按照对方要求的优惠条件成交

(c) 了解买主的人格,不要以"未来的承诺"来牺牲"现在的利益",可以以其人之道还治其人之身

(d) 要求对方将下次生意的具体情况进行说明,以确定是否给予对方优惠条件

(e) 坚持原有的合作条件,对对方所提出的下次合作不予理会

6. 谈判对方有诚意购买你整体方案的产品(服务),但苦于财力不足,不能完整成交。此时你应该(　　)。

(a) 要对方购买部分产品(服务),成交多少算多少

(b) 指出如果不能购买整体方案,就以后再谈

(c) 要求对方借钱购买整体方案

(d) 如果有可能,可协助对方贷款或改变整体方案,改变方案时要注意相应条件的调整

(e) 先把整体方案的产品(服务)卖给对方,对方有多少钱先给多少钱,所欠之钱以后再说

7. 对方在达成协议前,将许多附加条件依次提出,要求得到你更大的让步。此时你应该(　　)。

(a) 强调你已经作出的让步,强调"双赢",尽快促成交易

(b) 对对方提出的附加条件不予考虑,坚持原有的合作条件

(c) 针锋相对,对对方提出的附加条件提出相应的条件

(d) 不与这种"得寸进尺"的谈判对手合作

(e) 运用推销证明的方法,将已有的合作伙伴情况介绍给对方

8. 在谈判过程中,对方总是改变自己的方案、观点、条件,使谈判无休止地拖下去。你应该(　　)。

(a) 以其人之道,还治其人之身,用同样的方法与对方周旋

(b) 设法弄清楚对方的期限要求,提出己方的最后期限

(c) 节省自己的时间和精力,不与这种对象合作

(d) 采用休会策略,等对方真正有需求时再和对方谈判

(e) 采用"价格陷阱"策略,说明如果现在不成交,以后将会涨价

9. 在谈判中双方因某一个问题陷入僵局,此时你应该(　　)。

(a) 跳出僵局,用让步的方法满足对方的条件

(b) 放弃立场,强调双方的共同利益

(c) 坚持立场,要想获得更多的利益就得坚持原有谈判条件不变

（d）采用先休会的方法，会后转换思考角度，并提出多种选择以消除僵局

（e）采用先更换谈判人员的方法，重新开始谈判

10. 除非你满足对方的条件，否则对方将转向其他的合作伙伴，并与你断绝一切生意往来，此时你应该（　　　）。

（a）从立场中脱离出来，强调共同的利益，要求平等的机会，不要被威胁吓倒而作出不情愿的让步

（b）以牙还牙，不合作拉倒，去寻找新的合作伙伴

（c）给出可供选择的多种方案以达到合作的目的

（d）摆事实，讲道理，同时也给出合作的目的

（e）通过有影响力的第三者进行调停，赢得合理的条件

分数：

1. (a) 2	(b) 3	(c) 7	(d) 6	(e) 10
2. (a) 2	(b) 10	(c) 7	(d) 6	(e) 5
3. (a) 4	(b) 3	(c) 6	(d) 7	(e) 10
4. (a) 10	(b) 6	(c) 5	(d) 2	(e) 8
5. (a) 4	(b) 2	(c) 10	(d) 6	(e) 5
6. (a) 6	(b) 2	(c) 6	(d) 10	(e) 3
7. (a) 10	(b) 4	(c) 8	(d) 2	(e) 7
8. (a) 4	(b) 10	(c) 3	(d) 6	(e) 7
9. (a) 4	(b) 6	(c) 2	(d) 10	(e) 7
10. (a) 10	(b) 2	(c) 6	(d) 6	(e) 7

［95 分以上］谈判专家

［90～95 分］谈判高手

［80～90 分］有一定的谈判能力

［70～80 分］具有一定的潜质

［70 分以下］谈判能力不合格，需要继续努力

参 考 文 献

[1] 龚荒. 商务谈判与推销技巧[M]. 3版. 北京：清华大学出版社,2015.

[2] 吴健安,王旭,姜法奎,吴玲. 现代推销学[M]. 2版. 大连：东北财经大学出版社,2006.

[3] 张国良. 商务谈判与沟通[M]. 北京：机械工业出版社,2015.

[4] [美]斯图尔特·戴蒙德. 沃顿商学院最受欢迎的谈判课[M]. 杨晓红,等,译. 北京：中信出版社,2012.

[5] 高博,李巍. 商务礼仪[M]. 上海：同济大学出版社,2016.

[6] 克劳德·塞利奇. 国际商务谈判[M]. 檀文茹,译. 北京：中国人民大学出版社,2012.

[7] 张遒英. 推销与谈判[M]. 上海：同济大学出版社,2003.

[8] 王军旗. 商务谈判：理论、技巧、案例[M]. 北京：中国人民大学出版社,2014.

[9] 樊建廷,于勤. 商务谈判[M]. 大连：东北财经大学出版社,2008.

[10] [美]尼尔伦伯格. 谈判的艺术[M]. 曹景行,陆延,译. 北京：中国人民大学出版社,2008.

[11] 刘志超. 现代推销学[M]. 广州：广东高等教育出版社,2004.

[12] 李桂荣. 现代推销学[M]. 2版. 广州：中山大学出版社,1998.

[13] 雷鸣. 现代人员推销学[M]. 广州：中山大学出版社,1997.

[14] 陈思,潘平子. 现代实用推销学[M]. 广州：中山大学出版社,2001.

[15] 中国商业技师协会,市场营销专业委员会,编写. 营销基础与实务[M]. 北京：中国商业出版社,2001.

[16] 胡正明. 推销技术学[M]. 北京：高等教育出版社,1993.

[17] 吕业文. 商品推销原理与技巧[M]. 北京：中国商业出版社,1993.

[18] 王洪耘. 谈判与推销技巧[M]. 北京：中国人民大学出版社,2000.

[19] 张安腾. 谈判的技巧[M]. 上海：上海科学技术出版社,1992.

[20] 朱新国,张平. 经济谈判策略与技巧[M]. 北京：经济科学出版社,1992.

[21] 吴之为. 现代推销学[M]. 北京：首都经济贸易大学出版社,1999.

[22] 许富宏译注. 鬼谷子[M]. 北京：中华书局,2019.

[23] 兰彦岭. 鬼谷子旷世经略[M]. 北京：线装书局,2018.

[24] 王崇梅,王燕. 现代推销与谈判[M]. 北京：清华大学出版社,2020.